L. Laneville

LA FOI GARDIENNE
DE LA LANGUE
EN ONTARIO, 1900–1950

Le présent ouvrage a été publié grâce à une subvention de la Fédération canadienne des études humaines, dont les fonds proviennent du Conseil de recherches en sciences humaines du Canada.

Robert CHOQUETTE

LA FOI GARDIENNE
DE LA LANGUE
EN ONTARIO, 1900–1950

LES ÉDITIONS BELLARMIN
8100, boul. Saint-Laurent, Montréal
1987

Données de catalogage avant publication (Canada)

Choquette, Robert, 1938–

   La foi gardienne de la langue en Ontario, 1900–1950

   Comprend un index.
   Bibliogr.
   2-89007-637-7

   1. Église catholique — Ontario — Histoire — 20ᵉ siècle. 2. Église catholique — Ontario — Éducation — Histoire — 20ᵉ siècle. 3. Canadiens français — Ontario — Histoire — 20ᵉ siècle. 4. Écoles bilingues — Ontario — Histoire — 20ᵉ siècle. I. Titre.

   BX1422.057C56 1987   282′.713   C87-096138-1

Couverture : Pierre Peyskens

Dépôt légal — 2ᵉ trimestre 1987 — Bibliothèque nationale du Québec
Copyright © Les Éditions Bellarmin 1987
ISBN 2-89007-637-7

TABLE DES MATIÈRES

Pages

Remerciements 11
Abréviations 13
Liste des tableaux 15
Introduction 17

1. L'Église

   1. *La direction de l'Église des Franco-Ontariens* 29
      La Délégation apostolique 29
      L'Archidiocèse d'Ottawa 34

   2. *L'Église du nord de l'Ontario* 51
      Le diocèse de Sault Ste. Marie 52
      La paroisse Sainte-Anne de Sudbury 59
      Les francophones contre NN. SS. Scollard et Dignan 61
      Le diocèse de Timmins 70
      Le diocèse de Hearst 76

   3. *L'Église du sud de l'Ontario* 81
      L'archidiocèse de Toronto 82
      L'archidiocèse de Kingston 88
      L'enlèvement de Sœur Mary Basil 91
      Le diocèse d'Alexandria 97
      Le diocèse de London 101

Pages

2. L'École

4. *L'école bilingue avant 1927* 107
    Les antécédents du Règlement 17 110
    Le Règlement 17 117
    La paix dans la séparation 122
    Le démantèlement du Règlement 17 128

5. *L'école bilingue de 1927 à 1950* 133
    La formation des enseignants 134
    La consolidation de l'école bilingue 137
    L'école secondaire 144
    La religion dans l'école publique 149
    L'école catholique 151

6. *L'Université d'Ottawa* 159
    Le premier demi-siècle 161
    Le retour au bilinguisme 170
    Nouvelles tentatives pour diviser l'université 176
    Les oblats irlandais abandonnent l'université 180
    La *Catholic University of Canada* 182
    Un collège anglais à Ottawa 186
    Le collège Saint-Patrick 188
    L'agitation continue 191
    Les Canadiens français divisés 197
    La fin d'une époque 202

3. « *La cause* » *franco-ontarienne*

7. *Les chefs de « la cause »* 209
    Charles Charlebois, o.m.i. 210
    Napoléon-Antoine Belcourt 213
    Samuel Genest 219
    Aurélien Bélanger 220
    Gustave Lacasse 222
    J.-Raoul Hurtubise 223
    J.-Marie-Rodrigue Villeneuve 223
    La cause de Dieu 227

8. *L'Ordre de Jacques Cartier* 233
    Les origines 234
    Les structures 236
    Les effectifs et la direction 240
    Le rayonnement 242

Pages

    Les politiques de l'Ordre... 247
    L'Ordre et les Franco-Ontariens 252
    L'Ordre et l'Église... 253
    La fin d'un consensus 259

Conclusion... 265

Bibliographie... 271

Index 277

REMERCIEMENTS

Merci à tous les préposés aux archives civiles et ecclésiastiques, en Ontario et au Québec, qui ont permis à l'auteur de mener ses recherches à terme. Un remerciement spécial est dû à Sœur Marcelle Gratton et à ses supérieurs de l'archidiocèse d'Ottawa, à Sœur Frieda Watson des Archives de l'archidiocèse de Toronto, à Mgr Brian Price de l'archidiocèse de Kingston, au Père Romuald Boucher, o.m.i., des Archives Deschatelets et au Père Trudeau des Archives de l'Université Saint-Paul. Tous ces archivistes, prêtres ou religieuses, ont réservé à l'auteur un accueil généreux et chaleureux.

Il en est de même des archivistes du Centre de recherche en civilisation canadienne-française de l'Université d'Ottawa et de Monsieur Fernand Gilbert, directeur général de l'Association canadienne-française de l'Ontario. Ce dernier autorisa la consultation des archives de son organisme. Au nom de la discrétion, il convient de taire le nom des responsables des Archives des Commandeurs de l'Ordre de Jacques Cartier, fonds déposé aux Archives publiques du Canada. Que ces derniers comme les autres soient tout de même remerciés d'avoir facilité les recherches de l'auteur.

ABRÉVIATIONS

A.A.C.F.O.	Archives de l'Association canadienne-française de l'Ontario, Université d'Ottawa.
A.A.K.	Archives de l'archidiocèse de Kingston.
A.A.O.	Archives de l'archidiocèse d'Ottawa.
A.A.Q.	Archives de l'archidiocèse de Québec.
A.A.T.	Archives de l'archidiocèse de Toronto.
A.C.A.M.	Archives de la Chancellerie de l'archidiocèse de Montréal.
A.C.R.C.C.F.	Archives du Centre de recherches en civilisation canadienne-française, Université d'Ottawa.
A.D.	Archives Deschatelets, Ottawa.
A.D.A.C.	Archives du diocèse d'Alexandria-Cornwall.
A.D.H.	Archives du diocèse de Hearst.
A.D.L.	Archives du diocèse de London.
A.D.P.	Archives du diocèse de Pembroke.
A.P.C.	Archives publiques du Canada.
A.U.S.P.	Archives de l'Université Saint-Paul, Ottawa.
C.O.J.C.	Commandeurs de l'Ordre de Jacques Cartier.
C.R.C.C.F.	Centre de recherches en civilisation canadienne-française, Université d'Ottawa.
R.G.	Registre de lettres Guigues, A.A.O.
R.L.	Registre Lorrain, A.D.P.
R.L.D.	Registre de lettres Duhamel, A.A.O.
S.C.H.E.C.	Société canadienne d'histoire de l'Église catholique.
S.H.N.O.	Société historique du Nouvel-Ontario.
U.T.P.	University of Toronto Press.

LISTE DES TABLEAUX

1. Population catholique et française de l'Ontario, 1842–1981, p. 24.
2. Population catholique, diocèses et paroisses de l'Ontario (1984), p. 25.
3. Population du diocèse d'Ottawa, 1851–1941, p. 35.
4. L'encadrement ecclésiastique du Nord de l'Ontario, p. 54.
5. Les évêques du Nord-Est de l'Ontario, p. 55.
6. La population du diocèse de Sault Ste. Marie, p. 55.
7. Ressources humaines du vicariat apostolique de Témiscamingue, (1908) p. 72.
8. Population des diocèses du Sud de l'Ontario (1921), p. 82.
9. Population du diocèse d'Alexandria-Cornwall, p. 97.
10. Les écoles ontariennes subventionnées par l'État, p. 109.
11. Étudiants et professeurs à l'Université d'Ottawa, p. 160.
12. Les supérieurs et recteurs de l'Université d'Ottawa, 1848–1984, p. 166.
13. Effectifs de l'Ordre, p. 239.
14. Les grands chanceliers de l'Ordre, p. 240.
15. Les dirigeants ecclésiastiques de l'Ordre, p. 253.
16. Les évêques et l'Ordre, p. 254-255.

INTRODUCTION

En 1900, Wilfrid Laurier est premier ministre du Canada depuis quatre ans (1896). Son gouvernement libéral dirige la lancée économique du pays qui accompagne l'industrialisation et l'urbanisation accélérées. En plus de cette croissance industrielle et urbaine, le peuplement des prairies canadiennes est une priorité du gouvernement du Canada, l'incitant à ouvrir toutes grandes les portes aux immigrants. Il en résulte que la première décennie du vingtième siècle sera celle de l'arrivée de nouveaux Canadiens en très grand nombre.

Comme c'est toujours le cas aujourd'hui, l'Ontario comprend en 1911 plus du tiers de la population du Canada, et huit pour cent de cette population ontarienne est d'origine française (voir tableau 1). C'est là un phénomène nouveau, car les Franco-Ontariens ne se chiffrent qu'à 26 417 âmes en 1851, soit 2,8 pour cent de la population. En effet, la montée rapide et constante de la proportion de francophones en Ontario est un des éléments clefs dans l'explication de la francophobie qui s'installe dans la province après 1880. Menacés dans leur hégémonie, les Anglo-Ontariens chercheront à cadenasser l'école française car, comme l'écrivait l'un d'eux : « C'est ce refus de s'assimiler qui rend le Canadien français si difficile à accommoder [1] » (traduction de l'auteur).

---

1. *The Sentinel and Orange and Protestant Advocate*, le 7 avril 1910, cité in Marilyn BARBER, « The Ontario Bilingual Schools Issue : Sources of Conflict », in *Canadian Historical Review*, vol. XLVII, no. 3, september 1966, p. 235.

Pendant que cette nouvelle population francophone s'établit surtout dans les régions rurales de la province, soit dans l'Est, le Nord-Est et le Sud-Ouest, le mouvement d'urbanisation au Canada devient particulièrement visible en Ontario. En effet, de 1901 à 1911, la proportion de citoyens de l'Ontario habitant des villes ou villages incorporés passe de 42,9 pour cent à 52,5 pour cent. C'est en 1911 que pour la première fois le nombre de citadins est majoritaire en Ontario ; ceux-ci se retrouvent surtout dans le Centre-Sud et le Sud-Ouest de la province[2]. Les nouvelles valeurs urbaines de cette population constituent un autre facteur qui explique le mouvement de répression du français, car non seulement ces nouveaux Ontariens favorisent-ils un plus grand interventionnisme de l'État, à preuve le *Workmen's Compensation Act* (1914) et la mise sur pied du *Hydro-Electric Power Commission of Ontario*, mais ils sont moins liés aux coutumes et aux traditions de la province. Ils croient à la fois que l'anglais est la langue indispensable au progrès et que la montée rapide du nombre de Canadiens français en Ontario menace l'intégrité de la province. C'est pour le plus grand bien des Franco-Ontariens qu'on réprime le français.

En politique, l'Ontario du début du siècle sort (1905) d'un règne ininterrompu de 35 ans du parti libéral. Le parti conservateur de James Pliny Whitney a pris le pouvoir grâce à sa plus grande sensibilité aux nouvelles réalités socio-politiques qui se manifestent au tournant du siècle. Il en résulte que les libéraux de l'Ontario demeurent liés aux fermiers et à la haute bourgeoisie, qui sont des groupes en perte de vitesse politique. Par ailleurs, les conservateurs s'associent aux nouvelles classes urbaines, celle des travailleurs et celle de la petite bourgeoisie. Ils réussiront ainsi à se maintenir au pouvoir en Ontario jusqu'en 1985 avec les seules exceptions des années 1919–1923, alors que le parti des *United Farmers of Ontario* prend le pouvoir, et des années 1934–1943, alors que c'est le tour des libéraux.

Les Franco-Ontariens répartissent leur appui électoral différemment au fil des ans. Avant l'élection de 1902, les quelque huit circonscriptions électorales qui ont une proportion importante de francophones (Prescott, Russell, Glengarry, Stormont, Cornwall (avant 1890), Ottawa-Est, Essex-Nord et Nipissing) appuient successivement surtout les conservateurs (1867–1883) et ensuite les libéraux (1886–1898). En 1902, le parti conservateur prend quatre des sept sièges et

---

2. Charles N. HUMPHRIES, « The Sources of Ontario "Progressive" Conservatism, 1900–1914 », in *Annual Report* of the Canadian Historical Association, 1967, p. 118–129.

garde le plus souvent la majorité des sièges francophones jusqu'à l'élection de 1911 inclusivement. Lors des trois élections suivantes (1914, 1919, 1923), c'est le parti libéral qui a gain de cause dans les onze comtés ayant une part importante d'électeurs francophones, car cinq nouvelles circonscriptions du Nord-Est de la province sont ajoutées depuis 1908. C'est l'inverse à compter de 1926, alors que huit des douze circonscriptions élisent un député conservateur en attendant l'élection de 1929 et que onze des douze circonscriptions en question élisent un député conservateur, ce qui constitue à une exception près (Glengarry) un balayage.

Puisque le règlement 17 fut adopté en 1912 et amendé en faveur des Franco-Ontariens en 1927, il est vraisemblable que ces résultats électoraux reflètent successivement la perte de popularité du parti conservateur (1914, 1919, 1923) et son regain de popularité (1926, 1929) chez les Franco-Ontariens[3].

Les trois décennies recouvrant la première guerre mondiale (1914-1918), la reprise économique des années 1920 et la grande dépression (1929-1939) sont celles d'une stabilisation de la proportion des Ontariens d'origine française, laquelle n'augmente que de 8,02% (1911) à 9,87% (1941). Ce ralentissement du taux d'augmentation des francophones et les grands défis sociaux de l'époque permettent à l'Ontario d'adoucir la rigueur de sa politique linguistique. En effet, amendé en 1927, le règlement 17 disparaît des statuts de la province en 1944. Jusqu'à la « révolution tranquille de l'Ontario » des années 1960[4], la collectivité franco-ontarienne est surtout préoccupée de la consolidation de ses écoles dites bilingues dans un cadre législatif hostile mais appliqué de façon permissive.

Quand le parti libéral de l'Ontario prend le pouvoir en 1934 et s'y maintient en 1937, c'est avec la collaboration des électeurs francophones, car chacune des onze circonscriptions qui sont majoritairement ou partiellement françaises élit un libéral. Il s'agit de Prescott, Russell, Glengarry, Stormont, Ottawa-Est, Essex-Nord, Nipissing, Sudbury, Temiskaming, Cochrane-Nord et Cochrane-Sud. Après un appui temporaire au parti C.C.F. lors des élections de 1943 et de 1945, la majorité des mêmes circonscriptions revient progressivement au bercail

---

3. Victor LAPALME, « Les Franco-ontariens et la politique provinciale », thèse inédite de M.A. (Sc. pol.), Université d'Ottawa, 1968, p. 122-128.
4. L'expression est de T.H.B. SYMONS, « Ontario's Quiet Revolution », in R.M. BURNS (Ed.), *One Country or Two*, Montréal, 1971, p. 169-204.

conservateur à compter des élections de 1948[5]. Les difficultés économiques des années 1930 ont sans doute contribué au raz de marée libéral de 1934 et 1937, comme la fin de la Deuxième Guerre mondiale a facilité le regain de popularité des conservateurs pendant l'après-guerre.

Pendant ce demi-siècle (1900-1950) d'histoire, les Franco-Ontariens ont donc maintenu et même légèrement augmenté leur part importante dans la population (10,4% en 1961), participé de façon progressivement plus active à la vie politique de la province et réussi à faire échec à une politique linguistique restrictive qui cherchait à faire disparaître le français de l'Ontario. Ce faisant, ils se sont façonnés une identité qui servira de fondation au nouvel essor qui émerge après 1960[6]. Cette identité collective s'est forgée dans le creuset de luttes contre l'opinion anglo-ontarienne en général, et contre les coreligionnaires d'origine irlandaise en particulier. Le thème de la « survivance » a donc une résonnance toute particulière pour les Franco-Ontariens.

En plus d'une nouvelle prospérité économique et de l'entrée au pays d'un nombre record de nouveaux Canadiens, l'aube du XXe siècle marque aussi une reprise du nationalisme canadien-français. La polarisation entre Canadiens français et anglais s'était accrue progressivement pendant la deuxième moitié du XIXe siècle. Tout un chapelet d'événements à caractère national avait servi à alimenter l'antipathie entre les deux groupes linguistiques. Mentionnons, par exemple, la « résistance » de Louis Riel à la rivière Rouge (1869), l'abolition des écoles confessionnelles au Nouveau-Brunswick (1871), la rébellion en Saskatchewan et la pendaison de Riel (1885), la loi des biens des jésuites au Québec (1888) et l'abolition des écoles confessionnelles en plus de l'abolition du français devant l'Assemblée législative et les tribunaux du Manitoba (1890). Le nationalisme canadien-français reprend donc du souffle au Québec dans la première décennie du XXe siècle. La Ligue nationaliste d'Olivar Asselin est fondée (1903), en attendant l'établissement du journal *Le Devoir* (1910).

Cette tension accrue entre Canadiens français et anglais est aussi alimentée en bonne partie par des événements en Ontario. Le dernier tiers du XIXe siècle est l'époque du mouvement *Canada First* (1868-

---

5. Victor LAPALME, *op. cit.*
6. Sur l'essor des années 1960, voir l'excellent chapitre de T.H.B. SYMONS, *art. cit.*

1875) avec une forte dose de francophobie et d'anticatholicisme. En 1884, on fonde l'*Imperial Federation League* qui est atteint du même virus en attendant que l'*Equal Rights Association* (1889) et Dalton McCarthy deviennent le fer de lance de l'anticatholicisme et de la francophobie en Ontario. Des impérialistes et des descendants de Loyalistes créent la légende de l'exclusivisme anglo-protestant de l'Ontario, mythe qui cherchera à s'imposer pendant près d'un siècle.

Dans ce climat survolté où les sectaires des loges d'Orange ou du *Protestant Protective Association* alimentent le fanatisme des journaux de Toronto comme *The Mail* ou *The Evening Telegram*, le gouvernement de l'Ontario doit céder du terrain et se montrer plus restrictif à l'égard du français.

Le parti libéral gouverne l'Ontario sans interruption de 1871 à 1905. Pendant vingt-quatre de ces trente-cinq années (1872–1896), Oliver Mowat est premier ministre de la province. Il dirige un gouvernement qui n'a pas de politiques discriminatoires à l'égard des Ontariens d'expression française, du moins avant 1885. C'est en cette dernière année que le ministère de l'Éducation de l'Ontario adopte le premier d'une série de règlements restrictifs à l'égard du français dans l'école ontarienne, qui aboutiront au règlement 17 de 1912.

Plus la majorité anglophone de l'Ontario est amenée à craindre et à mépriser le Franco-Ontarien après 1880, plus le parti conservateur, l'opposition législative officielle, fait cause commune avec les clairons de l'intransigeance et de la haine que sont les Dalton McCarthy ou le *Protestant Protective Association*. C'est ce parti qui accède au pouvoir en 1905, dirigé par James P. Whitney (d. 1914). Prétendant vouloir mettre les écoles de l'Ontario à jour en les rendant plus ouvertes aux études professionnelles ou techniques, le gouvernement Whitney entreprend de serrer la vis aux écoles françaises, car il faut s'assurer que les écoliers francophones maîtrisent l'anglais.

Dans un tel climat hostile et étranger, les Franco-Ontariens devront affronter le plus grand défi de leur histoire, car c'est leur existence même qui est en jeu. En 1911, le recensement du Canada dénombre 202 442 Ontariens d'origine française, soit huit pour cent d'une population ontarienne de 2 523 274. Ils représentaient moins de trois pour cent de la population en 1851 et moins de cinq pour cent (75 383) en 1871. C'est que les difficultés économiques du Québec ont poussé un grand nombre de Québécois hors-frontières, dont la majorité des deux cents milliers de Franco-Ontariens. Ils sont pour la plupart au bas de l'échelle économico-sociale, plusieurs occupant des emplois saisonniers ou exploitant une terre aux dimensions réduites[7]. En 1910, ces Franco-Ontariens ont commencé à se regrouper en associations « nationalistes » le plus souvent centrées sur l'école et fortement influencées sinon contrôlées par le clergé catholique. En effet, l'Église et l'école seront au centre de la crise du règlement 17, laquelle dure quinze ans et permet aux Franco-Ontariens de se forger une identité.

En effet, le demi-siècle qui s'amorce (1900-1950) sera vécu sous le signe de la survivance des Canadiens français de l'Ontario. Jusqu'en 1927 c'est la guerre ouverte, la confrontation et la contestation qui va de la désobéissance civile à la résistance physique, en passant par les tribunaux et les législatures. C'est la période du règlement 17[8]. Après 1927, la contestation n'est plus de mise, car le gouvernement a amendé son règlement 17 en faveur des Franco-Ontariens. De plus, la crise économique qui s'établit à demeure après 1929 avec le chômage et la misère qui l'accompagnent ne permet pas les remises en question trop radicales. Les porte-paroles franco-ontariens deviennent donc des bonne-ententistes, des conciliateurs, surtout préoccupés de la consolidation de l'école française maintenue de haute lutte. Simultanément

---

7. Voir à ce sujet Donald Gordon CARTWRIGHT, « French-Canadian Colonization in Eastern Ontario to 1910... », thèse inédite de doctorat (géographie), The University of Western Ontario, 1973. R.C. SAUVÉ, « Economic Growth of Eastern Ontario. Trend and Structural Analysis », thèse inédite de maîtrise, Université d'Ottawa, 1969.
8. Le règlement 17 est analysé dans le livre de l'A. intitulé *Language and Religion. A history of English-French Conflict in Ontario*, Ottawa, University of Ottawa Press, 1975, 264p. La traduction française est intitulée *Langue et religion. Histoire des conflits anglo-français en Ontario*, Ottawa, Éditions de l'Université d'Ottawa, 1977, 268p. Voir aussi Marilyn BARBER, « The Ontario Bilingual Schools Issue : Sources of Conflict », in *The Canadian Historical Review*, Vol. XLVII, n° 3, septembre 1966, p. 227-248. André LALONDE, « Le règlement XVII et ses répercussions sur le Nouvel-Ontario », Sudbury, La Société historique de Nouvel-Ontario, 1965, 71p., *Documents historiques* n°s 46-47. Peter OLIVER, « The resolution of the Ontario bilingual schools crisis, 1919-1929 », in *The Journal of Canadian Studies*, février 1972, p. 22-45. Margaret PRANG, « Clerics, Politicians, and the Bilingual Schools Issue in Ontario, 1910-1917 », in *The Canadian Historical Review*, Vol. XLI, n° 4, décembre 1960, p. 281-307. Victor SIMON, « Le Règlement XVII : Sa mise en vigueur à travers l'Ontario 1912-1927 », Sudbury, La Société historique du Nouvel-Ontario, Université de Sudbury, 1983, 58p., *Documents historiques* n° 78.

des chefs de file franco-ontariens, clercs et laïques, fondent l'Ordre de Jacques Cartier. C'est le maquis franco-ontarien qui durera une génération.

Trois facteurs expliquent le rôle primordial de l'Église dans l'histoire de l'Ontario français. Ce sont, par ordre ascendant, le leadership de certains hommes d'Église, l'idéologie catholique ultramontaine et la conjoncture de survivance qui est le partage de la minorité franco-ontarienne. Dans les chapitres qui suivent, nous justifierons cette affirmation en montrant la part de ces trois facteurs dans les dossiers ecclésiastiques et scolaires, ceux qui retiennent l'attention des dirigeants franco-ontariens pendant toute la première moitié du vingtième siècle.

Ce sont en effet l'Église et l'école qui préoccupent avant tout les chefs de l'Ontario français. Comme ce fut le cas au dix-neuvième siècle, ces chefs sont surtout des clercs au début de la période étudiée, mais deviennent aussi, de plus en plus souvent, des laïques, à compter du grand combat que fut celui du règlement 17. Ainsi, pendant la première moitié du vingtième siècle, aux évêques patriotes que sont les Joseph-Thomas Duhamel, les Élie-Anicet Latulippe et les Joseph Hallé, aux prêtres de la même trempe comme Charles Charlebois et L.-C. Raymond, il faut ajouter les laïques Philippe Landry, Napoléon Belcourt, J.-Raoul Hurtubise, Samuel Genest, Gustave Lacasse, *et al.* Nous sommes témoins d'un déplacement graduel mais irréversible du leadership franco-ontarien. En effet, les clercs monopolisent ce leadership en 1900, mais ne jouent qu'un rôle de suppléance en 1950. Les laïques de l'Ontario français ont pris en main leur propre destinée, phénomène qui ne sera que renforcé dans les décennies après 1950.

TABLEAU 1

Population catholique et française de l'Ontario *

Année	Population totale de l'Ontario	Population catholique de l'Ontario	%	Population d'origine française	%
1842	487 053	65 203	13,39	13 969	2,87
1848	725 879	118 810	16,37	20 490	2,82
1851	952 004	167 695	17,61	26 417	2,77
1861	1 396 091	258 151	18,49	33 287	2,38
1871	1 620 851	—	—	75 383	4,65
1881	1 923 228	320 839	16,68	102 743	5,34
1891	2 182 947	390 304	17,88	158 671	7,27
1911	2 523 274	484 997	19,22	202 457	8,02
1921	2 933 662	576 178	19,64	248 275	8,46
1931	3 431 683	744 740	21,70	299 732	8,73
1951	4 597 542	1 142 140	24,84	438 939	9,55
1961	6 236 092	1 873 110	30,04	647 941	10,39
1971	7 703 106	2 568 695	33,35	737 360	9,57
1981	8 625 105	3 036 245	35,20	475 605 **	5,58

* Compilé et calculé d'après les *Recensements du Canada*.
** Langue maternelle.

TABLEAU 2

La population catholique, les diocèses et les paroisses (1984) *

Diocèse et année de fondation	Population catholique totale	Nombre total de paroisses	Nombre de paroisses françaises **	Nombre de communautés religieuses (h et f)
Alexandria-Cornwall (1890)	43 805	32	20	13
Hamilton (1856)	305 000	120	5	35
Hearst (1938)	34 645	31	27	15
Kingston (1826)	62 651	51	1	8
London (1856)	337 806	145	5	34
Moosonee (1967)	2 500	10	5	2
Ottawa (1847)	293 936	115	65	42
Pembroke (1898) (partie ontarienne)	41 064	37	5	13
Peterborough (1882)	54 085	36	0	4
St. Catharines (1958)	100 000	45	4	18
Sault Ste. Marie (1904)	175 000	104	37	19
Thunder Bay (1952)	57 000	48	2	14
Timmins (1938)	59 000	33	22	13
Toronto (1841)	1 100 000	193	5	85

* Compilé à partir d'Ontario Conference of Catholic Bishops, *Ontario Catholic Yearbook/l'Annuaire catholique de l'Ontario 1983-84*, Toronto, Ontario Conference of Catholic Bishops, 1984, 185p.
** Les chiffres du tableau ne sont qu'approximatifs, puisqu'ils sont établis en partie à partir de la consonance française des noms.

1
L'ÉGLISE

CHAPITRE 1

LA DIRECTION DE L'ÉGLISE DES FRANCO-ONTARIENS

Depuis la fondation du diocèse de Bytown/Ottawa en 1847, la haute direction de l'Église franco-ontarienne est la chasse gardée des évêques d'Ottawa. À l'aube du vingtième siècle une nouvelle instance surgit. C'est la délégation apostolique permanente établie à Ottawa en 1899. Désormais, tous les dossiers importants de l'Église canadienne seront suivis de près par les délégués apostoliques qui se succèdent à Ottawa. Les dossiers brûlants qui intéressent les Franco-Ontariens seront le plus souvent réglés par les délégués apostoliques ; ces derniers prennent de plus en plus de relief à mesure que nous avançons vers la mi-vingtième siècle.

Selon la lettre de la loi ecclésiastique, le délégué ne fait que « recommander » une personne ou une ligne de conduite au Saint Siège. Son avis accompagne les avis des hommes d'Église du Canada intéressés à ce dossier. En pratique, les évêques du Canada se sont vite aperçus que les délégués parlent pour Rome ; il ne faut donc pas les contrarier, car *Roma locuta, causa finita* (Rome a parlé, la cause est terminée). La haute direction de l'Église franco-ontarienne est donc partagée entre deux hommes, le délégué apostolique et l'archevêque d'Ottawa.

La délégation apostolique

Pendant le dernier quart du dix-neuvième siècle, Rome avait envoyé trois délégués apostoliques en mission spéciale au Canada. Le premier, l'archevêque irlandais George Conroy (1832-1878), séjourne au Canada de mai 1877 à juin 1878. Il est chargé de calmer l'agitation politico-religieuse du Québec, provoquée par l'intervention des clercs dans les élections ; il doit aussi faire accepter le projet mis de l'avant par Mgr E.-A. Taschereau de Québec, portant sur l'établissement d'une succursale de l'Université Laval à Montréal. Le deuxième délégué apostolique spécial est le cistercien belge Joseph-Gonthier-Henri Smeulders, qui quitte Rome le 20 septembre 1883, pour tenter encore une fois de tirer au clair l'imbroglio politico-religieux du Québec, provoqué cette fois par un conflit entre le médecin Jean-Étienne Landry et l'Université Laval. Enfin, au lendemain de l'élection fédérale retentissante de 1896 et de l'accord Laurier-Greenway sur les écoles du Manitoba qui en résulta, le Saint Siège délègue auprès des évêques et du Gouvernement du Canada Mgr Raphaël Merry del Val chargé de trouver un terrain d'entente entre les gouvernements du Canada et du Manitoba et les évêques. Le délégué explique la portée de sa mission :

> Ma mission est donc une mission de paix, destinée, si Dieu le permet, à ramener l'union parmi les catholiques du Canada, à assurer le prestige des évêques, à raffermir l'obéissance des fidèles et à obtenir du gouvernement une solution acceptable pour tous [1].

Avant même ces événements de 1896, Rome songeait déjà à établir une délégation permanente au Canada, mais les évêques canadiens n'en veulent pas [2]. Ces derniers sont toujours du même avis en août 1899, quand Rome décide de nommer son premier représentant permanent au Canada en dépit de l'opposition épiscopale. C'est le franciscain Diomède Falconio qui est choisi. Ordonné prêtre à Buffalo et pendant 20 ans missionnaire aux États-Unis et à Terre-Neuve, Falconio est évêque depuis 1892 [3]. L'élu quitte Liverpool le 21 septembre 1899 et est à Ottawa à la mi-octobre, élisant domicile à l'Université d'Ottawa ; il y habite jusqu'à la mi-avril 1901 [4], moment choisi pour

---

1. Cité dans Robert CHOQUETTE, « Adélard Langevin et les questions scolaires du Manitoba et du Nord-Ouest » dans *Revue de l'Université d'Ottawa*, juillet–septembre 1976, p. 329.
2. J.-T. Duhamel au cardinal Satoli, Ottawa, le 15 mai 1896, *R.L.D.* 5, p. 407, A.A.O.
3. D. Falconio aux évêques du Canada, Ottawa, le 14 octobre 1899, A.A.O.
4. On trouve des inexactitudes à ce sujet dans la brochure de Luigi D'APOLLONIA, s.j., *Cinquante ans à la Délégation apostolique*, Œuvre des tracts, n° 360, Montréal, L'Œuvre des tracts, juin 1949, p. 1-2.

emménager dans une nouvelle résidence aux abords du canal Rideau. Le nouveau palais pontifical est un cadeau des diocèses du Canada. Après trois années à Ottawa, Falconio est muté à Washington [5] ; son stage canadien fut sans histoire.

La supervision romaine de l'Église canadienne devient plus tatillonne pendant la décade de l'administration du délégué suivant. Nommé au Canada dans les derniers mois de 1902, Donatus Sbarretti entre en fonction à Ottawa dans les premiers jours de janvier 1903. Fort d'une longue expérience à Washington et comme évêque de La Havane (Cuba), Sbarretti aura visité les diocèses canadiens d'ouest en est en moins de deux ans. Il doit s'occuper du raz de marée d'immigrants qui déferle sur le Canada de l'époque et chercher à convaincre le gouvernement Laurier de la nécessité des écoles séparées dans les nouvelles provinces de la Saskatchewan et de l'Alberta, provinces créées en 1905. Affirmant vouloir la justice pour tous, il doit composer de plus en plus souvent avec les conflits ethno-linguistiques qui divisent l'Église catholique du Canada, tant en Acadie et dans l'ouest du Canada qu'en Ontario, sans parler des mêmes litiges chez les Franco-Américains de la Nouvelle Angleterre.

Sbarretti sent le besoin urgent d'affirmer l'union de tous les catholiques du Canada. Muni de lettres apostoliques en date du 25 mars 1909, il convoque et préside le premier Concile plénier du Canada. Le grand rassemblement d'évêques, de supérieurs de communautés religieuses et de théologiens s'ouvre le 19 septembre 1909 dans la basilique de Québec et durera deux mois. Sbarretti ira lui-même porter les actes et décrets du Concile à Rome en avril 1910, mais ne reviendra jamais au pays.

Son successeur est Pellegrino F.S. Stagni, o.s.m., archevêque d'Aquila, auparavant prieur général des servites. Nommé le 31 octobre 1910, il entre en fonction à Ottawa le 25 mars 1911. Son supérieur à Rome, le cardinal Gaetano De Lai, préfet de la Sacrée congrégation de la consistoriale, l'avise le 7 mars 1911 que « le premier des besoins de l'Église catholique au Canada est que la paix soit restituée entre catholiques canadiens, français et anglais [6] ».

Stagni aura en effet beaucoup de fil à retordre à ce chapitre pendant ses huit années à Ottawa, les années les plus sombres de cette

---

5. Falconio reçoit le Bref pour la délégation des États-Unis le 29 octobre 1902.
6. Cité dans Luigi D'APOLLONIA, *op. cit.*, p. 6.

longue guerre fratricide entre catholiques anglophones et francophones dans toutes les parties du Canada. C'est sous son administration que le pape Benoît XV publie deux documents fondamentaux définissant les règles du jeu pour les catholiques dans ces questions [7], mais c'est peine perdue. La paix et la justice se feront attendre encore longtemps au Canada anglais. Souffrant d'une tumeur, Mgr Stagni est rappelé à Rome à l'été 1918 ; c'est pour y mourir le 23 septembre.

Le quatrième délégué apostolique permanent est Mgr Pietro di Maria, auparavant archevêque de Catanzaro en Calabre et riche d'une longue expérience dans les milieux romains. En plus de s'occuper de l'épineuse question des Ukrainiens ou Ruthènes du Canada et de la promotion des missions de l'Église canadienne à l'étranger, il œuvre sincèrement à la réconciliation entre catholiques francophones et anglophones, tout en cherchant à valoriser la politique de bilinguisme prônée par Rome dans les milieux mixtes. C'est un travail ardu et ingrat, compte tenu du climat survolté du Canada anglais de l'époque. Petit à petit, les apôtres du bilinguisme marquent cependant des points, et Pietro di Maria y fut pour quelque chose. À l'été de 1926, il est toutefois rappelé et promu à la nonciature de Berne (Suisse) [8].

Mgr Andrea Cassulo prend la relève. Au moment de sa nomination, Cassulo est délégué apostolique au Caire depuis cinq ans ; il s'y est mérité la réputation d'un conciliateur. Averti par De Lai des difficultés franco-anglaises du Canada, Cassulo est à son poste à Ottawa à compter du 16 juillet 1927. Pendant ses neuf années à Ottawa, il réussit à gagner la confiance des catholiques des deux langues et à éviter les confrontations majeures à caractère ethno-linguistique. Il sera rappelé en juin 1936, pour devenir nonce à Bucarest en Roumanie [9].

Il appartiendra à son successeur de faire la mise au point devenue nécessaire au sujet de l'attitude de l'Église catholique devant la langue française au Canada. En effet, depuis 1904, diverses nominations épiscopales dans les diocèses d'Ottawa, Sault Ste. Marie, Alexandria, etc., avaient servi à convaincre les Canadiens français que Rome favorisait la langue anglaise dans tous les diocèses hors Québec, y inclus ceux qui étaient à majorité francophone. Aux yeux des Canadiens français, Rome prenait injustement position en faveur de leurs adversaires principaux au Canada, les Irlandais catholiques.

---

7. Il s'agit des lettres *Commisso divinitus* (1916) et *Litteris apostolicis* (1918) qui sont analysées dans Robert CHOQUETTE, *Langue et religion...*, *op. cit.*, p. 255ss.
8. Pietro di Maria quitte définitivement Ottawa le 5 août 1926.
9. Il s'embarque le 15 août 1936.

Pendant plus de deux années (1936–1938), ce sera l'abbé Umberto Mozzoni qui dirigera la délégation apostolique d'Ottawa à titre d'attaché, de chargé d'affaires et enfin de secrétaire de première classe. Prenant la parole au banquet du deuxième Congrès de la langue française, tenu au Château Frontenac à Québec dans la soirée du 30 juin 1937, Mozzoni choisit de tirer au clair la politique romaine sur le problème linguistique du Canada. La brochette d'invités de marque rend l'occasion solennelle. On y compte le président général du Congrès, Mgr Camille Roy, le lieutenant-gouverneur du Québec, l'Honorable E.-L. Patenaude, le premier ministre du Québec, l'Honorable M.-L. Duplessis, l'Honorable sénateur Louis Côté, Sir Thomas Chapais et la plupart des évêques du Canada français. Rome prend donc position encore une fois sur la question qui déchire le Canada depuis un demi-siècle.

> Au-dessus de la petite politique qui divise, il y a la réalité de votre peuple magnifique qui veut conserver sa personnalité et accomplir sa mission dans le concert des autres races et des autres nations.
>
> La papauté qui, un jour, a baptisé la race franque et fixé ses immortelles destinées, a aussi soutenu votre volonté de vivre ; par cela même elle a voulu la conservation de votre langue, note distinctive d'un peuple dans l'histoire (...)
>
> La papauté ne prend pas fait et cause pour une langue en particulier, même si elle est celle d'un bloc de 125 000 000 d'âmes. Mais elle protège la langue de chaque peuple, parce que c'est expression première et suprême de l'homme (...) La papauté (...) a toujours revendiqué le droit naturel des minorités de prier Dieu et d'apprendre dans leur propre langue les enseignements du Maître (...)
>
> Durant tout ce congrès vous avez tenu à réaffirmer la vitalité de votre langue et de votre peuple en terre d'Amérique. Je suis heureux de proclamer ici, ce soir, et l'histoire est là pour en faire foi, que le Saint-Siège n'a jamais voulu pour sa part et qu'il ne voudra jamais circonscrire le domaine de votre langue à telle ou telle province, quand elle est l'expression sincère d'un peuple qui se propage et qui s'affirme.
>
> Soyez unis, soyez forts, perfectionnez votre génie national, agrandissez le rayonnement de votre âme latine et catholique, multipliez la puissance conquérante de votre peuple et soyez assurés que comme aujourd'hui le pape Pie XI, demain ses successeurs béniront toujours votre marche et l'avenir de votre jeune nation [10].

---

10. « Un témoignage du Vatican », reportage dans *Le patriote de l'Ouest*, Saint-Boniface, le 21 juillet 1937. Voir aussi Charles GAUTHIER, « L'Église et le peuple canadien-français », éd. dans *Le Droit*, Ottawa, le 6 juillet 1937.

Une année après cette déclaration réconfortante pour les Canadiens français et suite au congrès eucharistique tenu à Québec en juin 1938, Ildebrando Antoniutti est nommé sixième délégué apostolique permanent au Canada. Né à Nimis dans le nord de l'Italie le 3 août 1898, Antoniutti est ordonné prêtre en 1923 et fait de l'enseignement dans un séminaire pendant quelques années avant de se lancer dans le service diplomatique du Saint Siège. À compter de 1930, il occupe divers postes à Pékin (1930-1934), à Lisbonne (1934-1936), en Albanie (1936) et auprès du gouvernement nationaliste du Général Franco en Espagne (1937-1938). Sa nomination comme délégué apostolique au Canada et à Terre-Neuve [11] date du 21 juin 1938 [12].

Il débarque à Québec le 22 septembre et entre en gare à Ottawa deux jours plus tard, accueilli dans chaque capitale par des fêtes extraordinaires. Pendant les 15 années de son administration (1938-1953), non seulement visitera-t-il le pays de long en large, y inclus les missions lointaines du Nord (1939), mais il saura se gagner l'affection des chefs canadiens-français comme pas un seul de ses prédécesseurs. C'est Antoniutti qui déclare devant un groupe de Canadiens français, les Pèlerins de la survivance, à Ottawa en 1948 : « Vous avez une double mission : 1) la mission de conserver intact votre héritage religieux et national ; 2) la mission de répandre cet héritage. J'ajoute que c'est votre droit de garder votre héritage et votre devoir de le répandre [13]. » Ces paroles resteront célèbres dans l'Ordre de Jacques Cartier.

L'archidiocèse d'Ottawa

Installé au cœur de la forteresse franco-ontarienne de l'Est de l'Ontario, le siège archiépiscopal d'Ottawa allait demeurer tout au long du vingtième siècle le bastion de la francophonie dans l'Église catholique ontarienne.

Au tournant du vingtième siècle, le vieux guerrier Joseph-Thomas Duhamel (1874-1909) est toujours à la barre [14]. Il continue à présider à

---

11. Depuis 1909, le délégué apostolique au Canada est également chargé de la colonie de Terre-Neuve.
12. L'*Action Catholique*, Québec, le 24 septembre 1938.
13. *Le Droit*, le 15 juillet 1948.
14. Sur l'histoire du diocèse d'Ottawa au dix-neuvième siècle, voir Robert CHOQUETTE, *L'Église catholique dans l'Ontario français du dix-neuvième siècle*, Cahiers d'Histoire n° 13, Ottawa, Éditions de l'Université d'Ottawa, 1984, 365 p.

l'expansion tant de son diocèse que de sa province ecclésiastique (voir tableau 3), tout en tenant en échec les évêques de l'Ontario anglais qui cherchent depuis plus d'un quart de siècle à lui ravir son territoire ontarien. La lutte allait persister pendant la première moitié du vingtième siècle, envenimée par les grands conflits scolaires et ecclésiastiques à caractère ethno-linguistique [15].

Digne successeur de J.-E.-B. Guigues (1848-1874) sur le siège d'Ottawa, Mgr Duhamel était un des « durs » de l'épiscopat canadien, se rangeant volontiers dans le camp des Bourget et des Laflèche. Il se montre, cependant, plus souple que ce dernier. Ainsi, au printemps de 1886, apprenant que Mgr E.-A. Taschereau de Québec serait créé cardinal, Duhamel l'en félicite chaleureusement, comme le font d'ailleurs la très grande majorité des évêques. Toutefois, Mgr Laflèche refuse carrément de rendre l'appui unanime.

> Je ne pourrais y donner mon concours. La promotion cardinalice de notre métropolitain (...) n'est pas due à l'action des évêques ; elle est au contraire l'œuvre d'hommes politiques (...)
>
> De plus l'administration de Mgr Taschereau renferme bien des actes et a revêtu un caractère que je ne saurais approuver. C'est même par l'intervention de sa Grandeur, (...) illégitime et injuste, que mon pauvre et

TABLEAU 3

Population du diocèse d'Ottawa *

Année	Pop. totale	Pop. catholique	%	Pop. française	% des catholiques
1851	95 072	41 549	(43,7)	16 746	(40,3)
1861	153 810	75 919	(49,4)	36 117	(47,6)
1871	190 118	96 317	(50,7)	55 755	(57,9)
1881	242 301	128 533	(53,0)	83 981	(65,3)
1901	246 079	157 515	(64,0)	134 936	(85,7)
1911	247 042	152 053	(61,5)	119 337	(78,5)
1921	275 817	175 462	(63,6)	137 804	(78,5)
1941	346 234	214 552	(62,1)	170 361	(79,4)

* Compilé à partir de divers documents aux A.A.O. et au C.R.C.C.F., lesquels sont fondés sur les recensements du Canada.

---

15. Voir à ce sujet Robert CHOQUETTE, *Langue et religion...*, *op. cit.*

petit diocèse a été tout récemment divisé, à la stupéfaction et à la grande douleur des fidèles (...) Il ne m'est guère possible de m'associer avec zèle à des réjouissances (...) qui paraissent (...) dirigées manifestement contre nous [16].

Cette bataille provoquée par la division du diocèse de Trois-Rivières n'est qu'une des nombreuses querelles de l'épiscopat québécois du dix-neuvième siècle. En effet, les hommes d'Église du Québec provoquaient — ou s'y impliquaient — des dossiers brûlants comme celui de la question universitaire de Montréal [17], celui des procès en influence indue des curés en politique [18], celui de l'Institut Canadien de Montréal ou celui de l'affaire Guibord [19].

Ces querelles, qui résultaient de l'affrontement entre les idéologies ultramontaine et libérale, fatiguaient Duhamel. Par ailleurs, l'impérialisme des évêques de la province ecclésiastique de Toronto l'inquiétait davantage. Il demande donc et obtient de Rome en 1886 la séparation de son diocèse de la province ecclésiastique de Québec et son érection en province ecclésiastique autonome. Affranchi de la tutelle québécoise mais toujours menacé par l'agressivité torontoise, l'archevêque d'Ottawa était isolé [20]. Il le deviendra davantage devant la francophobie croissante de l'opinion anglo-canadienne de tout acabit, à la suite de la pendaison de Riel en novembre 1885. L'épiscopat canadien de langue anglaise ne fait pas exception à la règle. L'un de ses membres écrit en 1886:

> Les chamailleries perpétuelles de nos amis canadiens-français sont tout simplement dégoûtantes et scandaleuses. Nous les Celtes irlandais et écossais, pouvons nous quereller et frapper de vilains coups, mais la bataille est tôt finie et nous nous donnons la main pour être amis. Pourquoi ces Français ne peuvent-t-ils pas imiter notre noble exemple [21]?

---

16. L.-F. Laflèche à John Lynch, Trois-Rivières, le 10 août 1886, fonds Lynch, A.A.T.
17. André LAVALLÉE, *Québec Contre Montréal — La querelle universitaire, 1876–1891*, Montréal, P.U.M., 1974, 261 p.
18. Nive VOISINE, *Louis-François Laflèche, deuxième évêque de Trois-Rivières*, Saint-Hyacinthe, Edisem, 1980, 320 p.
19. Voir à ce sujet Nive VOISINE et Jean HAMELIN (Éd.), *Les ultramontains canadiens-français. Études d'histoire religieuse présentées en hommage au professeur Philippe Sylvain*, Montréal, Boréal Express, 1985, 347 p. Nadia EID, *Le clergé et le pouvoir politique au Québec*, Montréal, HMH, 1978, p. .
20. Robert CHOQUETTE, *L'Église catholique...*, op. cit., c. 9, p. 251–280.
21. John Cameron, évêque d'Arichat, à J.J. Lynch, Antigonish, le 24 mai 1886, fonds Lynch, A.A.T. (traduction de l'auteur).

C'était là des propos assez bénins, si on les compare à ceux du *Evening Telegram* ou du *Toronto Mail* à la même époque [22].

L'épiscopat se regroupant, donc, autour de pôles ethno-linguistiques distincts au lendemain de l'érection de sa province ecclésiastique en 1886, Duhamel choisit de se rapprocher du bercail québécois. Il assiste donc régulièrement aux assemblées épiscopales québécoises, que ce soit celles de la province ecclésiastique de Québec ou de la province ecclésiastique de Montréal. L'archevêque d'Ottawa demande et obtient des Fabre, des Laflèche, des Taschereau et des Moreau des prêtres pour son diocèse. Il s'intéresse aux problèmes de succession épiscopale dans divers diocèses du Québec (*e.g.*, la nomination de Mgr A.-A. Blais à Rimouski en 1890), et accepte volontiers d'imposer le pallium à divers évêques, tels que Paul Bruchési à Montréal (1897) et L.-N. Bégin à Québec (1899). L'envergure de Duhamel est haussée, quand il convoque une réunion de tous les archevêques du Canada ; la réunion a lieu à Ottawa, le 1er octobre 1902.

À ses qualités d'administrateur reconnues par tous, Duhamel ajoute son fier nationalisme canadien-français. Son œuvre de protecteur de l'Église et de l'école canadienne-française [23] allait même s'étendre aux francophones des États-Unis. Ainsi, en 1905, il ajoute sa signature à celles des archevêques Bégin de Québec et Bruchési de Montréal pour dénoncer, devant le délégué apostolique Diomède Falconio, les évêques américains « qui semblent se donner la tâche de faire disparaître l'usage du français à l'église et à l'école [24] ».

Cette intervention des trois archevêques francophones et la réponse de Mgr Falconio illustre bien le type de malentendus, de méfiance, voire même de racisme qui, au début du siècle, caractérisait les relations entre francophones et anglophones. Falconio donne donc la réplique à ces évêques « nationalistes » :

> Depuis que je suis venu en Amérique, j'ai pris beaucoup de précaution en regard des questions de nationalités, et j'ai toujours tâché de rendre justice tant aux Canadiens français comme (*sic*) aux autres ; mais je suis forcé de remarquer, que beaucoup de ces questions sont bien exagérées et

---

22. Robert CHOQUETTE, « Religion et rapports interculturels au Canada », dans Association des études canadiennes, *Religion/Culture*, volume VII, 1985, p. 198–211.
23. Voir Robert CHOQUETTE, *L'Église catholique...*, *op. cit.*, c. 10, p. 281–312 et *Langue et religion...*, *op. cit.*
24. J.-T. Duhamel à D. Falconio, Ottawa, le 26 septembre 1905, A.A.O.

sont pour le (*sic*) plupart, l'œuvre des journalistes que (*sic*) le font pour des motives (*sic*) tout autre (*sic*) que religieuses (*sic*)[25].

Ainsi, pendant la dernière décennie de son administration, qui correspond à la première décennie du vingtième siècle, Mgr Duhamel et ses collègues canadiens-français doivent affronter une anglomanie et une francophobie de plus en plus exacerbées dans les milieux politiques, ecclésiastiques et populaires.

La mort subite de Mgr Duhamel le 5 juin 1909 fut l'occasion du déclenchement des hostilités entre les épiscopats francophone et anglophone. Les évêques des provinces ecclésiastiques de Toronto et de Kingston ont tôt fait de s'entendre et de signer un mémoire conjoint au Saint Siège, demandant la scission du diocèse d'Ottawa en deux parties. La portion québécoise devait devenir le nouveau diocèse de Hull; le diocèse restant d'Ottawa, portion ontarienne, pourrait donc être rattaché de plein droit à l'Église ontarienne. Les pétitionnaires rappellent l'histoire de leurs démarches en ce sens qui remontent à 1868 et font valoir à nouveau les arguments habituels[26]; la raison fondamentale de la demande est l'incompatibilité de ces évêques d'origine irlandaise avec leurs collègues canadiens-français[27]. Cette nouvelle demande de division du diocèse d'Ottawa est ébruitée dans les journaux dès septembre 1909[28], et la presse catholique de langue anglaise prend pour acquis que c'est chose faite[29], compte tenu que Mgr Fallon de London, à peine intronisé, y allait d'un mémoire dans le même sens[30].

---

25. D. Falconio à J.-T. Duhamel, Washington, D.C., le 28 septembre 1905, A.A.O.
26. Archevêques et évêques des provinces ecclésiastiques de Toronto et de Kingston à Pie X, Toronto, 1909, brouillon, 8 p., A.A.O. Robert CHOQUETTE, *Langue et religion..., op. cit.*, p. 63.
27. Pour l'analyse détaillée de cette question, voir Robert CHOQUETTE, *L'Église catholique..., op. cit.*, chapitre 9, p. 251–280.
28. *Le Temps*, Ottawa, le 11 octobre 1909.
29. *The Evening Journal*, Ottawa, le 22 septembre 1910.
30. M.F. FALLON, « The Necessity of Dividing the Diocese of Ottawa By the Boundary Line Between The Two Civil Provinces of Ontario and Quebec, And Appointing An English-speaking Bishop To the Ontario See», London, 1910, 13 p. fonds Fallon, A.D.L. Robert CHOQUETTE, *Langue et religion..., op. cit.*, p. 116–118.

Loin d'être inactif, le parti clérical canadien-français multiplie mémoires et pétitions prônant la nomination d'un archevêque canadien-français[31]. Pendant que les archevêques F.P. McEvay de Toronto et C.H. Gauthier de Kingston suivent le dossier de près, les prélats de la province ecclésiastique d'Ottawa proposent au Saint Siège, par ordre d'importance, les candidatures suivantes : Georges Gauthier, chanoine et curé de la cathédrale de Montréal, Isidore-Omer Cloutier, curé de Notre-Dame de Jacques Cartier de Québec, et J.-Sylvio Corbeil, directeur de l'École Normale de Hull[32].

Consulté, Mgr C.H. Gauthier de Kingston est favorable à la candidature de Georges Gauthier, car ce dernier connaît bien l'anglais et n'a jamais fait preuve de fanatisme « nationaliste ». Par ailleurs, Omer Cloutier connaît mal l'anglais. Il est à exclure, comme l'est l'abbé Sylvio Corbeil[33].

Cette *terna* sera pourtant modifiée dans les mois qui suivent. C'est alors que les archevêques E.J. McCarthy de Halifax, F.P. McEvay de Toronto et C.H. Gauthier de Kingston conviennent de proposer la candidature de J.-M. Émard de Valleyfield. Ce dernier a des problèmes de santé, mais fait preuve d'une telle ouverture d'esprit sur la question du nationalisme qu'il s'acquitterait fort bien de la tâche à Ottawa[34].

Six mois plus tard, Gauthier est toujours du même avis. Interrogé par Rome en mars 1910, Gauthier avise que son premier choix est Émard et son second choix Mgr Paul Larocque de Sherbrooke. Rome en décide autrement et nomme Charles Hugh Gauthier au siège d'Ottawa. L'intéressé est avisé de la chose en août 1910[35].

Fils de Gabriel Gauthier et de Marguerite McKinnon, Charles Hugh Gauthier est né en 1843, à Alexandria. Après ses études au collège Regiopolis de Kingston, il est ordonné prêtre en 1867, enseigne par la suite dans son *alma mater* et occupe divers postes dans le diocèse de Kingston. Populaire auprès de ses confrères, le 18 octobre 1898 il est sacré sixième évêque de Kingston par J.-T. Duhamel et R.A. O'Connor, évêque de Peterborough. Parlant couramment le français, Gauthier ajoute une bonne connaissance du gaélique à sa maîtrise de l'anglais, sa

---

31. *Ibid.*, p. 118.
32. D. Sbarretti à C.H. Gauthier, Ottawa, le 13 août 1909, A.A.O.
33. C.H. Gauthier à F.P. McEvay, Montréal, le 2 septembre 1909, A.A.O.
34. C.H. Gauthier à D. Sbarretti, Kingston, le 15 novembre 1909, A.A.O.
35. Robert CHOQUETTE, *Langue et religion...*, *op. cit.*, p. 119.

langue préférée. Il aura besoin de tout son tact et de sa délicatesse pour se tirer d'affaire dans le tourbillon ethno-linguistique d'Ottawa.

Une controverse orageuse résulta de sa nomination au siège d'Ottawa. Pendant que ses collègues épiscopaux de langue anglaise se réjouissent du geste romain, les Canadiens français dénoncent la mutation de Gauthier, presque septuagénaire, au cœur du château fort franco-ontarien. On y voit le signe avant-coureur de la nomination prochaine d'un évêque anglophone et on l'interprète à la lumière de certaines autres nominations épiscopales en Ontario, celle de D.J. Scollard au diocèse de Sault Ste. Marie et de M.F. Fallon à London. Certains boycottèrent les cérémonies d'installation du nouvel archevêque d'Ottawa le 21 février 1911. Ces gestes n'auguraient pas bien [36]. Pendant sa douzaine d'années à la direction de l'archidiocèse d'Ottawa, Gauthier se trouva le plus souvent coincé entre les factions anglophone et francophone, chacune cherchant par tous les moyens à dominer les scènes scolaire et ecclésiastique dans cette région frontalière des Canadas français et anglais. Gauthier cherchait le compromis et la bonne entente, mais réussissait le plus souvent à se mettre à dos les deux factions. En effet, la majorité des anglophones, tant catholiques que protestants, croyaient que la reconnaissance des droits du français en Ontario porterait atteinte à leur identité anglophone, tandis que les Canadiens français n'allaient pas lâcher prise avant l'obtention de l'égalité linguistique et culturelle. L'ethnocentrisme allait finir par dominer tous les secteurs de la société, y inclus le clergé et les communautés religieuses, lesquelles sont toutes teintées, de l'avis de Gauthier, de préjudices de race [37].

Ayant survécu aux pires épisodes de cette crise ethno-linguistique, Charles Hugh Gauthier meurt à l'Hôpital général d'Ottawa le 19 janvier 1922. Ses funérailles lui apporteront les honneurs et les témoignages d'estime qui lui avaient fait cruellement défaut pendant son séjour à Ottawa. Présidé par le délégué apostolique Pietro di Maria, le service funèbre a lieu en présence du cardinal L.-N. Bégin, du Premier ministre Mackenzie King, du Président désigné de la Chambre des Communes, Rodolphe Lemieux, de plusieurs évêques et de quelque 400 clercs. La dépouille repose dans la crypte de la basilique d'Ottawa.

Le décès de Gauthier allait relancer la série de pétitions habituelles (par le chapitre, le clergé, etc.) cherchant à déterminer l'appartenance

---

36. *Ibid*, p. 118–122.
37. C.H. Gauthier à P.F. Stagni, Ottawa, le 2 février 1918, A.A.O.

ethno-linguistique du successeur. On allait accueillir avec étonnement le choix de Rome pour le quatrième évêque d'Ottawa. Il s'agissait de Joseph-Médard Émard de Valleyfield.

Né le 1er août 1853 à Saint-Constant, Émard étudie aux Collèges de Sainte-Thérèse et de Montréal avant d'être ordonné prêtre en 1876. Après une année d'enseignement au Collège de Montréal, il se rend à Rome pour trois ans (1877–1880), y décrochant des doctorats en théologie et en droit canonique. Un poste de vicaire à la paroisse Saint-Joseph de Montréal (1880-1881) précède sa nomination comme vice-chancelier de l'archevêché de Montréal (1881–1888), en attendant d'en devenir chancelier (1888–1891) et chanoine titulaire de la cathédrale (1891).

Le 5 avril 1892, Émard est élu premier évêque de Valleyfield ; il est sacré le 9 juin suivant par Mgr Fabre. Réputé un des plus grands orateurs sacrés de l'époque, Émard s'illustra par trois fois du haut de la chaire de la cathédrale d'Ottawa. C'est là en effet qu'il prononça l'oraison funèbre de Mgr Duhamel en 1909 et accueillit son successeur, Mgr Gauthier, en 1911, en attendant de prononcer l'oraison funèbre de ce dernier en 1922. Il fit de même lors des funérailles de Mgr Adélard Langevin de Saint-Boniface en 1915 et lors de l'installation de Mgr Félix Couturier à Alexandria en 1921. Joseph-Médard Émard est en effet un évêque en vue. Il s'associe à tout un chapelet de congrès eucharistiques à travers le monde occidental (*e.g.*, Londres en 1908, Cologne en 1909, Montréal en 1910, Malte en 1913 et Rome en 1922) et signe plusieurs ouvrages traitant d'apologétique, d'éducation et de tempérance, en plus des six tomes de ses lettres pastorales. En 1921, il est reçu membre de la Société royale du Canada [38].

Quand il est muté au siège d'Ottawa à l'été de 1922, il y a déjà 30 ans qu'Émard est évêque et il semble s'être gagné des amis partout. Un prêtre qui l'a accompagné à Rome pour son dernier voyage *ad limina* ne tarit pas d'éloges et de bénédictions à son égard et des évêques comme D.J. Scollard du diocèse de Sault Ste. Marie et J.-S. Hermann Bruneault de Nicolet se réjouissent de sa nomination. Ce dernier écrit :

> Le bon Dieu vous demande un grand sacrifice ; mais vous devez vous consoler à la pensée que vous êtes l'Élu du Seigneur et que tout le monde vous désire à Ottawa et vous attend avec joie (...) D'un bout à l'autre du

---

38. *Le Droit*, Ottawa, le 21 septembre 1922.

pays, on se plaît à reconnaître que le Saint-Siège ne pouvait faire un meilleur choix et que vous êtes l'envoyé de la divine Providence [39].

Mgr O.-E. Mathieu de Régina ajoute :

> S'il en est un qui se réjouit de votre appel par le bon Dieu à Ottawa c'est bien moi (...) Quand vous vous sentirez fatigué, vous viendrez vous reposer à Régina. Vous y trouverez un collègue qui vous recevra à bras ouverts [40].

Mgr Émard est intronisé dans la cathédrale d'Ottawa en la soirée du 20 septembre 1922 ; le lendemain a lieu une messe pontificale accompagnée des discours de circonstances usuels. L'Honorable Rodolphe Lemieux lit le texte des fidèles francophones où il rappelle à la foule que les francophones composent l'immense majorité des fidèles du diocèse et souligne « la dualité imposante de la religion et de la langue, dualité nécessaire, essentielle même à la conservation de la famille canadienne-française — dont la race est comme le prolongement dans l'avenir [41] ». Mgr L.-N. Campeau ayant lu les bons mots du clergé de langue française, c'est respectivement l'Honorable Charles Murphy et l'abbé M.J. Whelan qui lisent les textes des fidèles anglophones et du clergé anglophone [42]. Ces derniers présentent un témoignage de loyauté et d'admiration :

> Quiconque aurait été choisi par le Saint-Siège (...) aurait été loyalement bienvenu par nous, car l'obéissance que nous avons jurée au pape et solennellement promise à notre Ordinaire, n'est pas conditionnée par des aléas de personnes, de race ou de langue. Dans l'Église catholique on ne choisit pas ses supérieurs, on leur obéit, et en leur obéissant, on obéit à Celui qui les a envoyés, le Christ Lui-même [43].

À la veille de l'entrée en fonction d'Émard, les batailleurs ethno-linguistiques du diocèse d'Ottawa semblent mieux disposés qu'à l'accoutumée. Pendant que l'archevêque presque septuagénaire déclare au chanoine L.-N. Campeau qu'il apporte à Ottawa « tout ce qu'un évêque peut avoir dans son cœur d'estime, d'affection et de confiance

---

39. J.-S.-Hermann Bruneault à J.-M. Émard, Nicolet, le 27 juillet 1922, A.A.O.
40. O.-E. Mathieu à J.-M. Émard, Régina, le 26 juillet 1922, A.A.O.
41. Rodolphe Lemieux, Adresse des fidèles de langue française, Ottawa, août 1922, A.A.O.
42. *Le Droit*, Ottawa, le 21 septembre 1922.
43. A.A.O. (traduction de l'auteur).

illimitée pour ses futurs collaborateurs⁴⁴ », l'administrateur du siège vacant d'Ottawa répond :

> Je me réjouis de votre prochaine arrivée. Et les prêtres et les fidèles désirent votre arrivée. Tous ont pleine confiance que tout ira bien. Même *Le Droit* et « L'Association d'Éducation » sont contents et se préparent à faire leur soumission à votre direction.
>
> On essaiera peut-être à vous faire croire qu'ils sont mécontents de votre arrivée à Ottawa, mais ce n'est pas le cas⁴⁵.

Conscient de la galère dans laquelle il s'embarque, Émard s'efforce même de gagner la confiance des frondeurs catholiques anglophones, les principaux fauteurs de troubles depuis le tournant du siècle. Il écrit à l'abbé M.J. Whelan :

> Je compte sur vous comme membre sénior du groupe anglais et en raison de votre grande influence et de vos excellentes dispositions, pour m'aider dans la situation quelque peu délicate dans laquelle votre archevêque pourrait se trouver. Pour ma part, une chose est certaine, qu'avec la grâce de Dieu j'ai l'intention d'être tout ce que vous attendez que je sois, le même pasteur pour tous, clercs et fidèles, sans distinction aucune : *omnia omnibus*⁴⁶.

Le diocèse que Mgr Émard prend en main compte 175 462 catholiques dont 137 804 francophones desservis par 149 prêtres séculiers, 175 prêtres réguliers, 11 communautés d'hommes, 19 communautés de femmes et 40 séminaristes. Il s'enorgueillit d'une université, deux séminaires, deux collèges classiques, 105 églises ou chapelles, trois hôpitaux, neuf asiles, quatre scolasticats, trois juniorats, 13 pensionnats et neuf académies⁴⁷.

À première vue, tout semble tourner rondement pendant les cinq années de son administration du diocèse d'Ottawa. L'ancien évêque des camps militaires pendant la première guerre mondiale veut modeler son apostolat sur les Pie IX et les Bourget. En prévision de sa réception du pallium⁴⁸ le 11 août 1923, son clergé lui fait cadeau d'une

---

44. J.-M. Émard à L.-N. Campeau, Valleyfield, le 8 septembre 1922, A.A.O.
45. L.-N. Campeau à J.-M. Émard, Ottawa, le 14 septembre 1922, A.A.O.
46. J.-M. Émard à M.J. Whelan, Valleyfield, le 22 août 1922, A.A.O.
47. *Le Courrier Fédéral*, Ottawa, le 14 septembre 1922.
48. Symbole de la plénitude du pouvoir épiscopal, « le pallium est une petite écharpe de laine blanche formant un cercle sur lequel sont attachées aux extrémités deux bandes plus courtes de la même étoffe. Le pallium provient de la laine d'agneaux bénits suivant un rite spécial. Il doit être demandé par le nouvel archevêque dans les trois mois qui suivent sa nomination. » (*Le Droit*, Ottawa, le 11 avril 1923.)

automobile d'une valeur de 5 000 $. Émard institue dix vicariats forains dans le diocèse ; en 1925, il achète un ancien hôpital protestant d'Ottawa, rue Rideau angle Charlotte, pour le transformer en séminaire diocésain. Ce dernier ouvre ses portes le 22 septembre 1925, faisant en sorte que pour la première fois, tant le Petit Séminaire que le Grand Séminaire diocésains relèvent du clergé séculier plutôt que des oblats. De plus, ce vétéran de l'épiscopat incite les sœurs grises à fonder l'Hôpital Saint-Vincent pour les malades incurables [49].

Une telle série de réalisations rendaient donc vraisemblable la rumeur véhiculée par les journaux en décembre 1925 et janvier 1926, voulant que l'archevêque d'Ottawa soit promu cardinal. La même source ajoute que par la même occasion, le siège d'Ottawa serait doté d'un évêque coadjuteur en la personne de Mgr A.A. Sinnott, archevêque de Winnipeg [50]. L'intéressé commente de Rome : « La fameuse rumeur m'a fait bien mal et nous cause bien du tort [51]. »

Si les choses diocésaines sont au beau fixe à l'avant-scène, les oppositions tenaces font rage dans les coulisses épiscopales. Le 12 octobre 1923, un an après l'entrée en fonction d'Émard à Ottawa, sept des douze chanoines du chapitre métropolitain dénoncent leur archevêque à Rome. Ils dénoncent le projet d'Émard qui se propose de démolir l'archevêché et d'en construire un nouveau au coût de plus de 600 000 $. L'édifice de trois étages existant, fait de pierre de taille et mesurant 57 mètres de longueur sur 13,5 mètres de largeur, est déclaré suffisant pour les besoins du diocèse, quitte à le rénover quelque peu. Les chanoines dénoncent la construction luxueuse proposée par Émard, projet qui scandaliserait les fidèles.

Encore deux ans et devant le silence romain sur leur grief, les pétitionnaires reviennent à la charge, voulant prévenir la « ruine menaçante » de leur diocèse. Ils demandent au pape d'examiner la situation financière de la Corporation épiscopale d'Ottawa, de l'astreindre à une administration prudente, d'assurer que l'administration soit conforme au Droit canonique et d'exiger que le chapitre d'Ottawa ne soit pas exclu de cette administration [52]. Ils allèguent

---

49. *Le Droit*, Ottawa, le 28 mars 1927, *The Evening Citizen*, Ottawa, June 17, 1947.
50. *L'Action catholique*, Québec, le 9 décembre 1925. *The Star*, Montréal, le 12 décembre 1925 et le 13 janvier 1926. *The Citizen*, Ottawa, le 13 janvier, 1926.
51. J.-M. Émard à Mgr Lebeau, Rome, le 6 janvier 1926, A.A.O.
52. J.-A. Plantin *et al.* à Pie XI, Ottawa, le 27 août 1925, 10 p., A.A.O.

qu'Émard a fait démolir les logements appartenant à la Corporation, fait préparer des plans d'architecte pour un nouvel archevêché et demandé des soumissions d'entrepreneurs en construction, le tout dans le plus grand secret, sans que le chapitre soit jamais consulté ou informé.

Les chanoines dénoncent le « goût trop ruineux » et les dépenses « de luxe et de fantaisie personnelle » de leur premier pasteur, soulignant l'état précaire des finances diocésaines provoqué par les dépenses accrues de l'administration Émard [53]. La construction projetée n'eut pas lieu.

Au lendemain de cette confrontation portant sur la gestion financière du diocèse, ce sont les chefs franco-ontariens qui en appellèrent à Rome, dénonçant l'injustice du clergé irlando-canadien à l'égard des Franco-Ontariens en particulier [54]. Quoique Émard ne soit pas visé par cette dernière dénonciation, le geste n'a pu qu'indisposer la direction générale de l'Église catholique à Rome. C'en était fait des réussites éclatantes de Mgr Émard. Ottawa n'aurait pas son cardinal et les anglophones allaient encore échouer dans leur tentative de placer un des leurs sur le siège archiépiscopal de la capitale du Canada.

Après quelques années de maladie, Mgr Émard succombe à un cancer, le 28 mars 1927 [55]. Les obsèques suivent trois jours plus tard, sous la présidence de l'archevêque R.-M. Rouleau de Québec et en présence du gouverneur général, du Premier ministre MacKenzie King, de plusieurs ministres du gouvernement fédéral et de plus d'une vingtaine d'évêques [56]. À l'instar de son prédécesseur, il avait connu des années mouvementées à Ottawa.

Le jour même du décès de Mgr Émard, le chapitre diocésain élit l'abbé Joseph Charbonneau comme vicaire capitulaire. Âgé de 34 ans, l'élu est né à Lefaivre, Ontario, comté de Prescott, le 31 juillet 1892. Ses parents, Daniel Charbonneau et Caroline Yelle, originaires de Saint-Jérôme, ont migré vers Lefaivre en 1889. Après des études au Séminaire de Sainte-Thérèse et au Grand Séminaire de Montréal, il est

---

53. *Ibid.*
54. N.-A. Belcourt à Pie XI, Ottawa, le 8 septembre 1926, 26 p., A.A.O. Rodolphe Lemieux *et al.* (16 signatures) à Pie XI, Ottawa, le 15 septembre 1926, 5 p., A.A.O. Nous analysons les documents dans *Langue et religion... op. cit.*, p. 247-248.
55. Elie-J. AUCLAIR, « Monseigneur Émard », Ottawa, avril 1927, A.A.O.
56. *Le Droit*, Ottawa, le 28 mars et le 31 mars 1927.

ordonné prêtre à Lefaivre le 24 juin 1916[57]. Joseph Charbonneau poursuit ses études en sociologie à la *Catholic University* de Washington (un an) et au Collège canadien de Rome (deux ans), où il se mérite des doctorats en philosophie et en droit canonique. Revenu à Montréal, il professe au Grand Séminaire de Montréal (1919-1925), en attendant d'être rappelé à Ottawa pour assumer la direction des Grand et Petit Séminaires nouvellement confiés au clergé séculier (1925). Il occupe ces fonctions jusqu'en 1934, année de sa nomination comme directeur de l'École Normale de Hull[58]. C'est le même Charbonneau qui sera élu évêque du diocèse de Hearst en 1939, et archevêque-coadjuteur de Montréal en 1940.

Charbonneau administre le siège vacant d'Ottawa pendant une année complète, pendant laquelle il approuve la fondation de l'Ordre de Jacques Cartier (voir chapitre 8) et est témoin d'une série de démarches par les deux factions ethno-linguistiques qui veulent assurer la nomination de « leur » candidat au siège convoité. Le concours est déjà en marche avant même le décès d'Émard. Ainsi, dès le 10 février 1927, l'Association canadienne-française d'éducation de l'Ontario (désormais l'A.C.F.E.O.) intervient auprès de l'archevêque de Québec.

> Nous sommes informés que des démarches sont déjà entreprises par l'épiscopat de langue anglaise de l'Ontario pour obtenir la nomination d'un évêque de leur choix. Le candidat favorisé est (...) Mgr Félix Couturier, évêque actuel du diocèse d'Alexandria. Quoique (...) Mgr Couturier connaisse parfaitement le français, il est reconnu universellement comme anglais de mentalité et de sympathie. Le peu d'amélioration qu'il a apportée à la pénible situation créée à nos compatriotes des comtés de Glengarry et de Stormont qui forment les 2/3 de la population totale du diocèse manifeste évidemment ses sentiments. Au reste (...) l'épiscopat de langue anglaise semble bien le réclamer comme l'un des leurs.
>
> Dans ces conditions, la nomination de Sa Grandeur l'évêque d'Alexandria à Ottawa serait accueillie comme le serait la nomination d'un évêque de langue et de mentalité anglaises. Elle serait considérée comme un empiètement de plus de l'élément irlandais à qui sont déjà confiées dans l'Ontario seulement, quatre diocèses en majorité de langue française, ceux de Sault Ste. Marie, de Pembroke, d'Alexandria et de London[59].

---

57. *Le Droit*, Ottawa, le 15 août 1939.
58. *Le Droit*, Ottawa, le 23 juin 1939.
59. Le président de l'A.C.F.E.O. à R.-M. Rouleau, Ottawa, fonds A.C.F.E.O., C2/153/9, C.R.C.C.F.

Deux mois plus tard, c'est au tour des chanoines canadiens-français du chapitre de la cathédrale de demander un archevêque canadien-français pour Ottawa, faisant valoir que le diocèse est très majoritairement de cette appartenance culturelle[60]. Encore un mois et c'est au tour des prêtres canadiens-français de l'archidiocèse de faire la même demande ; ils ajoutent que 78,5% des fidèles du diocèse (137 804/ 175 462), 77,1% des paroisses (81/105) et 87,3% des prêtres (330/378) sont de langue française[61]. Plusieurs autres associations de langue française interviennent dans le même sens au cours de l'année, entre autres la Société des artisans, la Société Saint-Jean-Baptiste, l'Union Saint-Joseph du Canada, le Syndicat d'œuvres sociales limitée, la Fédération des femmes canadiennes-françaises et le Conseil des écoles séparées d'Ottawa (désormais C.E.S.O). Téméraire serait l'homme d'Église qui agirait en sens inverse.

Rome cherche donc à nommer un évêque canadien-français qui a des racines chez les anglophones ; de plus, le candidat doit faire preuve d'un tact fondé sur une expérience solide afin d'éviter les nombreux écueils qui sillonnent la voie épiscopale outaouaise. Le choix s'arrête sur Joseph-Guillaume-Laurent Forbes, évêque de Joliette.

Né à l'Île Perrot le 10 août 1865, de John Forbes et Marie Léger, Joseph-Guillaume Forbes étudie au Collège de Montréal et au Grand Séminaire de Montréal, avant son ordination à la prêtrise le 17 mars 1888. Mgr Fabre le nomme sur-le-champ missionnaire chez les Amérindiens de Caughnawaga. Il y œuvre 15 ans (1888–1903), apprenant les divers dialectes de la langue iroquoise et publiant grammaires, almanachs et sermonnaires. Par la suite, Forbes occupe successivement les cures de Sainte-Anne-de-Bellevue (1903–1911) et de Saint-Jean-Baptiste de Montréal (1911–1913), avant d'être nommé évêque de Joliette en 1913[62].

Canadien français pure laine, Forbes a tout de même d'importantes attaches anglophones. À l'origine écossaise de son père ajoutons

---

60. L.-N. Campeau *et al.* à Pie XI, Ottawa, le 17 avril 1927, A.A.O. Les neuf signatures sont L.-N. Campeau, Sylvio Corbeil, Joseph Lebeau, L.-J. Archambeault, G. Bouillon, J.-P. Bélanger, J.-O. Routhier, J.-H. Touchette et R.-T. Lapointe. Le vicaire capitulaire Joseph Charbonneau appose son nom à la supplique comme l'ayant vue.
61. P.-A. Roy, o.p., *et al.* (274 signatures) à Pie XI, Ottawa, le 16 mai 1927, A.A.O.
62. Forbes est élu évêque de Joliette le 6 août 1913 et sacré par Mgr Bruchési le 9 octobre suivant. *Le Droit*, Ottawa, le 30 mars 1928 et le 27 mars 1938.

48 LA FOI GARDIENNE DE LA LANGUE

ses liens de parenté avec feu Mgr C.H. Gauthier et feu Mgr W.A. Macdonell d'Alexandria[63]. De plus, il fut le confrère de classe, au Grand Séminaire de Montréal, de D.J. Scollard, évêque de Sault Ste. Marie. Ça augure bien pour son administration.

Un accueil triomphal attend Forbes, lors de son arrivée à la gare d'Ottawa dans la soirée du 28 mars 1928. Pendant qu'il reçoit les hommages du vicaire capitulaire (J. Charbonneau), du juge en chef de la Cour suprême du Canada (F.A. Anglin) et du président de la Chambre des Communes (R. Lemieux), la Garde Champlain et les cadets de l'Académie De La Salle s'exécutent et la foule attend le défilé le long des rues Sussex et St. Patrick. La basilique est le lieu de la cérémonie d'intronisation truffée des discours d'usage. C'est le Juge Anglin qui aborde directement la question toujours brûlante des relations franco-anglaises parmi les catholiques.

> Le part de réussite qui accompagna les efforts de feu les archevêques Gauthier et Émard, visant à faire disparaître les causes des malentendus et à promouvoir un accord plus complet entre les sections francophone et anglophone de la communauté catholique d'Ottawa, fut malheureusement moindre qu'ils l'avaient espéré. Nous savons qu'un objet immédiat de votre sollicitude paternelle sera de favoriser l'esprit d'harmonie et de coopération mutuelle et de bonne volonté qui doivent partout distinguer les relations entre catholiques quelle que soit leur origine raciale[64].

De fait, Forbes se tirera bien d'affaire à ce sujet, même si certains continuent à battre le fer rouge ethno-linguistique pendant les douze années de son administration. Rappelons que 1927 est l'année de l'amendement du règlement 17 par le gouvernement de l'Ontario, en plus d'être l'année de l'incorporation de l'Ordre de Jacques Cartier. Quelques mois après son entrée en fonction à Ottawa, Forbes est indirectement impliqué dans la condamnation du journal *La Sentinelle* de Providence, Rhode Island, ainsi que du mouvement « sentinelliste » qui lui est associé. Il semble que la condamnation du journal et du mouvement en question, ainsi que de son chef Monsieur Daignault, résultait de leurs actions radicales contre leur évêque. Daignault et un ami auraient traduit ce dernier devant les tribunaux civils. C'est un geste qui entraînait l'excommunication. Forbes accédera sans maugréer

---

63. *Le Droit*, Ottawa, le 30 mars 1928.
64. *Le Droit*, Ottawa, le 29 mars 1928.

à la demande du délégué apostolique Andrea Cassulo, voulant faire publier cette condamnation romaine dans le journal *Le Droit*[65].

La décennie de la « grande dépression » économique des années 1930 n'est pas marquée par des coups d'éclat dans l'Église d'Ottawa. Forbes continue d'être tenu en haute estime par les chefs de file franco-ontariens, sans pour autant indisposer les catholiques anglophones. Pendant que le Père Rodrigue Villeneuve, o.m.i., d'Ottawa, devient évêque de Gravelbourg (1930) et archevêque de Québec (1931) où il décroche le chapeau de cardinal (1933) et donne à l'Église québécoise beaucoup d'envergure, le septuagénaire Forbes administre son diocèse sans tambours ni trompettes. Il meurt le 22 mai 1940 après une longue maladie. Le 2 février 1940, il a déjà sacré son successeur, Alexandre Vachon, à titre d'archevêque coadjuteur avec droit de succession.

Il appert de ce qui précède que deux archevêques résidants d'Ottawa, soit le délégué apostolique et le métropolitain d'Ottawa, ont entre leurs mains les destinées de l'Église des Franco-Ontariens. Le premier est représentant du Saint Siège au pays ; au chapitre des langues, il cherche à appliquer une politique qui se veut juste, mais qui en réalité favorise l'anglicisation des fidèles franco-ontariens. Dans le cas de l'archidiocèse d'Ottawa, la nomination de Mgr Gauthier est éloquente.

Tandis que le pouvoir du délégué lui vient d'en haut, c'est-à-dire de Rome, celui de l'archevêque d'Ottawa lui vient, en définitive, d'en bas, c'est-à-dire du peuple franco-ontarien qu'il dirige. Tous les évêques d'Ottawa en seront conscients, même Gauthier qui n'a rien du fanatique, mais qui ne réussit pas à se mériter la confiance de ses collaborateurs francophones. Pendant que les évêques anglophones viennent à un cheveu près de leur ravir leur siège épiscopal de façon permanente, les évêques d'Ottawa sauront résister, surtout en raison de l'important sentiment de survivance qui se répand chez les Canadiens français en général.

Il en sera autrement dans le Nord-Est de l'Ontario.

---

65. A. Cassulo à G. Forbes, Ottawa, le 27 décembre 1928, A.A.O. G. Forbes à A. Cassulo, Ottawa, le 31 décembre 1928, A.A.O. G. Forbes au directeur de *Le Droit*, Ottawa, le 31 décembre 1928, A.A.O.

CHAPITRE 2

L'ÉGLISE DU NORD DE L'ONTARIO

Si Ottawa et les comtés voisins de Prescott et de Russell constituent le château fort des Franco-Ontariens, tout le Nord-Est de l'Ontario se transforme en bastion redoutable pendant la première moitié du vingtième siècle. La mise en place de l'infrastructure ecclésiastique devance à l'occasion, mais accompagne le plus souvent la colonisation d'un territoire. Le vaste territoire septentrional qui fait partie du diocèse d'Ottawa est d'abord subdivisé pour former le vicariat apostolique de Pontiac (1882) devenu diocèse de Pembroke (1898)[1]. Suivront la création du diocèse de Sault Ste. Marie (1904), une subdivision du diocèse de Peterborough, et l'érection du vicariat apostolique de Témiscamingue (1908), devenu par la suite diocèse de Haileybury (1915) et de Timmins (1938). Enfin, c'est également en 1938 qu'est érigé le diocèse de Hearst, auparavant préfecture (1919) et vicariat apostolique (1920) d'Ontario-Nord. Le diocèse de Moosonee (1967) voit le jour comme vicariat apostolique de la baie James en 1938, 14 ans avant que toute l'extrémité Nord-Ouest de l'Ontario devienne le diocèse de Fort William (Thunder Bay) en 1952. Ainsi, la première moitié du vingtième siècle est celle de l'encadrement administratif de l'Église catholique du Nord de l'Ontario (voir tableaux 4 et 5).

---

1. Robert CHOQUETTE, *L'Église catholique...*, *op. cit.*, p. 259-266.

Le diocèse de Sault Ste. Marie

À l'instar du diocèse d'Ottawa dans l'Est, c'est celui de Sault Ste. Marie dans le Nord qui sera le lieu de prédilection des guerriers anglo-français pendant toute la première moitié du vingtième siècle.

Tenant compte du développement rapide du Nord-Est de l'Ontario à l'aube du vingtième siècle, le Saint Siège accède à la demande des prélats de la province ecclésiastique de Kingston et divise le diocèse de Peterborough pour ériger sa partie septentrionale en diocèse de Sault Ste. Marie. Nous sommes au 16 septembre 1904. Il comprend une partie des districts d'Algoma, de Nipissing, de Sudbury, de Thunder Bay et de Témiscamingue, en plus de l'Île Manitouline. On y dénombre 31 064 catholiques, dont 20 064 Canadiens français, 5 000 Amérindiens et 6 000 fidèles d'origines britannique, polonaise, ukrainienne, italienne, etc. La très grande majorité des paroisses ont été fondées par les jésuites. Ces derniers sont chargés non seulement de toutes les missions autochtones, mais ont érigé 58 des 64 églises du diocèse et dirigent 14 de ses 19 paroisses [2].

Conformément au vœu des évêques de la province de Kingston, c'est David Joseph Scollard qui est nommé premier évêque de Sault Ste. Marie. Il est né près de Peterborough le 4 novembre 1862 de Catherine et John Scollard, originaires d'Irlande. Après ses études au St. Michael's College à Toronto et au Grand Séminaire de Montréal, il est ordonné prêtre en 1890. Il devient vicaire (1890–1894) et curé (1894-1895) de la cathédrale St. Peter de Peterborough, en attendant d'accéder à la cure de North Bay (1895), d'où il sera promu évêque. Le bref romain le nommant évêque de Sault Ste. Marie est émis le 20 septembre 1904, le jour de l'érection du nouveau diocèse. Le sacre a lieu à Peterborough le 24 février 1905. Scollard choisit North Bay comme ville épiscopale.

Dès sa nomination, Scollard aura du fil à retordre avec la majorité francophone des fidèles et du clergé de son diocèse (voir tableau 6). C'est le 8 novembre 1904, avant même le sacre ou l'installation de l'évêque, que le député provincial Joseph Michaud exprime à Mgr Duhamel d'Ottawa son étonnement devant la nomination d'un évêque anglophone dans un diocèse majoritairement francophone [3]. Ça ne présage pas bien. Pendant ses premières années comme évêque,

---

2. *Ibid*, p. 278-279.
3. *Ibid.*, p. 278.

Scollard réussit à éviter les confrontations ethno-linguistiques. Il prend même les devants pour se montrer un bon ami des Canadiens français. Ainsi, deux années après son entrée en fonction, il écrit au rédacteur du journal *La Patrie* de Montréal :

> Je suis un lecteur assidu de *La Patrie* et je sais que vous vous plaisez à encourager comme éminemment patriotique tout mouvement de colonisation. J'ai vu même à plusieurs reprises que vous parliez du Nouvel-Ontario dans les termes les plus élogieux, le signalant comme un lieu d'établissement particulièrement approprié aux Canadiens français. Permettez-moi de vous exprimer toute ma reconnaissance pour l'intérêt manifeste que vous portez au développement de cette immense région, dont le diocèse de Sault Ste. Marie forme partie.
>
> Aux milliers de Canadiens français de Québec et des États-Unis qui pourraient se fixer au milieu de nous, dans le Nouvel-Ontario, j'adresse ici la plus cordiale bienvenue. Je les engage à venir visiter notre région et, lorsqu'ils auront vu par eux-mêmes, ils ne tarderont pas à se convaincre qu'un avenir magnifique et prospère les y attend (...) Il y a des milliers d'acres de bonne terre qui attendent la hache du défricheur (...) Je veux surtout attirer sur ces localités l'attention des Canadiens français de Québec qui désirent mener une vie d'indépendance sur une ferme (...) Qu'ils viennent visiter ces régions[4].

La bonne entente sera pourtant de courte durée. C'est l'évêque lui-même qui déclenche les hostilités en décembre 1908, quand il s'en prend, du haut de la chaire de sa pro-cathédrale de North Bay, à quatre hommes dont les agissements le dérangent drôlement. Dotant ses cibles de noms fictifs, Scollard dénonce le premier pour ses critiques du Conseil des écoles séparées de North Bay, tandis qu'il serait lui-même contribuable des écoles publiques. C'est « William Le Jaune ». Un deuxième, qu'il dénomme Octavius Maximus, aurait osé critiquer l'administration de l'Église, quand il n'a lui-même versé que 7 $ des 48 $ promis à l'Église. L'évêque accuse le scélérat de parjure.

Toujours dans le même sermon, Scollard s'en prend ensuite à deux « hommes sages de l'Est », un « Moïse » du comté de Prescott et un « Aaron » originaire de Hull, Québec, qui seraient venus dans son diocèse récemment pour « soustraire les Canadiens français à la persécution et les conduire dans la terre promise[5] ». Ce « grand prêtre

---

4. Le 21 mai 1907.
5. *Le Temps*, Ottawa, le 21 décembre 1908. C'est la traduction du texte paru dans le *Despatch and Tribune*, North Bay, 17 décembre 1908.

TABLEAU 4

L'encadrement ecclésiastique du Nord de l'Ontario *

Année	Division administrative territoriale de l'Église	Siège épiscopal	Premier titulaire
1882	Vicariat apostolique de Pontiac	Pembroke	N.-Z. Lorrain
1886	Archidiocèse d'Ottawa	Ottawa	J.-T. Duhamel
1898	Diocèse de Pembroke	Pembroke	N.-Z. Lorrain
1904	Diocèse de Sault Ste. Marie	North Bay	D.J. Scollard
1908	Vicariat apostolique de Témiscamingue	Haileybury	E.-A. Latulippe
1915	Diocèse de Haileybury	Haileybury	E.-A. Latulippe
1919	Préfecture apostolique de l'Ontario-Nord	Hearst	J. Hallé
1920	Vicariat apostolique de l'Ontario-Nord	Hearst	J. Hallé
1938	Diocèse de Hearst	Hearst	J. Charbonneau
1938	Diocèse de Timmins	Timmins	L. Rhéaume, o.m.i.
1938	Vicariat apostolique de la baie James	Moosonee	H. Belleau, o.m.i.
1952	Diocèse de Fort William	Thunder Bay	E.Q. Jennings
1967	Diocèse de Moosonee	Moosonee	J. Leguerrier, o.m.i.
1970	Diocèse de Thunder Bay	Thunder Bay	N.J. Gallagher

* André CHAPEAU, Louis-Philippe NORMAND et Lucienne PLANTE, *Évêques catholiques du Canada/Canadian R.C. Bishops*, Ottawa, Université Saint-Paul, 1980, 194p.

Aaron », venu de « Hell », prêche l'évangile diabolique de la haine des races :

> Au dire de l'évangile de cet Aaron, tout Canadien français, pour être vraiment patriote, doit haïr ceux qui parlent l'anglais, doit haïr tous les prêtres qui ne sont pas canadiens-français, doit haïr (...) le pape, qui n'est pas un Canadien français (...)
>
> L'évêque déclare qu'il n'y a pas et qu'il n'y aura pas de crise nationale, non plus que de soulèvement contre lui. Les Canadiens français ont trop de bon sens pour être jetés dans le mauvais chemin par des agitateurs de race. Toujours ils l'ont traité avec respect et vénération dans ses tournées épiscopales (...) Il ne s'éloignera pas (...) L'anneau qu'il porte le lie inséparablement au diocèse (...) C'est la première fois depuis douze ans que dans l'église il fait la plus légère allusion à la question de race (...) Il

TABLEAU 5

Les évêques du Nord-Est de l'Ontario

Pembroke	Sault Ste. Marie	Haileybury/ Timmins	Hearst	Moosonee
N.-Z. Lorrain (1882–1915)	D.J. Scollard (1904–1934)	E.-A. Latulippe (1908–1922)	J.-J.-B. Hallé (1920–1939)	H. Belleau, o.m.i. (1939–1964)
P.T. Ryan (1916–1937)	R.H. Dignan (1934–1958)	L. Rhéaume, o.m.i. (1923–1955)	J. Charbonneau (1939–1940)	J. Leguerrier, o.m.i. (1964–)
C.L. Nelligan (1937–1945)	A. Carter (1958–1985)	M. Tessier (1955–1971)	A. Leblanc (1940–1945)	
W.J. Smith (1945–1971)	M. Gervais (1985–)	J. Landriault (1971–)	G.-L. Landry (1946–1952)	
J.R. Windle (1971–)			L. Lévesque (1952–1964)	
			J. Landriault (1964–1971)	
			R.-A. Despatie (1973–)	

*André CHAPEAU, Louis-Philippe NORMAND et Lucienne PLANTE, *Évêques catholiques du Canada/Canadian R.C. Bishops*, Ottawa, Université Saint-Paul, 1980, 194p.

TABLEAU 6

Population du diocèse de Sault Ste. Marie *

Année	Population totale	Population catholique	Population d'origine française	% des catholiques
1901		31 064	20 064	64.6
1921		65 910	38 449	58.3
1931	205 227	92 484	45 020	48.7
1941	251 141	114 667	52 183 **	45.5
1951	235 817	128 475	80 055	62.3

* Données tirées des recensements du Canada et le plus souvent compilées par le bureau des statistiques du gouvernement fédéral.
** De langue maternelle française.

croit cependant que les tactiques des fomentateurs de querelles de races doivent être mises en pleine lumière [6].

Repris et traduit par d'autres journaux, le reportage du *Despatch and Tribune* de North Bay devient le premier coup de feu dans une longue guerre ethno-linguistique qui affligera l'Église du Sault Ste. Marie pendant un demi-siècle. Des porte-paroles « nationalistes » franco-ontariens chercheront noise à Scollard pour tout un chapelet de prétendus méfaits allant de son refus de permettre à une chorale canadienne-française de chanter une messe, à son air rechigné lors de sa bénédiction d'une statue de saint Jean-Baptiste. La société Saint-Jean-Baptiste, l'Association canadienne-française d'éducation de l'Ontario et tous les mouvements « patriotiques » verront en Scollard un adversaire.

Les trente années d'épiscopat de Scollard seront marquées par des relations tendues avec ses ouailles de langue française. Une accusation qui revient continuellement veut que l'évêque de Sault Ste. Marie écarte le clergé francophone pour s'entourer de prêtres irlandais. Ainsi, la succession à la cure de Sturgeon Falls, à l'automne de 1919, provoque un reportage dans *La Presse* de Montréal, selon lequel Scollard s'apprêterait à nommer un curé anglophone pour succéder à feu le curé Langlois. On y parle de « l'acharnement » de l'évêque à placer des prêtres irlandais partout, à preuve ses nominations à Capreol, Espanola, Thessalon, Copper Cliff, Coniston et Sault Ste. Marie. Les paroissiens de Sturgeon Falls se disent prêts « à lutter pour leur droit et à s'opposer de tout leur pouvoir à l'élimination systématique des prêtres de langue française dans leur diocèse [7] ».

Le reportage fait bondir Scollard, qui donne la réplique. Il explique que la centaine de familles anglophones de Sturgeon Falls n'a jamais demandé un curé anglais ; ils sont satisfaits d'un sermon anglais à l'une des trois messes du dimanche.

> Il n'y a jamais eu, il n'y a pas aujourd'hui et il n'y aura jamais de ma part le moindre « acharnement » à m'entourer exclusivement de prêtres irlandais. Il y a actuellement, dans le diocèse du Sault Ste. Marie, 43 prêtres français chargés de paroisses ou de missions et il n'y a que quatorze prêtres appartenant à d'autres races ; sur ce nombre, neuf seulement sont de langue anglaise. L'idée de votre correspondant qu'il y a un trop grand nombre de prêtres d'origine anglaise dans le diocèse de Sault Ste. Marie est donc entièrement fausse (...)

---

6. *Ibid.*
7. *La Presse*, Montréal, le 22 novembre 1919.

> Les Canadiens français d'Espanola, de Thessalon, Copper Cliff, Coniston et Capreol n'ont à se plaindre d'aucun grief et ils ne m'ont jamais dit qu'ils avaient le moindre sujet de plainte et cela pour l'excellente raison que leurs églises sont desservies par des prêtres canadiens-français ou des prêtres de langue anglaise qui possèdent une connaissance suffisante du français pour faire face à tous les besoins des Canadiens français dans leurs paroisses respectives.
>
> Il n'existe pas de système d'élimination systématique des prêtres de langue française dans ce diocèse. Des prêtres italiens, irlandais et français ont été exclus du diocèse lorsqu'on a constaté qu'ils étaient impropres au travail qui leur était assigné.
>
> Pas un prêtre canadien-français, muni de bonnes lettres de recommandation, possédant la santé et la vigueur nécessaires, ainsi qu'une connaissance suffisante de l'anglais et du français, n'a été refusé dans ce diocèse si, lorsqu'il s'est présenté il y avait un poste vacant qui pouvait lui être donné [8].

Cette déclaration de justice ethno-linguistique dans l'embauche du clergé date de 1919. L'analyse de la correspondance échangée entre l'archevêque C.H. Gauthier et l'évêque Scollard pendant les quinze années précédentes nous laisse cependant songeur. Ainsi, entre 1906 et 1909, Scollard cherche un prêtre pour la cure vacante de Chapleau. Mgr Gauthier, de Kingston, lui refile deux candidatures, l'une étant celle d'un certain Père Brunet, et Scollard de répondre :

> À Chapleau (...) la vaste majorité des catholiques est anglophone (...) Je préférerais de beaucoup un prêtre d'origine irlandaise ou écossaise (...) ou, si un prêtre français, un qui maîtriserait complètement l'anglais. Entre nous, ces anciens religieux conviennent pour les intérêts spirituels du peuple, mais sont généralement de pauvres administrateurs des affaires temporelles de la paroisse (...) Si vous disposez d'un prêtre de langue anglaise avec quelques connaissances du français, il conviendrait mieux à Chapleau. Si votre Grandeur ne peut ce faire et si le Père Brunet a une connaissance approfondie de l'anglais, conseillez-lui de m'écrire directement [9].

À toute fin pratique, l'évêque refuse la candidature de Brunet.

À peine quelques années et Mgr Gauthier offre un autre prêtre à Scollard. Il s'agit encore d'un prêtre régulier francophone qui veut se séculariser. L'évêque de Sault Ste. Marie répond qu'il a grand besoin de prêtres et que le Père Épinard sera le bienvenu, pourvu qu'il se

---

8. *La Presse*, Montréal, novembre 1919.
9. North Bay, le 24 avril 1906 et le 30 avril 1906, A.A.O.

défasse au plus vite de son costume religieux « odieux »[10]. Ici, le caractère francophone du candidat ne semble pas faire problème. Il en est ainsi une année plus tard, en 1912, quand Scollard avise un prêtre anglophone qui veut travailler dans son diocèse : « J'ai besoin de prêtres munis d'une assez bonne connaissance tant du français que de l'anglais[11]. »

Mgr Gauthier d'Ottawa est donc habitué à envoyer des prêtres francophones vers la terre promise du Nord-Est de l'Ontario. En 1915, il voudrait que Scollard, à son tour, lui fasse la faveur de lui prêter un prêtre anglophone, vraisemblablement pour œuvrer à l'Université d'Ottawa. L'évêque de Sault Ste. Marie de répondre :

> Il m'est absolument impossible de me défaire d'un prêtre (...) Je pourrais utiliser six ou sept prêtres additionnels dès maintenant si je les avais.
>
> Je me suis laissé dire par des prêtres oblats anglophones qu'il y a quelque 15 prêtres de langue anglaise, maintenant aux États-Unis, qui étaient auparavant au Canada et appartenaient au Canada ; ils furent directement ou indirectement chassés du Canada par leurs confrères nationalistes dans la congrégation.
>
> Puisque les membres de leur propre congrégation ont trouvé la vie intolérable à l'université en raison de cette atmosphère de nationalisme extrême, comment les oblats peuvent-ils s'attendre à ce que des prêtres séculiers anglophones de l'extérieur viennent, demeurent en paix et sauvent leur âme dans une telle mer déchaînée d'antagonisme racial[12] ?

Les sentiments de Scollard dans la querelle universitaire (voir chapitre 6) sont donc clairs. Il y affirme de plus qu'il pourrait utiliser six ou sept prêtres supplémentaires. Toutefois, quand Gauthier revient à la charge moins de trois ans plus tard, et offre un autre prêtre francophone à Scollard, ce dernier refuse, alléguant qu'il vient d'accepter un prêtre francophone de Montréal et qu'il ne peut en prendre d'autres[13].

Ainsi Mgr Scollard ne cherche pas à éliminer systématiquement les prêtres francophones, ni ne refuse de les admettre dans son diocèse. Il juge cependant que plusieurs sont coupables d'un nationalisme exagéré et préfère attirer des prêtres anglophones. Son clergé et ses fidèles francophones sont sensibles à ce manque de sympathie à leur égard. Menacés qu'ils sont sur la scène provinciale par les politiques

---

10. North Bay, le 17 mai 1911, A.A.O.
11. North Bay, le 11 décembre 1912, A.A.O.
12. North Bay, le 15 mai 1915, A.A.O. (traduction de l'auteur).
13. North Bay, le 6 février 1918, A.A.O.

francophobes du gouvernement provincial et de Mgr Fallon, ils se méfient de leur évêque dont le cœur penche du côté de Fallon. L'affaire de la paroisse Sainte-Anne de Sudbury, qui éclate en 1915, ne fera que confirmer leurs craintes.

La paroisse Sainte-Anne de Sudbury

Le diocèse de Mgr Scollard se peuplait rapidement non seulement de fidèles d'origines française ou britannique, mais aussi de Slaves, d'Ukrainiens, d'Italiens, etc. L'évêque fonde donc des paroisses pour desservir ces diverses ethnies : une paroisse slave à Fort William en 1907, une paroisse ukrainienne à Copper Cliff en 1909 et une paroisse italienne à Sault Ste. Marie en 1910 [14].

Pendant le premier quart du siècle, les francophones composent la majorité des fidèles dans l'ensemble du diocèse ainsi que dans la ville de Sudbury où la part de fidèles francophones est de 1 600/2 400 ou 66% en 1910. Elle sera de 15 000/25 000 ou 60% en 1951. Les premières missions de la région avaient été l'œuvre des jésuites. Le Père Specht, d'origine alsacienne, avait célébré la première messe à Sudbury en 1883 et ce, devant une cinquantaine d'ouvriers, surtout canadiens-français, à l'emploi du chemin de fer *Canadian Pacific* en construction à l'époque [15].

Les humbles origines du petit centre forestier et minier feront place à un essor certain, au début du vingtième siècle. Pendant que des congrégations religieuses comme les Filles de la Sagesse, les sœurs de Saint-Joseph ou les sœurs grises fondent pensionnats et hôpitaux, les jésuites, ces ouvriers de la première heure, multiplient les paroisses et les missions en attendant de fonder le collège du Sacré-Cœur à Sudbury, en 1913.

La paroisse Sainte-Anne est la première à voir le jour à Sudbury. En 1915, cette paroisse unique est devenue bilingue, desservant à la fois anglophones et francophones. Le nombre accru de fidèles, l'exiguïté de l'église et le souhait des francophones d'avoir une église bien à eux, incitent l'évêque à annoncer la division de la paroisse. L'église actuelle

---

14. Adolphe PROULX, « Histoire du diocèse du Sault-Sainte-Marie » dans Société canadienne d'histoire de l'Église catholique (désormais S.C.H.É.C.), *Rapport 1960*, vol. 27, 1960, pp. 71–82.
15. *Le Droit*, Ottawa, le 3 avril 1943.

restera celle des fidèles francophones, tandis que les anglophones occuperont une église neuve à ériger sur un terrain déjà acheté par la corporation épiscopale. L'évêque décrète les modalités de partage des biens et les accommodements requis par les deux communautés de culte jusqu'à ce que l'état des finances permette de réaliser le projet.

La nouvelle paroisse anglaise sera dénommée Saint-Joseph [16]. Apprenant la nouvelle, les paroissiens de Sainte-Anne se réunissent le 15 août 1915 pour délibérer. Mgr Scollard leur déclara, par personne interposée, qu'il ne saura d'aucune manière approuver la construction de la nouvelle église Saint-Joseph sur le terrain actuel de l'église Sainte-Anne. Le nouveau lot acheté à cette fin fut obtenu à prix raisonnable et est bien situé, mais l'évêque accepterait de l'échanger pour un autre qui pourrait être jugé plus avantageux [17].

La décision de l'évêque est acceptée par tous les intéressés. Les paroissiens de Sainte-Anne (francophone) héritent d'une dette de 42 000 $ qu'ils acceptent d'acquitter, tandis que les paroissiens de la nouvelle paroisse Saint-Joseph (anglophone) se chargent de défrayer les coûts de leur nouvelle église. En attendant sa construction, tous utilisent l'église Sainte-Anne.

Deux ans plus tard, cependant, devant la pénurie de fonds et le mécontentement des anglophones à propos du site projeté pour leur église, Mgr Scollard décide de livrer aux anglophones le *Jubilee Hall*, édifice sis sur le terrain de l'église Sainte-Anne. Encore une année, et les rumeurs veulent que l'évêque se propose de scinder le terrain de l'église Sainte-Anne afin de permettre aux paroissiens de Saint-Joseph d'y ériger un temple et un presbytère. Les paroissiens de Sainte-Anne s'insurgent et élisent des délégués pour rencontrer l'évêque, lequel confirme leurs craintes. Le désaccord devient plus vif, les francophones se disant lésés dans leurs droits, tandis que Scollard fait valoir qu'ils n'ont aucun droit, puisque tous les terrains en question sont la propriété de la corporation épiscopale qui est libre d'en disposer à sa guise [18]. Nous sommes en 1919.

---

16. D.J. Scollard aux paroissiens de la paroisse Sainte-Anne, North Bay, le 27 juillet 1915, fonds A.C.F.O., C2/218/1, C.R.C.C.F.
17. D.J. Scollard à F.-X.-M. Descoteaux, s.j., North Bay, le 11 août 1915, fonds A.C.F.O., C2/218/1, C.R.C.C.F.
18. Des copies de la correspondance et des mémoires documentant cette controverse sont dans le fonds A.C.F.O., C2/218, C.R.C.C.F.

Les représentants de la paroisse Sainte-Anne en appellent donc au délégué apostolique, prétendant que la cession d'une partie du terrain de l'église Sainte-Anne à leurs coreligionnaires anglophones est inéquitable [19]. Pendant que les officiers de l'Association canadienne-française d'éducation d'Ontario [20] conseillent la modération et la conciliation dans ce dossier, le Père Charles Charlebois, o.m.i., se charge d'en aviser le représentant des Canadiens français à Rome, Mgr Cloutier. Il invite ce dernier à faire toutes les démarches nécessaires pour défendre la cause des francophones. Ce sera peine perdue. La décision épiscopale sera maintenue au sujet de cette paroisse Saint-Joseph devenue plus tard celle du Christ-Roi. Avant son décès, Mgr Scollard fondera une autre paroisse à Sudbury, celle de Saint-Jean-de-Brébeuf (1930) pour les francophones.

Les francophones contre NN. SS. Scollard et Dignan

Un des porte-parole de la paroisse Sainte-Anne dans cette querelle de clocher est Joseph-Raoul Hurtubise, appelé à devenir le plus célèbre leader des Franco-Ontariens du Moyen-Nord dans la première moitié du siècle. Né le 1er juillet 1882 à Sainte-Anne-de-Prescott, Ontario, dans une famille de 13 enfants, il étudia au collège Bourget de Rigaud et à l'Université Laval où il décrocha le baccalauréat en 1904. Devenu médecin diplômé de l'Université Queen's en 1908, il pratiqua son art en divers endroits de l'Ontario avant de s'établir en permanence à Sudbury en 1910.

Délégué au congrès de fondation de l'A.C.F.E.O. en janvier 1910, Hurtubise joue un rôle clef dans la défense des écoles bilingues de Sudbury entre 1915 et 1931. Son compagnon de route au Conseil des écoles séparées de Sudbury est Félix-Antoine Ricard. Hurtubise est élu à la Chambre des Communes en 1930 et nommé sénateur en 1945. Il meurt à Ottawa en 1955 [21]. Hurtubise sera de toutes les luttes pour « la cause » dans le Moyen-Nord (voir chapitre 7).

---

19. Secrétaire de l'A.C.F.E.O. à Mgr Pietro di Maria, Ottawa, le 22 mai 1919, fonds A.C.F.O., C2/218/1, C.R.C.C.F. Alphonse Miron et Symaune Plouffe à Mgr Pietro di Maria, Sudbury, le 2 mai 1920, fonds A.C.F.O., C2/218/1, C.R.C.C.F.
20. Désormais A.C.F.E.O.
21. Guy COURTEAU, s.j., *Le docteur J.-Raoul Hurtubise M.D. — M.P. 40 ans de vie française à Sudbury*, Montréal et Sudbury, Éditions Bellarmin et la Société historique du Nouvel-Ontario, 1971, 135 p.

Les conflits entourant les origines ethno-linguistiques du clergé et la division de la paroisse Sainte-Anne indiquent le malaise continuel qui caractérisait les relations entre Scollard et ses ouailles francophones. L'évêque n'est à son poste que depuis trois ans, quand les Canadiens français amorcent une campagne qui ne se démentira jamais ; leur but est d'obtenir la nomination d'un évêque canadien-français.

Lorsque Mgr Fergus Patrick McEvay est promu de London au siège métropolitain de Toronto en 1908, le réseau canadien-français est mis en branle pour obtenir la mutation de Scollard vers London afin de pouvoir le remplacer à North Bay par un évêque canadien-français. Les archevêques Duhamel d'Ottawa et Bégin de Québec, entre autres, demandent en février 1908 que le diocèse de Sault Ste. Marie soit détaché de la province de Kingston et rattaché à celle d'Ottawa. Des fidèles font la même demande, mais c'est peine perdue ; Michael F. Fallon sera nommé à London et Scollard reste en selle [22].

En 1933, les Franco-Ontariens osent espérer des jours meilleurs. Le sénateur franco-ontarien Gustave Lacasse intervient auprès du délégué apostolique.

> Il est fortement rumeur que Son Excellence Mgr Scollard a l'intention, à cause de son âge avancé et de sa santé de plus en plus débile, de demander très prochainement un coadjuteur. L'on craint fort que le choix, inspiré sans doute par Son Excellence Mgr Scollard lui-même, ne tombe sur une personne de langue anglaise ou du moins de mentalité anglaise. Or, c'est un fait reconnu que la très grande majorité des fidèles du diocèse en question sont de langue et d'origine françaises (...) Il est également reconnu que tout le district dans lequel s'étend ce vaste diocèse s'oriente vers un développement plutôt français, grâce surtout à la colonisation. Nous croyons donc, Excellence, que, dans ces circonstances, le bien de la religion (...) demande un titulaire de langue française.
>
> Il serait inutile et même oiseux de faire allusion à certains incidents qui se sont produits, au cours du règne épiscopal de Son Excellence Mgr Scollard, incidents qui ne laissèrent pas de causer des acrimonies regrettables. Il n'est pas injuste cependant d'affirmer que ces manques « d'entente cordiale » à certaines occasions sont dus dans une très grande mesure à la différence d'origine et d'idéal commun entre administrateurs et administrés [23].

Ainsi, le bal récriminatoire est amorcé près de deux ans avant le décès de Scollard. Dès juin 1934, alors que la fin du septuagénaire

---

22. Robert CHOQUETTE, *Langue et religion...*, op. cit., p. 89-90.
23. Le 15 mars 1933, fonds A.C.F.O., C2/153/10, C.R.C.C.F.

s'annonce prochaine, J.-Raoul Hurtubise et le cardinal Rodrigue Villeneuve de Québec se concertent pour intervenir auprès du délégué apostolique. C'est l'archevêque de Québec qui aiguillonne Hurtubise en ce sens. C'est chose faite avant la mi-juin 1934 et le médecin sudburois rend compte à Villeneuve de la nature de l'entrevue. Le cardinal se réjouit du conseil donné, félicitant Hurtubise pour le doigté de son intervention et lui suggérant de « saisir ou faire naître l'occasion de revenir sur le sujet [24] ». Le député de Nipissing se félicite de l'accueil que lui a réservé Cassulo et ajoute :

> J'ai osé vous formuler, avec une franchise toute imprégnée de confiance filiale, le vœu que le coadjuteur de notre premier Pasteur, si toutefois le Saint-Siège juge opportun de lui en accorder un, ou, du moins que son successeur ait, avec la majorité de ses ouailles, cette communauté d'origine, de traditions et de mentalité qui se prête tout naturellement à une compréhension plus complète comme aussi à une affection mutuelle plus inaltérable [25].

C'est le 7 septembre 1934 que Scollard meurt à North Bay. Hurtubise revient donc à la charge, rappelant au délégué son intervention du mois de juin et ajoutant :

> Au lendemain de la disparition soudaine du vénérable Mgr Scollard, ces réflexions revêtent un sérieux caractère d'actualité. Le regretté disparu a laissé, en mourant, un immense territoire habité, d'après des statistiques officielles tirées du (...) recensement de 1931, par une population totale de 93 000 âmes. Si, de ce nombre, l'on retranche les 6 550 Ukrainiens qui relèvent de (...) Mgr Ladyka, il ne reste plus, sous la direction de l'évêque du Sault Ste. Marie, que 86 450 fidèles.
>
> Les principaux groupements ethniques qui se partagent ce dernier total sont les suivants : Français, 45 000 ; Britanniques, 15 070 (y compris les Irlandais, au nombre de 8 700) ; Italiens, 9 270 ; Indiens, 5 945 ; Polonais, 4 050 ; Tchèques, 1 825 ; divers autres, ne dépassant 1 000 âmes chacun. À eux seuls, les catholiques de langue française représentent donc 53% de tous les catholiques du diocèse. Si à leur nombre de 45 000 nous ajoutons les 5 945 Indiens que desservent, depuis 1844, les frères en religion de nos Saint Martyrs Canadiens, les pères jésuites de langue française, lesquels,

---

24. Le 14 juin 1934, fonds A.C.F.O. C2/194/9, C.R.C.C.F.
25. J.-R. Hurtubise à A. Cassulo, (s.1), le 20 juin 1934, fonds A.C.F.O., C2/153/10, C.R.C.C.F. Guy COURTEAU, s.j., fait erreur (dans *Le docteur J.-Raoul Hurtubise..., op. cit.*, p. 51), quand il affirme que MM. Hurtubise, Plouffe, Laberge et Ricard ont rencontré le délégué à ce sujet, le 24 juin 1934.

> par ailleurs, ont fondé, à une douzaine d'exceptions près, toutes les paroisses du diocèse du Sault Ste. Marie, nous nous trouvons en présence d'un bloc imposant de 51 070 âmes sur 86 550, soit environ 60% de la population catholique totale (...)
>
> Il nous faudrait (...) dans l'Ontario (...) pouvoir compter sur l'esprit d'initiative, l'impulsion, la collaboration d'un évêque et même d'un clergé de notre nationalité (...) Loin de nous l'idée que, pour la réalisation de ce programme, il soit nécessaire, en théorie, que notre futur évêque et notre clergé, appelés à l'organiser et à le promouvoir, soient de notre race et de notre mentalité ; mais une expérience trois fois séculaire nous prouve qu'il y aurait, en cette communauté de pensée et de sentiment, un très précieux élément de succès [26].

Toujours abouché avec le cardinal Villeneuve, qui est au courant des dernières démarches, Hurtubise reçoit l'appui des dirigeants nationaux de l'Ordre de Jacques Cartier [27]. Ces derniers suggèrent des démarches auprès des autorités de l'Angleterre dont le concours est essentiel pour gagner les autorités romaines. En outre, il faudrait préparer une lettre collective de la part des députés et sénateurs au fédéral et au provincial et adressée au ministre des affaires étrangères du gouvernement britannique. Enfin, si le ministre Leduc du gouvernement Hepburn en Ontario s'arrangeait pour exercer des pressions sur le délégué Cassulo, ça aiderait [28]. L'Ordre de Jacques Cartier offre de mobiliser ses troupes pour s'occuper de la succession de Scollard.

Hurtubise répond aux dirigeants de l'Ordre :

> Comme vous le savez déjà, j'ai fait des représentations auprès du délégué apostolique, à titre de député au parlement fédéral. En ce faisant, mon plus grand souci fut de ménager les susceptibilités du délégué à propos de « racisme » ou de « nationalisme outrancier » et, pour ne pas manquer mon coup, j'ai consulté l'Association C.-F. d'Éducation d'Ontario, qui doit être, dans toutes les questions de ce genre, notre conseillère.
>
> Je crois que la procédure que vous indiquez, que le ton des suppliques que vous voudriez faire signer par les municipalités, etc., est convenable, que de telles représentations, auraient un effet salutaire, mais je le répète, il s'agit de faire un mouvement concerté et conserver dans nos démarches l'unité d'action [29].

---

26. Le 18 septembre 1934, 8 p., fonds A.C.F.O., C2/153/10, C.R.C.C.F.
27. Voir chapitre 8.
28. S.C.X. 4 à R. Hurtubise, Ottawa, le 7 septembre 1934, fonds A.C.F.O., C2/194/9, C.R.C.C.F.
29. J.-R. Hurtubise à C.O.J.C., Sudbury, le 18 octobre 1934, fonds A.C.F.O., C2/194/9, C.R.C.C.F.

Le député s'adresse par la suite au sénateur Rodolphe Lemieux, qui se charge de démarches à Paris et à Rome au sujet de la succession du Sault Ste. Marie. Lemieux s'adresse à M. Gabriel Hanotaux, ancien ministre des affaires étrangères à Paris, ainsi qu'à M. Roux, ambassadeur de France au Vatican. Hanotaux doit voir le cardinal Pacelli, secrétaire d'État du Vatican [30].

C'est pourtant peine perdue. La veille de Noël 1934, le successeur de Scollard est nommé. Hurtubise est stupéfait et déclare à Cassulo qu'il a le cœur navré. Un de ses compatriotes de Sudbury déclare :

> Nous nous demandons en quoi nous aurions tant démérité dans ce diocèse et dans l'Église entière au Canada. Il y a déjà un siècle que nous, Français du Canada, nous peinons dans ce vaste territoire du Nord-Ontario ; nous y avons créé des missions chez les Indiens, alors que ce district était à peine habité ; nous avons fondé la presque totalité des paroisses, nous avons accru notre nombre au point de faire la force principale de ce diocèse, n'avions-nous pas toute raison d'espérer qu'au moins le second évêque de ce diocèse fût l'un des nôtres ?
>
> L'élément irlandais dans notre diocèse n'est que minime, 8 667 seulement, inférieur même à l'élément italien, 9 236, alors que nous sommes 45 020 de race française [31].

L'homme choisi pour succéder à Scollard est Raphael Hubert Dignan. Né à London, Ontario en 1890, il est diplômé du collège St. Michael de Toronto en 1911. Après une année d'études au Grand Séminaire de Montréal en 1911-1912, il fait partie du premier contingent de séminaristes inscrits au nouveau séminaire St. Peter fondé par Mgr Fallon en 1912. Ordonné prêtre le 29 mai 1915, il est nommé vicaire du curé Robert de la paroisse de l'Immaculée-Conception de Windsor. Trois années plus tard, il occupe successivement les postes d'administrateur de la paroisse St. Martin, de vicaire à Stratford et de vicaire (1918-1921) à la paroisse St. Mary de London. Pendant les huit années suivantes, il est le curé fondateur de la paroisse Blessed Sacrament à Chatham, en attendant sa nomination en 1929 à la cure de la paroisse de l'Immaculée-Conception de Windsor.

Ses cinq années à la cure de l'Immaculée-Conception seront à l'enseigne de l'implication sociale. L'abbé Dignan est associé à toute

---

30. R. Lemieux à J.-R. Hurtubise, Montréal, les 6 novembre, 4 et 22 décembre 1934, fonds A.C.F.O., C2/194/9, C.R.C.C.F.
31. Auteur inconnu à A. Cassulo, Sudbury, décembre 1934, fonds A.C.F.O., C2/153/10, C.R.C.C.F.

une gamme d'activités allant d'une société catholique d'aide à l'enfance, à la participation au Conseil des écoles séparées de Windsor, en passant par des efforts visant à promouvoir la venue de colons hollandais au Canada [32].

Sacré dans la cathédrale St. Peter de London le 19 mars 1935, Dignan est intronisé dans la pro-cathédrale de North Bay le 2 avril 1935. Le deuxième évêque de Sault Ste. Marie, qui est réputé parler couramment tant le français que l'anglais, aura tôt fait de s'aliéner ses fidèles francophones. Il se montrera un vrai disciple de Mgr Fallon.

Estomaqué de la nomination, un militant de l'Ordre de Jacques Cartier s'exclame : « Enfin le crime est consommé. À quat'pattes les Canayens sous la crasse irlandaise [33]. » Un peu moins virulente, la réaction typique des Canadiens français est la suivante :

> Mgr Dignan n'est pas des nôtres. C'est un ami, confident, un disciple de feu Mgr Fallon. Il est nommé à un siège où l'élément français est prépondérant (...) Par exemple, le député fédéral de la partie la plus populeuse de la région, Sudbury, est un Canadien français, de même que les deux députés provinciaux (...) C'est une petite Nouvelle-France (...) Toutes les campagnes sont françaises ainsi que les missions indiennes (car les « frères » irlandais sont rares aux missions canadiennes. On comprend que nos amis du nord soient atterrés, indignés, découragés (...)
>
> Il se signe actuellement des pétitions au cardinal de Québec et au délégué apostolique. Hélas, il n'est pas probable que ces protestations changent quoi que ce soit. En dehors du Québec, nous ne sommes plus chez nous (...) Hors Québec, à nous les glaces polaires ; il n'y a pas d'Irlandais par là. Ils sont des récolteurs, pas des semeurs.
>
> La croix de Mgr Plessis, qui ornait la poitrine de feu Mgr Scollard, né en Irlande, ornera désormais celle de Mgr Dignan. La délégation apostolique, elle aussi, est de l'avis que hors la réserve québécoise le pays est « British » [34].

Quand ces propos sont publiés, Dignan n'est même pas encore entré en fonction. Ça présageait mal.

Si les francophones du diocèse de Sault Ste. Marie se méfiaient de Scollard, il n'est pas exagéré de dire qu'ils détestaient Dignan. La zizanie apparaît dès le début de son administration. En effet, le nouvel évêque n'est en poste que depuis quelques semaines, quand il déclare

---

32. *The Catholic Record*, London, le 5 janvier 1975.
33. Émile Lavoie à J.-R. Hurtubise, Ottawa, le 29 décembre 1934, fonds A.C.F.O., C2/194/9, C.R.C.C.F.
34. *L'Illustration*, Montréal, le 3 janvier 1935.

qu'il lui faudrait une douzaine de prêtres additionnels afin de pleinement répondre aux besoins du diocèse. L'A.C.F.E.O. saute sur l'occasion et mène une campagne de recrutement sacerdotal auprès de divers évêques de langue française, cherchant à trouver de nouveaux prêtres francophones. Ils sont déçus des résultats.

Six années plus tard, c'est au tour du Juge Symaune Plouffe de North Bay, auparavant de Sudbury, à faire valoir ses griefs devant le délégué apostolique. À la suite d'une visite chez le délégué apostolique le 5 septembre 1941, Plouffe rédige un mémoire étalant les divers méfaits de Mgr Dignan :

> Quelques jours avant le sacre de notre évêque actuel en mars 1935, un grand scandale éclatait dans notre diocèse. Le curé de la paroisse Saint-Joseph de Sudbury (...) était accusé d'un crime infâme contre la moralité. Un bref d'arrestation avait déjà été émis par le substitut du procureur général d'Ontario. L'arrestation était imminente alors que l'avocat Plouffe de Sudbury et son confrère (...) Murray Mulligan, (...) conçurent le projet de faire disparaître l'accusé pour l'envoyer en lieux inconnus. Ils consultèrent à ce sujet (...) l'abbé S. Côté (...) de Chelmsford (...) Le projet fut approuvé. Les avocats obtinrent du procureur général l'ajournement de l'exécution du bref et, cinq jours après, l'abbé X était en lieu sûr. Ainsi le scandale avait été évité.
>
> Dès l'avènement de notre nouvel évêque à North Bay, les avocats lui rendirent compte de leurs agissements. Son Excellence (...) les remercia (...)
>
> Les avocats demandèrent ensuite à l'évêque la permission de lui donner des renseignements au sujet de certains autres prêtres dont la conduite était fort répréhensible. Il s'agissait de quelques prêtres de langue anglaise et de monsieur l'abbé Coallier. La permission fut accordée (...) Son Excellence remercia et bénit les avocats (...)
>
> À l'occasion de la retraite diocésaine, (...) notre évêque crut devoir faire une sortie à fond de train contre les avocats en question (...)
>
> Les catholiques de langue française (...) ont d'autres raisons de se plaindre de leur évêque. (...) Nous avons 80 prêtres séculiers, dont 51 de langue anglaise et de nationalités diverses, et 29 de langue française (...) Nombre de prêtres de langue anglaise sont curés dans des paroisses en majorité française (...) Ces curés (...) traitent nos compatriotes de façon plus ou moins juste (...) Notre évêque ferait montre de beaucoup de zèle en important chez nous des prêtres de langue anglaise alors qu'il n'en fait peu pour satisfaire aux légitimes exigences de la majorité de ses ouailles. Depuis 1935, il a incorporé au diocèse neuf prêtres de langue anglaise venus d'ailleurs, dont deux étaient des repris de la justice séculière (...)
>
> Je passe sous silence le fait que depuis 1935 deux prêtres de langue anglaise ont dû se séculariser ; que trois ont été renvoyés du diocèse ; que

des bals s'organisent dans certaines de nos institutions d'enseignement catholique sous l'œil de l'autorité religieuse ; que les protestants font des gorges chaudes au sujet de la conduite de certains membres de notre clergé ; que des propos fort irrespectueux, à l'endroit de notre évêque, se tiennent par des prêtres du diocèse (...) ; que les catholiques de langue anglaise et leurs prêtres ont tout autant raison que nous d'être dissatisfaits et ne cachent pas leur mécontentement ; en un mot un profond malaise règne au Sault Ste. Marie et va s'accentuant de jour en jour [35].

Ces plaintes sont formulées à nouveau à compter de 1949 par le curé J.-A. Chapleau de North Bay. Ce dernier accuse son évêque de tripotage dans certains fonds diocésains, en plus d'affirmer que « les prêtres croient que l'évêque est pro-anglais seulement [36] ». Il note que depuis son arrivée en 1935, Dignan a haussé le nombre de prêtres d'origine britannique de 29 à 65, tout en réduisant légèrement, de 43 à 42, le nombre de prêtres francophones.

> Les paroisses anglaises se multiplient dans le diocèse avec des petites populations de 50 à 100 familles. On continue de refuser des paroisses françaises absolument nécessaires à la santé morale de nos gens. On laisse des curés anglais dans des paroisses en majorité ou presque totalement françaises [37].

Cette question de la formation de nouvelles paroisses est au centre des nombreuses disputes entre Dignan et ses diocésains francophones. Le recensement du Canada de 1941 donne 32 203 habitants dans la ville de Sudbury, dont 18 466 catholiques et 10 772 francophones. En 1948, les 10 000 francophones n'ont toujours que deux paroisses [38], tandis que les 7 000 anglophones et allophones disposent de quatre paroisses. Les deux églises francophones sont trop exiguës, mais l'évêque semble très lent à ériger de nouvelles paroisses. Mgr Racette, curé de Verner, écrit à son évêque :

> Partout où il y avait des groupes de 75 à 200 familles anglaises, vous avez, sans hésiter, fondé ou construit de nouvelles églises. Personne n'a récriminé, à ce que je sache (...) Chaque fois qu'une paroisse de langue française a été formée, ça été au prix de pétitions et de démarches interminables ; Saint-Eugène, New Sudbury, Azilda, les Saints-Anges, avec des populations d'au moins 300 familles. Pour le plus grand bien des

---

35. Le 12 février 1942, fonds A.C.F.O., C2/194/9, C.R.C.C.F.
36. J.-A. Chapleau à Gustave Sauvé, o.m.i., North Bay, le 24 février 1949, fonds A.C.F.O., C2/194/14, C.R.C.C.F.
37. *Id.* à *id.*, fonds A.C.F.O., C2/194/13, C.R.C.C.F.
38. Celles de Sainte-Anne et de Saint-Jean-de-Brébeuf.

âmes, Saint-Jean-de-Brébeuf devrait être encore divisée, avec ses 12 à 15 cents familles. Il aurait dû l'être, il y a 10 à 15 ans[39].

Après que l'A.C.F.E.O. eut envoyé une pétition à Mgr Antoniutti à ce sujet[40], sans résultats semble-t-il, la même association choisit d'étaler le problème dans les journaux[41]. C'est alors que la chancellerie diocésaine réagit et se dit prête à procéder à la fondation d'une nouvelle paroisse de langue française à Sudbury[42]. La paroisse Saint-Eugène voit le jour en décembre 1949.

Devant toujours composer avec des tracasseries interminables de la part de l'évêché, il fallait s'attendre à ce que les franco-catholiques du Moyen-Nord de l'Ontario songent à obtenir leur propre diocèse. N'ayant pas réussi à obtenir un évêque de leur appartenance linguistique et culturelle, c'est à compter de janvier 1948 qu'on propose de scinder le diocèse de Sault Ste. Marie pour créer un nouveau diocèse avec siège à Sudbury et doté d'un titulaire francophone[43]. La demande au pape en date du 22 mars 1948 est signée par le Sénateur J.-Raoul Hurtubise, le Juge J.-A.-S. Plouffe de la Cour du district de Nipissing, de Léoda Gauthier, député du comté de Nipissing au Parlement du Canada et de J.-A. Lapalme, président de la Société historique du Nouvel-Ontario. Les pétitionnaires font valoir la majorité francophone chez les catholiques, tant dans le diocèse que dans la ville de Sudbury.

> Sur environ 27 paroisses des deux districts de Sudbury et de Nipissing 17 sont *entièrement* canadiennes-françaises ; cinq bilingues avec une *forte majorité* canadienne-française : 5 anglaises avec une bonne proportion de catholiques canadiens-français[44].

C'est J.-B. Montini, le futur pape Paul VI, qui accuse réception de la requête à Rome.

---

39. Cité dans Guy COURTEAU, s.j., *op. cit.*, p. 57.
40. Gustave Sauvé à I. Antoniutti, Ottawa, le 29 octobre 1947, fonds A.C.F.O., C2/194/13, C.R.C.C.F.
41. *Le Droit*, Ottawa, le 1er octobre 1948.
42. A. Canoll à J.-A. Lapalme, North Bay, le 25 septembre 1948, fonds A.C.F.O., C2/194/13, C.R.C.C.F. Une correspondance soutenue à ce sujet se trouve au C.R.C.C.F.
43. G. Sauvé à I. Antoniutti, Ottawa, le 21 janvier 1948, fonds A.C.F.O., C2/194/14, C.R.C.C.F.
44. J.-Raoul Hurtubise, *et al.* à Pie XII, Sudbury, le 22 mars 1948, fonds A.C.F.O., C2/194/14, C.R.C.C.F.

L'A.C.F.E.O. appuie la demande des Sudburois en expédiant son propre mémoire [45], comme le fait Mgr Alexandre Vachon d'Ottawa. Ce dernier fait signer une demande au pape par ses suffragants et se rend à Rome en mars 1949, porteur de ces diverses demandes. On y réclame l'érection d'un nouveau diocèse recouvrant les districts de Nipissing et de Sudbury et doté d'un évêque canadien-français [46]. Comme d'habitude, la demande n'aura pas de suite.

Âgé de 67 ans, Raphael Hubert Dignan meurt le 22 novembre 1958. Depuis plus d'un an il est doté d'un coadjuteur avec droit de succession. Mgr Alexander Carter devient administrateur du diocèse en 1957 et évêque en titre lors du décès de Dignan. Pour la première fois depuis la fondation du diocèse, les franco-catholiques auront un évêque qui leur est sympathique.

Le diocèse de Timmins

La frontière nord-sud séparant les provinces ecclésiastiques d'Ottawa et de Kingston suit la hauteur des terres entre la Baie Georgienne et la rivière des Outaouais jusqu'à l'extrémité est du lac Nipissing à North Bay ; elle s'élance ensuite vers le Nord jusqu'à la ligne de partage des eaux entre le bassin de la Baie d'Hudson et celui des Grands Lacs pour suivre cette nouvelle ligne en direction ouest. Les diocèses de Peterborough et de Sault Ste. Marie, à l'ouest de cette frontière, sont des subdivisions du diocèse de Kingston. Le territoire situé à l'est de cette frontière nord-sud a toujours fait partie du diocèse d'Ottawa. Bref, tout le territoire à l'Est et au Nord de la province ecclésiastique de Kingston relève du siège métropolitain d'Ottawa.

Au tournant du vingtième siècle, cet immense diocèse d'Ottawa a déjà été divisé pour former le vicariat apostolique de Pontiac (1882), devenu diocèse de Pembroke en 1898 [47]. Le coup d'envoi principal du développement économique et social attend cependant la première décennie du siècle. C'est en 1902 que débute à North Bay la construction du *Temiskaming and Northern Ontario Railroad (T.N.O.R.)* qui rejoindra

---

45. E.-C. Désormaux à Pie XII, Ottawa, le 15 janvier 1949, fonds A.C.F.O., C2/194/14, C.R.C.C.F. Charles Charlebois, o.m.i. à I. Antoniutti, Ottawa, le 17 février 1949, fonds A.C.F.O., C2/194/14, C.R.C.C.F.
46. Des copies de ces divers mémoires et lettres sont dans le fonds A.C.F.O., C2/194/14, C.R.C.C.F.
47. Robert CHOQUETTE, *L'Église catholique...*, *op. cit.*, p. 259–266.

Cochrane en 1908 et Moosonee sur la baie James en 1932. C'est aussi l'époque de la construction du chemin de fer National Transcontinental, devenu C.N.R., lequel relie Moncton et Québec à Winnipeg en passant par l'Abitibi québécois et la vaste plaine argileuse du Nord de l'Ontario. Cette voie ferrée rejoint Cochrane en 1912. De plus, c'est à compter de 1904 que de véritables ruées ont lieu vers les gisements d'argent, d'or et de nickel nouvellement découverts. C'est alors que naîtront des villes telles que Cobalt, Haileybury, Kirkland Lake et Timmins. Un nouveau pays est en voie de développement [48].

Auparavant, ce pays du Nord-Est de l'Ontario était celui de quelques centaines d'autochtones évangélisés par une poignée de missionnaires oblats en résidence à Mattawa ou à Nord-Témiscamingue où on établit une résidence en 1896.

> La mission de l'Ottawa supérieur renferme huit postes. Depuis 1896, Nord-Temiskaming possède une résidence de missionnaires. Même avant cette époque, le gouvernement y soutenait une école. Des sept autres postes, quatre seulement ont leur chapelle, à savoir Abbitibi, la Longue-Pointe, Grassy Lake et Timagami. La desserte de ces postes, excepté celui de Nord-Temiskaming, s'opère comme dans la mission du Saint-Maurice, par une visite annuelle, variant de quelques jours à deux ou trois semaines au plus (...)
>
> La mission de la Baie d'Hudson renferme les postes d'Albany, de New-Post, de Martin Falls, de Fort Hope, d'Attawabaskat et de Wenisk. Albany a une résidence de missionnaires depuis 1892 et on y construit une école. Les autres postes n'ont la visite du missionnaire que depuis la fondation de la résidence d'Albany. Avant cette époque, Albany seul, avec New-Post qui se trouve sur la route, recevait la visite d'un missionnaire de Temiskaming. Les catholiques sont au nombre de 650, tandis que les protestants et les païens se chiffrent par milliers (...)
>
> Depuis l'établissement du vicariat apostolique de Pontiac (...) le nombre des missionnaires a été porté de deux à six [49].

C'est en 1908 que Mgr Lorrain de Pembroke demande la division de son vaste diocèse pour former un nouveau vicariat dans sa partie septentrionale. Il invoque comme raisons de sa demande le développement rapide noté ci-dessus, le besoin d'assurer une meilleure présence catholique et son âge avancé (66 ans) qui rend ses longs voyages

---

48. Id., L'Ontario français, historique, Montréal, Études vivantes, 1980.
49. F.-X. Fafard, o.m.i. aux évêques de la Province de Québec, s.l., s.d., 3 p., A.A.O.

missionnaires d'autant plus pénibles. Lorrain propose que le nouveau vicariat porte le nom de « Temiskamingue » et soit centré sur Haileybury.

Les 20 000 catholiques du vicariat projeté sont desservis par 18 prêtres et 28 religieuses (voir tableau 7). On y compte un hôpital à Ville-Marie, un orphelinat pour les autochtones à Albany, un pensionnat pour jeunes filles à Ville-Marie et 23 écoles catholiques fréquentées par 1 067 enfants. Le territoire renferme 26 églises et chapelles [50].

TABLEAU 7

Ressources humaines du vicariat apostolique de Témiscamingue (1908) *

Population		Clergé		Religieuses	
Autochtones	4 000	Oblats de Marie-Immaculée	12	Sœurs grises de la croix (d'Ottawa)	12
Blancs francophones	7 583	Prêtres séculiers	6	Sœurs de l'Immaculée Conception (France)	4
Blancs anglophones	1 386			Sœurs de l'Assomption (de Nicolet)	4
Pop. stable	12 969			Sœurs de la Sainte-Famille (Sherbrooke)	8
Forestiers	3 500				
Cheminots	4 000				
TOTAL des catholiques	20 469	TOTAL	18	TOTAL	28
TOTAL des protestants	5 000				

* N.-Z. Lorrain à Pie X, Pembroke, le 25 février 1908, A.A.O.

Tout ce que Lorrain demande est accepté par le Saint Siège, qui érige le nouveau vicariat le 22 septembre 1908. Élie-Anicet Latulippe est élu évêque de Catenna et chargé du nouveau vicariat par lettres apostoliques en date du 1er octobre. Né à Saint-Anicet, Québec, en

---

50. N.-Z. Lorrain à Pie X, Pembroke, le 25 février 1908, A.A.O.

1859, il est ordonné prêtre à Montréal en 1885. Après y avoir exercé diverses charges pastorales, Latulippe accepte la cure de Pembroke en 1894 et par la suite d'autres postes dans le diocèse de Mgr Lorrain. Il est sacré dans la cathédrale de Pembroke, le 30 novembre 1908[51]. Sept années plus tard, il demande et obtient du Saint Siège l'élévation de son vicariat en diocèse de Haileybury, le 31 décembre 1915.

Tout en développant ses œuvres diocésaines et en important diverses communautés religieuses, telles les sœurs de la Providence (1912) ou les sœurs de l'Assomption (1918)[52], Mgr Latulippe devra essuyer de durs revers. La première catastrophe a lieu le 28 mars 1913.

> Le vendredi saint vers 3½ P.M. un ouragan s'est tout-à-coup déchaîné et, à part quelques accalmies, a soufflé jusqu'au milieu de la nuit. L'Église de Cobalt s'est effondrée complètement. Celle de Fabre qui s'achevait et dans laquelle on avait dit la première messe le jour des rameaux est presque complètement démolie. Celle de Lorrainville est endommagée. Les deux couvents de Ville-Marie et de Guigues ont eu une partie de la couverture emportée. Les cheminées de notre école séparée à Haileybury, en tombant, ont brisé la couverture. Dans la campagne nombre de bâtiments ont été renversés. Heureusement nous n'avons à enregistrer aucune perte de vie (...) Le pire est que nous perdons toutes nos assurances[53].

Se relevant à peine de cette épreuve, Mgr Latulippe est malade[54] en novembre 1922, quand un sinistre dévaste une grande partie du Nouvel-Ontario. Entre autres dégâts, la ville de Haileybury est rasée par les flammes qui consument entre autres choses l'évêché, la cathédrale, l'hôpital, l'orphelinat, le couvent et les écoles. L'évêque de Haileybury est obligé de se loger temporairement à Cochrane. Terrassé, l'évêque meurt à Cobalt, le 14 décembre 1922. Mgr Émard chante le service funèbre à Cobalt le 20 décembre 1922, en compagnie des évêques Joseph Hallé, Patrick Ryan, Arthur Béliveau, Joseph Scollard, Guillaume Forbes et Joseph Limoges. L'Ontario français perdait un de ses grands défenseurs.

Lors du décès de Latulippe en 1922, le diocèse de Haileybury compte 47 751 fidèles, dont 41 083 francophones et 1 700 autochtones.

---

51. A. CHAPLEAU, L.-P. NORMAND et L. PLANTE, *op. cit.* Robert CHOQUETTE, *L'Église catholique...*, *op. cit.*, p. 278-279.
52. Rodolphe TREMBLAY, *Timmins. Métropole de l'or*, Documents historiques, n° 2, Sudbury, Société historique du Nouvel-Ontario, 1951, 42 p.
53. E.-A. Latulippe à C.H. Gauthier, Haileybury, le 28 mars, 1913, A.A.O.
54. Il souffre d'hypertrophie au cœur.

Ils sont desservis par 65 prêtres, dont 63 francophones et deux anglophones [55]. Joseph Gauvin est élu administrateur du siège vacant.

Les démarches habituelles ont lieu au sujet du choix du deuxième évêque de Haileybury. Pour opposer une demande du parti anglophone demandant la division du diocèse, les Franco-Ontariens mobilisent l'A.C.F.E.O., Charles Charlebois, o.m.i., l'Honorable Rodolphe Lemieux et une brochette de notables canadiens-français; ils demandent tous un successeur canadien-français sur le siège de Haileybury. En janvier 1923, Lemieux intervient même auprès de l'Ambassade de France près du Saint Siège, où MM. Cambon et Jonnart s'occupent du dossier. En effet, Cambon écrit à Lemieux :

> Dès le reçu de votre lettre j'avais traité la question au Vatican et je m'étais mis en rapport avec Mgr Hallé qui se trouvait à ce moment au Collège canadien de Rome. Nous nous étions mis d'accord, Mgr Hallé et moi, pour ne pas prononcer son propre nom au sujet de Haileybury, les Congrégations romaines étant très jalouses de l'indépendance de leur choix. Je me suis donc contenté d'entretenir le Cardinal Gasparri de la nationalité du futur évêque et je lui ai remis une note résumant ma conversation (...)
>
> M. Jonnart à son retour à Rome n'avait pas manqué de rappeler cette affaire au Vatican. Je crois qu'il y a lieu de se féliciter du résultat de son intervention car j'ai pu constater l'excellente réputation laissée à Rome par le Père Rhéaume [56].

C'est en effet Louis Rhéaume, o.m.i., qui est placé sur le siège convoité. Né à Lévis, Québec, le 17 novembre 1873, ses parents Jérémie Rhéaume et Philomène Nadeau déménagent à Montréal en 1882. Après cinq années d'apprentissage du métier d'arpenteur (1888–1893), c'est à l'âge de 20 ans que Louis s'inscrit au juniorat du Sacré-Cœur d'Ottawa pour se préparer à la prêtrise. Muni d'un baccalauréat ès Arts de l'Université d'Ottawa (1898), il est admis dans la Congrégation des missionnaires oblats de Marie-Immaculée. Son noviciat à Lachine (1898-1899) est suivi d'un stage de cinq années à Rome menant à son ordination sacerdotale en 1904.

Dès l'été de 1905, Louis Rhéaume est de retour à l'Université d'Ottawa, qu'il ne quittera que lors de son élévation à l'épiscopat en 1923. L'ancien étudiant du Père M.F. Fallon professe les mathématiques

---

55. Alphonse Dupuis, chancelier, Déclaration, Haileybury, le 18 décembre 1922, A.A.O.
56. Rome, le 17 août 1923, fonds ACFO, C2/193/5, C.R.C.C.F.

pendant huit années, en attendant d'être promu successivement directeur du Grand Séminaire d'Ottawa (1913-1915) et recteur de l'Université d'Ottawa (1915-1921). Il retourne ensuite à la direction du Grand Séminaire (1921-1923), d'où il est promu à Haileybury le 8 juin 1923. Il est sacré le 18 octobre 1923 dans la basilique d'Ottawa par Mgr Émard, assisté des évêques Scollard et Limoges [57]. Rhéaume transporte temporairement son siège épiscopal à New Liskeard, en attendant la reconstruction de Haileybury, œuvre qui saura le tenir occupé pendant plusieurs années.

La bulle *Christi fidelium* du 3 décembre 1938 érige le vicariat apostolique de la baie James, érige le diocèse d'Amos, élève le vicariat apostolique de l'Ontario-Nord en diocèse de Hearst et transfère le siège épiscopal du diocèse de Haileybury à Timmins, rebaptisant donc ce dernier du nom de diocèse de Timmins. La résidence épiscopale restera cependant à Haileybury jusqu'à son transfert à Timmins le 15 novembre 1975.

Mgr Rhéaume consent à cette division de son diocèse en cinq parties, réduisant par le fait même son territoire des 256 000 kilomètres carrés qu'il était à 32 000 kilomètres carrés. Il est plus inquiet dix années plus tard, quand une rumeur veut qu'on divise à nouveau son territoire ontarien [58]. Il s'agissait vraisemblablement du projet d'érection, noté ci-dessus, d'un nouveau diocèse de langue française centré sur Sudbury. Quand Rhéaume prend connaissance du projet «Sudbury», il s'y oppose, car il croit que sa réalisation amènera à brève échéance la disparition de son propre diocèse.

> Puisque la requête mentionne qu'il faut fonder un diocèse spécialement sous la direction d'un évêque canadien-français, comment ajuster à cela le fait qu'en diminuant le diocèse de Timmins on en fait disparaître un autre confié à un Canadien français ? Où est la logique [59] ?

En fait, Rhéaume signera la requête en faveur de la création d'un diocèse francophone à Sudbury, mais c'est seulement pour plaire

---

57. *Le Droit*, Ottawa, le 18 octobre 1923. *The Ottawa Journal*, Ottawa, October 18, 1923. *Le Droit*, Ottawa, le 11 mai 1955. Gaston CARRIÈRE, *L'arpenteur du Bon Dieu ; Monseigneur Louis Rhéaume, o.m.i., 1873-1955, évêque de Timmins*, Montréal, Rayonnement, 1960, 220p.
58. L. Rhéaume à A. Vachon, Haileybury, le 3 juin 1948, A.A.O. A. Vachon à L. Rhéaume, Ottawa, le 7 juin 1948, A.A.O.
59. L. Rhéaume à A. Vachon, Haileybury, le 5 mars 1949, A.A.O.

à Mgr Vachon qui y tient. Nous savons que rien ne résulte de ce projet « Sudbury ».

Dans la décennie des années 1950, le diocèse de Timmins compte 80 000 fidèles répartis entre 61 paroisses et desservis par 100 prêtres. Presque octogénaire, Louis Rhéaume est doté d'un évêque coadjuteur en 1953. C'est Maxime Tessier qui prend la relève ; il succède à Rhéaume lors du décès de ce dernier le 8 mai 1955.

Le diocèse de Hearst

En 1918, à peine trois années après l'érection de Haileybury en diocèse, Mgr Latulippe revient à la charge et demande aux autorités romaines de subdiviser son vaste territoire pour former le vicariat apostolique de l'Ontario-Nord. Appuyée par le délégué Stagni et l'archevêque Gauthier, la demande invoque les raisons d'étendue du territoire, d'éloignement de l'évêque et de l'utilité d'un évêque supplémentaire pour prévenir l'immigration protestante. Le vicariat projeté englobe une population totale de 14 000 personnes, dont 2 500 autochtones et 11 500 blancs ; 10 000 de ces derniers sont canadiens-français et catholiques. On ne compte que neuf prêtres sur le territoire, tous canadiens-français [60].

La demande de Latulippe est entérinée par le Saint Siège qui érige la préfecture apostolique d'Ontario-Nord le 18 avril 1919, en attendant de promouvoir le même territoire au rang de vicariat le 27 novembre 1920 [61]. On choisit le recteur du Collège de Lévis, Joseph-Jean-Baptiste Hallé, pour diriger la nouvelle circonscription.

Né à Lévis le 9 décembre 1874, Hallé étudie au Collège de Lévis et est ordonné prêtre le 19 septembre 1897 avant de poursuivre ses études à Rome [62]. À compter de 1915, son évêque, Mgr L.-N. Bégin de Québec, le nomme à diverses charges ecclésiastiques dont celles de chanoine, de visiteur ecclésiastique des communautés religieuses du diocèse de Québec, de chapelain général de la Société Saint-Vincent-de-Paul et de chapelain de la Société Saint-Jean-Baptiste de Québec. Il

---

60. E.-A. Latulippe à Benoît XV, Rome, 1918, A.D.H.
61. Un vicaire apostolique est évêque, tandis qu'un préfet ne l'est pas nécessairement.
62. *Le Droit*, Ottawa, le 10 octobre 1938.

est un des trois candidats proposés par Latulippe pour le nouveau poste à Hearst et sa nomination réjouit l'évêque de Haileybury :

> Il y a longtemps que je prie et demande à Dieu de nous envoyer celui qui *doit* venir. J'ai été exaucé (...)
>
> Monseigneur c'est une vie de sacrifice, de privations et de pénibles voyages qui vous attend mais combien méritoire devant Dieu et combien précieuse pour l'Ontario-Nord [63].

Pour sa part, son voisin occidental Ovide Charlebois, o.m.i., vicaire apostolique du Keewatin, écrit :

> Je m'en réjouis grandement et je vous en félicite de tout cœur. Il fait plaisir de voir des nôtres occuper une telle position, surtout dans la province d'Ontario. Ce sera une nouvelle force pour la défense de nos droits [64].

Encouragé par ses nouveaux collègues dans l'épiscopat, Hallé est sacré, à Lévis, évêque titulaire de Perrhe, le 17 avril 1921. En plus des promesses de soutien du cardinal Bégin, ce dernier présida, le 28 juin 1919, un concert à Lévis au bénéfice de Hallé, qui rapporta 15 000 $. À la même époque, le *Catholic Church Extension Society* y alla également d'un don de 750 $, pour aider l'homme d'Église démuni.

En 1918, Hearst n'est qu'un gros village surtout anglo-protestant. Le curé Alary de Terrebonne y accompagne Charles Charlebois, o.m.i., et raconte ce qu'il voit à l'époque, en plus des changements survenus en 1954 :

> On y trouvait (en 1918) une mission catholique, sorte d'école-chapelle : au sous-sol, une classe ; au rez-de-chaussé, le logement du missionnaire ; au-dessus, la chapelle qui pouvait recevoir une centaine de personnes (...)
>
> Cette école-chapelle (...) a été transformée en évêché et donc considérablement agrandie. Ainsi (en 1954) se trouvent groupés en petit séminaire, le palais épiscopal, un orphelinat et la cathédrale [65].

Pendant ses dix-neuf années d'épiscopat, Joseph Hallé prêche une théologie typique d'un évêque canadien-français de l'époque. Il tient comme principes fondamentaux la primauté du spirituel et le point de vue voulant que « la question sociale est avant tout une question morale et religieuse [66] ». Il enseigne que l'inégalité des conditions sur la

---

63. E.-A. Latulippe à J. Hallé, Haileybury, le 24 mai 1919, A.D.H.
64. O. Charlebois à J. Hallé, Montréal, le 20 mai 1919, A.D.H.
65. *La Voix Nationale*, Montréal, novembre 1954, coupure, A.D.H.
66. J. Hallé, Sermon dans *L'Action Catholique*, Québec, le 4 septembre 1919.

terre est permanente, que le travail et sa douleur sont une expiation imposée par Dieu et que les riches et les pauvres ne sont pas nécessairement adversaires[67].

Son apostolat sera le dur labeur d'un évêque à la fois missionnaire et colonisateur. Ses longues courses en canot et à pied sont entrecoupées de démarches auprès des gouvernements pour obtenir des chemins, des ponts et divers services sociaux. C'est un fervent apôtre des droits des francophones devant les anglicisateurs de tout acabit. Ainsi, il semonce la supérieure générale des sœurs de l'Assomption de Nicolet :

> Je ne suis pas sans connaître, et de sources multiples, le travail d'anglicisation très funeste que nos sœurs font à Timmins (...)
>
> Cette lettre est écrite après mûre réflexion et pour la plus grande gloire de Dieu (...) J'ai risqué ma vie deux fois, en traversant l'océan pendant la guerre, pour aller défendre à Rome les droits du français dans les écoles de l'Ontario (...) C'est pourquoi j'ai quelque raison d'avoir cette question à cœur[68].

À l'instar des autres évêques, Mgr Hallé surveille de très près la question des diverses successions épiscopales dans les diocèses francophones. Il prend carrément position contre la thèse des Irlandais catholiques qui veulent monopoliser les postes épiscopaux et il plaide vigoureusement en faveur d'évêques canadiens-français. En 1920, il écrit à Benoît XV que le siège d'Edmonton « est tombé en d'autres mains[69] », tandis que celui de Prince-Albert « est menacé[70] ». « Et nous ne recevrions pas même cette légère compensation de voir un des nôtres monter sur le siège d'Alexandria, diocèse où les catholiques de langue française sont en grande majorité[71] ». En effet, à l'époque des C.H. Gauthier et des J.-M. Émard sur le siège métropolitain d'Ottawa, Joseph Hallé prendra la relève de Mgr Latulippe comme défenseur principal des Franco-Ontariens.

Au soir de sa vie, Joseph Hallé doit affronter une menace à la survie de son vicariat. C'est en 1937 que le Saint Siège songe à

---

67. *Ibid.*
68. J. Hallé à Mère supérieure générale, Hearst, le 10 septembre 1920, A.D.H.
69. Henry-Joseph O'Leary (1920–1936) y est nommé en 1920, succédant à Émile-Joseph Légal (1902–1920) et à Vital Grandin (1871–1902). Edmonton restera toujours anglophone par la suite.
70. C'est le Canadien Henri-J.-M. Prud'homme (1921–1937) qui succédera au siège de Prince-Albert.
71. J. Hallé à Benoît XV, Hearst, 1920, A.D.H.

réaménager les circonscriptions ecclésiastiques du Nord de l'Ontario et du Québec. On se propose d'ériger la partie québécoise du diocèse de Haileybury en diocèse distinct et d'ériger en vicariat autonome les missions de la baie James. De plus, afin de permettre à Mgr Hallé de boucler son budget, feu Mgr Latulippe lui avait délégué par contrat une section du diocèse de Haileybury, celle qui était centrée sur Kapuskasing et incluait six paroisses et plus de 6 000 fidèles. Ce contrat tire à sa fin et Mgr Rhéaume songe à reprendre son territoire.

Mgr Mozzoni de la délégation apostolique consulte J.-Ernest Laforce, sous-ministre du Ministère de la Colonisation du Québec, au sujet de la situation démographique et économique tant de l'Abitibi québécois que du Nord de l'Ontario. Laforce s'abouche avec le Père Arthur Joyal, o.m.i., chef du secrétariat de l'A.C.F.E.O.[72], lequel consulte Mgr Hallé. L'enjeu est la survie du vicariat de l'Ontario-Nord qui risque de disparaître avec le nouveau découpage des frontières ecclésiastiques.

L'A.C.F.E.O. et le Père Joyal préparent donc un mémoire adressé au cardinal Villeneuve, prônant le maintien du vicariat de Mgr Hallé et même son agrandissement. L'A.C.F.E.O. brandit le spectre de l'anglicisation et de la perte de l'influence canadienne-française dans un territoire qui est massivement franco-catholique. On reproduit un recensement signé Joseph Hallé qui donne 29 438 habitants dans le vicariat actuel; 10 286 sont protestants et 19 152 catholiques dont 14 084 francophones. Il faut sauver la situation, car il y va de la formation et de la sauvegarde de la mentalité catholique[73].

Dans les mois qui suivent, les évêques francophones, incluant tous les évêques de la Province de Québec, se concertent pour trouver une solution de compromis dans ce dossier. De concert avec le cardinal Villeneuve, des évêques réunis à Montréal en présence de Mgr Mozzoni s'entendent pour créer un vicariat apostolique de la baie James et un diocèse d'Amos dont les territoires sont amputés du vicariat de l'Ontario-Nord; ce dernier deviendra un diocèse agrandi d'une portion de territoire cédé par Mgr Rhéaume. La proposition est envoyée à Rome qui accuse réception dès le début de l'année 1939. Des évêques anglophones, dont Mgr Dignan, œuvrent pourtant dans le but

---

72. J.-Ernest Laforce à Arthur Joyal, Québec, le 7 octobre 1937, fonds A.C.F.O., C2/193/7, C.R.C.C.F.
73. A. Joyal à J.-M.-R. Villeneuve, Ottawa, le 29 septembre 1937, fonds A.C.F.O., C2/193/7, C.R.C.C.F.

d'agrandir le diocèse de Sault Ste. Marie en grugeant dans le territoire du vicariat de Mgr Hallé. Vivement inquiet, ce dernier intervient auprès de Mozzoni et insiste sur la prépondérance des fidèles francophones dans son vicariat.

> Il y en a déjà pourtant assez de nos pauvres Canadiens français dans le diocèse du Sault Ste. Marie et ailleurs dans l'Ontario qui n'ont pas justice à l'Église et dans le ministère paroissial (...) Au lieu d'aggraver les injustices il faudrait arrêter d'en faire [74].

Tout compte fait, le Saint Siège entérine la proposition des évêques francophones par la bulle *Christi Fidelium* notée ci-dessus.

Lors de l'érection du diocèse de Hearst le 3 décembre 1938, Mgr Hallé est malade. On choisit donc Joseph Charbonneau comme premier évêque. Sacré à Ottawa le 15 août 1939, il reçoit des mains de Mgr Forbes la croix pectorale de Mgr Guigues [75] ; il est intronisé à Hearst le 4 septembre suivant. Les Franco-Ontariens sont heureux du choix du successeur de Hallé, qui écrit à l'époque de sa nomination :

> L'Association (d'Éducation...) pourra compter sur moi pour continuer le bon travail de Mgr Hallé — dans toutes les causes qui nous sont également chères (...) Vous pourrez toujours compter, non seulement sur les sympathies mais encore sur la collaboration fidèle de l'humble successeur de Mgr Hallé [76].

Hallé meurt à Québec le 7 octobre 1939, rassuré quant à sa succession.

L'administration de Joseph Charbonneau à Hearst est cependant des plus brève, car moins d'une année plus tard, le 21 mai 1940, il est promu archevêque coadjuteur de Montréal, dont il devient l'archevêque en titre dès le 31 août 1940. C'est Albini Leblanc (1940-1945), suivi de Georges-Léon Landry (1946-1952), qui lui succèdent sur le siège de Hearst. Celui-ci compte en 1954 28 paroisses et une cinquantaine de missions pour desservir une population de 25 000 fidèles. Le développement économique et démographique se faisait toujours attendre.

---

74. Le 9 mai 1938, fonds A.C.F.O., C2/193/7, C.R.C.C.F.
75. *Le Droit*, Ottawa, le 15 août 1939.
76. Joseph Charbonneau à l'A.C.F.E.O., Ottawa, 1939, fonds A.C.F.O., C2/155/3, C.R.C.C.F.

CHAPITRE 3

L'ÉGLISE DU SUD DE L'ONTARIO

Les diocèses d'Alexandria, Kingston, Peterborough, Toronto, Hamilton, St. Catharines, Thunder Bay et London sont regroupés dans les provinces ecclésiastiques de Toronto (1870) et de Kingston (1889)[1]. Surtout composés d'anglophones, ils accueillent pourtant un nombre croissant de francophones au vingtième siècle. De plus, la province ecclésiastique de Toronto avec ses diocèses de Toronto, Hamilton, St. Catharines, Thunder Bay et London[2], recouvre à la fois la métropole du Canada et le cœur industriel et financier de la province. Ainsi, l'histoire de ces diocèses du Sud de l'Ontario intéresse le Franco-Ontarien tant en raison de sa participation à leur développement qu'en raison des retombées, inévitables pour tous, des événements marquants dans ces Églises centrales de l'Ontario. Même si le diocèse d'Alexandria est le seul à compter une majorité de fidèles francophones pendant cette première moitié du vingtième siècle, ce n'est pas dire que les autres diocèses du Sud échappent aux visées « bilingues » des dirigeants de l'A.C.F.E.O. Ainsi, en 1928, celle-ci chiffre la population catholique du Sud de l'Ontario comme suit :

---

1. Pour l'histoire de la formation de ces diocèses et provinces ecclésiastiques au dix-neuvième siècle, voir notre *L'Église catholique..., op. cit.*
2. Les diocèses de Thunder Bay (1952) et de St. Catharines (1958) sont de formation tardive. Ils ne feront donc pas objet d'étude ici.

TABLEAU 8 *

Population des diocèses du Sud de l'Ontario (1921) *

Diocèses	Population totale	Total des catholiques	Population d'origine française	Francophones belges, syriens, italiens	Catholiques anglophones (i.e. anglais, irlandais, etc.)
Toronto	932 595	114 158	20 752	14 881	78 525
Kingston	204 763	37 883	8 905	701	28 277
London	636 311	76 154	38 106	4 670	33 378
Hamilton	486 298	61 490	7 138	5 500	48 852
Peterborough	172 422	23 832	5 486	1 235	17 111
Alexandria	40 652	25 146	17 553	201	7 392
Totaux dans le Sud	2 373 041	338 663	97 940	27 188	213 535
Total en Ontario	2 933 662	576 178	248 275		

* Les chiffres sont extraits du recensement du Canada (1921). La compilation est de l'A.C.F.E.O., MG 4/1, A.A.O.

L'analyse du tableau ci-dessus montre qu'en 1921, 19,6% des Ontariens sont catholiques et que 43,1% des catholiques sont d'origine française. Il appert que 80,9% de la population de l'Ontario habite les régions recouvertes par les diocèses en question, lesquels encadrent 58,8% des catholiques ontariens et 39,5% des Franco-Ontariens en 1921. Ces derniers s'étonnent du fait qu'ils ne comptent pas un seul évêque dans cette région du Sud où ils représentent 29% des fidèles et qui englobe deux diocèses majoritairement ou fortement francophones, soit Alexandria et London. Ils acceptent de moins en moins le ministère d'un clergé unilingue anglais ou de clercs soi-disant bilingues qui refusent de rendre les services de l'Église en langue française. Cette lutte visant à redonner à l'Église de l'Ontario son visage bilingue sera menée par des preux de diverses localités dirigés par des associations provinciales comme l'A.C.F.E.O. et l'Ordre des commandeurs de Jacques Cartier. L'Église ontarienne finira par en être transformée de fond en comble.

L'archidiocèse de Toronto

Ce deuxième plus ancien diocèse (1841) de l'Ontario et première province ecclésiastique (1870) était devenu sous John Lynch (1860–1888) le centre des revendications irlandaises dans le catholicisme anglo-ontarien de la deuxième moitié du dix-neuvième siècle [3]. Les successeurs de Lynch sur le siège archiépiscopal de Toronto, John Walsh (1889–1898), Dennis O'Connor (1899–1908) et F.P. McEvay (1908–1911), sauront continuer cette même politique, se montrant cependant plus modérés et aimant moins le panache que leur illustre prédécesseur. Au début du vingtième siècle, le siège métropolitain de Toronto domine ainsi la scène ecclésiastique de l'Ontario anglais, celui de Kingston étant toujours sur la même longueur d'onde dans les questions importantes. Ainsi, quand les Canadiens français et les Irlandais catholiques s'engageront dans leur guerre à finir autour de la question des droits du français en Ontario, l'attitude qu'adoptera l'archevêque de Toronto s'avérera d'une grande importance dans l'issue du conflit.

Quand Dennis O'Connor remet sa démission comme archevêque, elle est acceptée par le pape lors d'une audience du 20 juin 1907. Dès janvier 1908, les prélats de la province ecclésiastique de Toronto proposent comme successeurs, en ordre descendant, Mgr Fergus Patrick McEvay, évêque de London, Mgr David Joseph Scollard de Sault Ste. Marie et enfin, l'abbé D. Morris de la région de St. Catharines. McEvay sera élu le 13 avril 1908.

Né à Lindsay, Ontario, en 1856, McEvay a étudié au St. Michael's College de l'Université de Toronto et au Grand Séminaire de Montréal. Ordonné prêtre par Mgr Cleary de Kingston en 1882, il dessert diverses paroisses dans les environs de Kingston et de Peterborough avant d'accéder successivement aux cures des cathédrales de Peterborough et de Hamilton, à compter de 1887. Ami intime de Mgr T.J. Dowling, évêque de Peterborough (1886–1889) et de Hamilton (1889–1924), l'abbé McEvay lui servira de secrétaire à Peterborough et de vicaire général à Hamilton, en attendant d'être à son tour promu évêque de London en 1899.

Installé à Toronto le 17 juin 1908, McEvay présidera à la construction d'un nouveau palais archiépiscopal, en plus du séminaire St. Augustine destiné à desservir les provinces ecclésiastiques de Toronto et de Kingston. De plus, il veillera à la fondation du *Catholic Church Extension Society*, organisme voué à la cueillette de fonds pour les missions et les Églises les plus pauvres du Canada [4]. Moins de deux

---

3. Robert CHOQUETTE, *L'Église catholique...*, op. cit., c. 8, p. 223ss.
4. Mark G. MCGOWAN, « Religious Duties and Patriotic Endeavours : The Catholic Church Extension Society, French Canada and the Prairie West », in the Canadian Catholic Historical Association, *Canadian Catholic Historical Studies 1984*, p. 107–119.

ans après son accession au siège de Toronto, l'archevêque apprend qu'il est atteint d'anémie, maladie qui l'emportera le 10 mai 1911, deux mois avant le décès de son prédécesseur Dennis T. O'Connor. Le service funéraire du 12 mai est présidé par Mgr Stagni en présence de 15 autres archevêques et évêques [5].

La nomination du successeur de McEvay soulèvera certains désaccords cléricaux. La *terna* proposée par les prélats de la province ecclésiastique de Toronto en 1911 suscite certaines objections contre son deuxième candidat, l'abbé Morris de St. Catharines, que certains accusent d'être grossier, de s'opposer au *Catholic Church Extension Society* et d'être ignorant du français. Consulté, Mgr Gauthier d'Ottawa nie ces allégations, ajoutant que l'abbé Morris lit le français, sans pour autant maîtriser la langue. En dépit de cet appui de taille, la Sacré Congrégation de la Consistoriale exige une nouvelle *terna* des évêques de Toronto, lesquels s'exécutent dès le 4 janvier 1912. Sont proposés en ordre descendant, Mgr Neil McNeil, archevêque de Vancouver, le Très révérend Nicholas Roche, supérieur provincial des basiliens à Toronto, et le Très révérend John T. Kidd, administrateur du siège vacant de Toronto. Mgr Gauthier d'Ottawa avise Mgr Stagni qu'il ne connaît pas Roche, qu'il n'a qu'une connaissance superficielle de Kidd, mais qu'il connaît Neil McNeil intimement :

> Il possède les qualifications qui le rendraient apte — *Deo adjuvante* — à diriger les destinées du diocèse de Toronto avec honneur pour lui-même et au plus grand avantage de notre sainte religion [6].

McNeil sera promu à Toronto comme il le fut auparavant à Vancouver et comme Fallon le fut à London en 1909, à la suite d'une recommandation favorable de Gauthier. Les prélats romains avaient confiance en l'avis de ce dernier.

Né dans l'Île du Cap Breton, Nouvelle-Écosse, le 23 novembre 1851, Neil McNeil est l'aîné des 11 enfants de Ellen Meigher et du forgeron Malcolm McNeil. Six années d'études à Rome le mènent à l'ordination sacerdotale en 1879, suivie d'une année d'études à Marseille et de quatre années (1880-1884) de professorat à l'Université Saint Francis Xavier d'Antigonish, Nouvelle-Écosse. Il sera par la suite recteur (1884-1891) de cette université catholique et curé des paroisses acadiennes d'Arichat-Ouest (1891-1893) et d'Escousse (1893-1895), sur la côte est de l'Île du Cap Breton, en attendant d'être promu vicaire

---

5. *Catholic Register and Canadian Extention*, Toronto, le 18 mai 1911.
6. Le 14 janvier 1912, A.A.O.

apostolique de St. George, Terre-Neuve, en 1895[7]. Devenu premier évêque du nouveau diocèse de St. George en 1904, McNeil est promu archevêque de Vancouver en 1910, en attendant son élection à Toronto le 10 avril 1912; son installation suivra en décembre 1912.

Mgr McNeil dirigera l'archidiocèse de Toronto pendant plus de 21 ans[8], période des plus mouvementées au chapitre des relations anglo-françaises en Ontario. Il représente la pondération et la mesure dans un collège épiscopal anglophone qui comprend les Michael Fallon et les David J. Scollard; ces derniers sont plus connus pour leur partisannerie et leur esprit de bagarreurs. McNeil est réputé maîtriser quatre langues[9], en plus de ses talents de mathématicien et de théologien. Se plaisant à affirmer que la Providence travaillait toujours en étroite collaboration avec le clan McNeil, l'archevêque d'origine écossaise prêchait l'économie par l'exemple, en donnant son automobile à des religieuses nécessiteuses et en se déplaçant presque toujours à pied ou en empruntant le transport public[10].

Ayant complété et consacré le séminaire St. Augustine qui ouvre ses portes le 2 septembre 1913, McNeil surveille de près le journal *The Catholic Register and Canadian Extension*. Fondé en 1893, *The Catholic Register* remplace deux autres journaux catholiques, soit *The Catholic Weekly Review* et *The Irish Canadian* (1863-1892). Affichant un visage surtout irlandais pendant ses premières années, le journal dirigé par les basiliens prend une allure plus catholique et canadienne au tournant du siècle[11]. En 1908, Mgr McEvay achète le journal pour le compte de sa toute nouvelle *Catholic Church Extension Society*. Ce journal, le plus important du Canada anglais, est rebaptisé du nom de *Catholic Register and Canadian Extension*. Jusqu'en 1915, c'est Mgr A.E. Burke, le président-fondateur de l'*Extension*, qui dirige le journal, mais sous la surveillance étroite des archevêques de Toronto. Il sera suivi à la direction du journal par Joseph A. Wall (1915-1918) et l'abbé Thomas O'Donnell qui deviendra par la suite évêque de Victoria (1923-1929) et ensuite coadjuteur (1929-1931) et archevêque de Halifax (1931-1936).

---

7. *The Catholic Register*, Toronto, le 17 novembre 1973.
8. Neil McNeil, âgé de 83 ans, meurt le vendredi 25 juin 1934 des suites d'une maladie du cœur.
9. Les langues anglaise, française, italienne et latine.
10. *The Star*, Toronto, le 26 mai 1934.
11. John MOIR, « A Vision Shared? *The Catholic Register* and Canadian Identity before World War I. », in Association for Canadian Studies, *Religion/Culture*, vol. VII, Ottawa, 1985, p. 356-366.

Mgr Burke était reconnu comme un bruyant impérialiste britannique et un adversaire de l'école bilingue, bref un homme tout d'une pièce qui tolérait mal les compromis. Il en résulta que la *Catholic Church Extension Society* qu'il présidait fut tôt perçue par les Canadiens français comme une agence d'anglicisation. Les hommes d'Église francophones s'en méfiaient et avec raison [12]. Par ailleurs, le *Catholic Register and Canadian Extension* se montrera plutôt modéré dans le dossier des langues et des écoles et c'est le même Burke qui le dirige. Il semble donc que les archevêques McEvay et McNeil ont réussi à tenir Burke en laisse à ce chapitre.

Les archevêques F.P. McEvay (1908-1911), N. McNeil (1912-1934) et J.C. McGuigan (1934-1971) de Toronto s'avéreront tous, en effet, des modérés et des agents de conciliation dans le long conflit entre catholiques francophones et anglophones en Ontario. Ainsi, en 1910, Mgr McEvay jette une douche d'eau froide sur ses collègues Fallon, Scollard et Macdonell qui veulent organiser une délégation de prêtres pour intervenir auprès du gouvernement de l'Ontario et s'opposer aux demandes de l'A.C.F.E.O. McEvay proteste contre toute cette affaire, et se moque

> de la coterie des prêtres mécontents de l'Est de la province (...) qui s'étaient vantés ouvertement que le nouvel évêque de London serait leur chef et que désormais les évêques, le gouvernement et, surtout, les Français feraient mieux de s'arrêter. Il faut qu'ils dominent ou que tout cède devant eux [13].

Dans ce refus d'accéder aux demandes des fauteurs de troubles, Mgr McEvay est fort de l'appui de Mgr Gauthier de Kingston, de Mgr R.A. O'Connor de Peterborough et de Mgr T.J. Dowling de Hamilton [14], mais les évêques de London, de Sault Ste. Marie et d'Alexandria sont résolus à poursuivre la chose afin de se mériter à nouveau les faveurs du gouvernement et d'éviter le développement d'écoles françaises dans leurs diocèses. Mgr Gauthier commente :

> Je crois que leurs seigneuries (Fallon, Scollard et Macdonell) font erreur et je ne participerai sûrement pas à leur action. Je leur ai dit qu'aucun

---

12. Mark MCGOWAN, *op. cit.*
13. F.P. McEvay à M.F. Fallon, Toronto, le 26 mai 1910, A.D.A. (traduction de l'auteur).
14. Dowling écrit à ce sujet : « J'endosse sans réserves vos sentiments et vos conseils. J'ignore tout à fait l'identité de ces soi-disants champions (...) mais ils méritent certainement d'être muselés et le plus tôt possible, dans l'intérêt de tous les intéressés » A.T.J. Dowling à F.P. McEvay, Hamilton, le 28 août 1910, fonds McEvay, A.A.T. (traduction de l'auteur).

prêtre de mon diocèse n'assisterait à la réunion proposée ou ne ferait partie de la délégation (...) Je souhaite cependant (...) qu'ils aient leurs coudées franches (...) L'administrateur d'Ottawa et les évêques de Pembroke et de Témiskaming ne tenteront pas d'empêcher leurs prêtres de se joindre à la délégation sachant qu'ils ne réussiraient pas. Je ne crois pas que les évêques de Sault Ste. Marie et d'Alexandria puissent être amenés à changer d'idée (...) La prétention que la délégation sera faite de prêtres de tous les diocèses de l'Ontario est absurde et le gouvernement ne tardera pas à s'en rendre compte[15].

McEvay et Gauthier réussissaient ainsi à tuer dans l'œuf un projet clérical qui risquait d'avoir des retombées très dommageables à l'Église[16].

Tout au long de son épiscopat, Mgr McNeil maintiendra cette politique de compromis et de conciliation dans le dossier ethnolinguistique. Nous analyserons plus loin son rôle dans le règlement de la question scolaire. Qu'il suffise ici de noter certains des éloges qu'il sut se mériter en pleine crise ecclésiastique et scolaire. Le chanoine L.-E. Cousineau de Montréal lui déclarait, en 1918 : « Je tiens à vous féliciter — moi canadien-français — de la modération, de la dignité et de la compréhension des choses que vous y avez mises[17]. » Moins de deux années plus tard, c'est au tour de J.-Edmond Cloutier, secrétaire de l'A.C.F.E.O. de déclarer :

> l'Association d'Éducation d'Ontario a l'honneur de vous remercier sincèrement pour l'admirable article que votre Grandeur a publié dans le *Canadian Courier* sur la question des langues (...)
>
> Le pays et d'une façon spéciale les Canadiens français d'Ontario vous sont redevables des efforts que vous voulez bien faire afin de promouvoir entre les deux grandes races, l'union et l'entente basées sur les droits de chacun (...)
>
> Nous devons également vous remercier de tout cœur pour la fondation des nouvelles paroisses canadiennes-françaises que votre Grandeur a permises[18].

La pacification des esprits attribuable à cet archevêque d'origine écossaise contribua sans doute à éviter de pires éclaboussures dans la bataille ecclésiastique et scolaire.

---

15. C.H. Gauthier à F.P. McEvay, Kingston, le 30 mai 1910, MG 27/8/6, A.A.O. (traduction de l'auteur).
16. Voir aussi Robert CHOQUETTE, *Langue et religion...*, *op. cit.*, p. 93ss.
17. Le 20 août 1918, fonds McNeil, A.A.T.
18. Le 18 février 1920, fonds McNeil, A.A.T.

L'Archidiocèse de Kingston

Pendant la première moitié du vingtième siècle, ce plus ancien siège épiscopal de l'Ontario aura une direction épiscopale inégale. Jusqu'en 1911, c'est Mgr C.H. Gauthier qui est à la barre et la barque diocésaine navigue sans naufrages. La promotion de Gauthier au siège d'Ottawa amène Michael Joseph Spratt comme successeur; il sera atteint de maladie mentale pendant les dernières années de sa vie, Mgr R.M.J. O'Brien le remplaçant à compter de 1929 à titre d'archevêque coadjuteur, en attendant de lui succéder en 1938. J.A. O'Sullivan suivra (1944-1966).

Au chapitre des relations franco-anglaises, nous savons que Kingston a drôlement changé au fil des ans. La reddition du fort Frontenac à l'armée anglaise de Bradstreet en 1758 fera en sorte que la seule population francophone de la région au tournant du dix-neuvième siècle est faite d'un certain nombre de bateliers, de soldats et de résidants permanents. S'ajoutent à ceux-ci, en 1798, une poignée d'immigrants royalistes français dirigée par le comte Joseph de Puisaye aidé de 21 Canadiens. La plupart de ces Français se déplacent vers York en 1799, mais les Canadiens restent sur les lieux, donnant quelque 55 familles résidantes et 372 Canadiens français qui travaillent sur le fleuve Saint-Laurent ou le lac Ontario à partir de Kingston. La guerre de 1812 amène un renfort appréciable d'artisans, d'ouvriers et de soldats canadiens, mais la plupart auront quitté les lieux au lendemain de la guerre, de sorte qu'on ne compte que 56 personnes d'origine française habitant Kingston en 1816. La plupart de ces derniers auront même anglicisé leur nom dès la troisième génération [19].

L'Église catholique qui se développe dans cette région dès le début du dix-neuvième siècle est souvent l'apanage d'un clergé francophone ; ainsi, en 1856, cinq des six évêques du Canada-Ouest sont de cette appartenance linguistique. La majorité des fidèles et des clercs du diocèse de Kingston étant anglophone et d'origine irlandaise, une animosité certaine marquera les relations ethno-linguistiques dans les rangs du clergé catholique depuis le milieu du dix-neuvième siècle. Mgr James Vincent Cleary (1880-1898) en fournira la preuve [20]. Pendant que des fidèles canadiens-français envoient des pétitions à Cleary dans

---

19. « Picardville-History », in « Three Heritage Hamlets... », School of Urban and Regional Planning, Queen's University, Kingston, Ontario, p. 24-27.
20. Robert CHOQUETTE, *L'Église catholique...*, *op. cit.*, p. 268-280.

le but d'obtenir des prêtres parlant leur langue [21], le premier archevêque de Kingston déclare à Mgr John Walsh de Toronto : « C'est une époque d'agression française. Que le Seigneur nous dirige et nous vienne en aide [22]. » Nous savons que les personnes d'origine française représentent quelque 4,3% de la population en 1921 et 23,5% des fidèles du diocèse.

Le diocèse de Kingston s'enorgueillit d'un journal catholique qui sera séculaire. Fondé en 1884, *The Canadian Freeman* est la propriété de M.F. Cicolari et de Patrick Daley. En 1913, M. Edward Ryan achète la feuille hebdomadaire et veille à son incorporation, assurant Mgr Spratt que le journal sera soumis et obéissant à l'autorité diocésaine. Le nouveau régime ne dure que jusqu'au 7 juin 1916, alors que les prêtres du diocèse achètent le *Freeman* pour en faire l'organe officiel de l'archidiocèse de Kingston, contrôlé directement par l'Ordinaire. Affichant toujours beaucoup d'intérêt dans les questions « irlandaises », le *Canadian Freeman* ne fait pas preuve de fanatisme ni de francophobie pendant les années allant de 1913 à 1916. Il prêche le catholicisme et intervient même souvent en faveur du Québec et des Canadiens français. Son directeur, entre 1913 et 1916, est P.A. Daley, suivi en 1916 de l'abbé D.A. Casey qui restera à son poste pendant 22 ans.

C'est en 1926 que débute une longue série de fusions et de fédérations de journaux catholiques du Canada anglais et *The Canadian Freeman* sera toujours au cœur de ces démarches. Ainsi, de 1926 à 1929, le *Canadian Freeman* s'unit au *Catholic Observer*, un journal hebdomadaire d'Ottawa. En 1932, il pose le même geste à l'égard du *Catholic Times*, également d'Ottawa. En 1935, c'est au tour du *Montreal Beacon* d'être publié par le *Canadian Freeman*, en attendant la greffe du *Crusader* du diocèse de Pembroke et du *Northern Catholic* du diocèse de Sault Ste. Marie (1938).

Les prélats des provinces ecclésiastiques de Toronto, de Kingston et d'Ottawa songent pourtant à une plus grande fédération de leurs journaux catholiques. Ils en discutent à chaque année depuis 1938. Il en résulte qu'en 1942 on fusionne le *Catholic Register* de Toronto et la famille de journaux centrés sur le *Canadian Freeman* de Kingston. Le nouveau

---

21. On retrouve aux A.A.K. deux pétitions en ce sens, l'une provenant de Stoco, comté de Hasting, et portant 85 signatures et croix, l'autre de Crysler, en date du 14 février 1890, et portant 78 signatures. Dans les deux cas, les pétitionneurs se plaignent de prêtres unilingues anglais.
22. Le 16 octobre 1896, fonds Gauthier, G1/3/17, A.A.O. (traduction de l'auteur).

Canadian Register sort des presses de Kingston le 28 février 1942, fort de l'appui tant des évêques francophones de l'Ontario que du *Catholic Church Extension Society of Canada*, dont le nouveau journal sera l'organe officiel. Le *Catholic Record* de London continue à faire cavalier seul, mais appuie la nouvelle fédération. Le *Canadian Register* sera à la fois l'organe officiel des diocèses de Toronto, Kingston, London, Hamilton, Peterborough, Pembroke, Alexandria et Sault Ste. Marie et le journal attitré des catholiques anglophones de Montréal. Tous les évêques ayant juridiction en Ontario appuient la nouvelle entreprise par une lettre pastorale conjointe du 29 janvier 1942[23]. L'abbé D.A. Casey et Henry Somerville dirigent le *Canadian Register* qui continue sa campagne d'affiliation en annexant *The Prospector* de Nelson, Colombie-Britannique (novembre 1942) et en fondant une édition à Ottawa (1944).

En 1947, le directeur canadien de l'agence *United Press International*, Robert W. Keyserlingk, se convertit au catholicisme et, de concert avec Murray Ballantyne, directeur de l'édition montréalaise du *Canadian Register*, projette de fonder un journal catholique hebdomadaire indépendant de la hiérarchie de l'Église. Les évêques de l'Ontario ayant refusé de céder leur place, au début de 1948, Ballantyne et Keyserlingk transforment l'édition montréalaise du *Register* en *The Ensign*, lequel a tôt fait d'annexer *The Catholic Record* de London et le *Northwest Review* de Winnipeg[24]. Les prélats de l'Ontario se ravisent et, dès septembre 1948, acceptent de céder le réseau du *Register* à l'*Ensign*, qui doit continuer l'œuvre à partir de Kingston. En quelques mois, cependant, *The Ensign* quitte Kingston pour mener son entreprise à partir de Montréal. Amèrement déçus, les évêques de l'Ontario décident donc de reprendre la publication du *Register*, de sorte que le 23 février 1949, dès que le personnel de l'*Ensign* eut quitté Kingston, celui du *Register* emménage et leur journal ressuscité réapparaît en cinq éditions, soit l'édition nationale et des éditions diocésaines à Kingston, Toronto, Hamilton et London. Il est toujours

---

23. Les signataires de la lettre sont M.J. O'Brien (Kingston), J.C. McGuigan (Toronto), A. Vachon (Ottawa), G. Cabana (Saint-Boniface), L. Rhéaume (Timmins), J.T. Kidd (London), D. O'Connor (Peterborough), R.H. Dignan (Sault Ste. Marie), J.F. Ryan (Hamilton), C.L. Nelligan (Pembroke), A. Leblanc (Hearst) et R. Brodeur (Alexandria). *The Canadian Register*, vol. 1, n° 1, Kingston, le 28 février 1942.
24. Le premier numéro de l'Ensign, renforcé du *Catholic Review* et du *Northwest Review*, est du 30 octobre 1948.

dirigé par Henry Somerville[25]. Les diocèses d'Ottawa et de Pembroke choisissent pour leur part de rester fidèles à l'*Ensign* de Montréal, qui cessera de publier en décembre 1956.

Ayant échappé de justesse à cette manœuvre visant à leur soustraire le contrôle de leurs journaux catholiques, les prélats de l'Ontario pourront dormir plus tranquilles par la suite. *The Canadian Register* continuera à consolider sa position comme journal national des catholiques anglophones du Canada. Il transporte ses pénates de Kingston à Toronto en mars 1970 et est toujours à l'œuvre dans la Ville-reine[26].

L'enlèvement de sœur Mary Basil

L'apostolat de la presse catholique si bien représentée par *The Canadian Freeman* et *The Catholic Register* allait subir un dur revers en 1917, alors qu'une cause célèbre défrayait les manchettes des journaux du Canada. Il s'agit d'un procès intenté par la sœur Mary Basil des sœurs de la Charité de la maison de la Providence de Kingston, contre l'archevêque M.J. Spratt, les supérieures et les religieuses de la susdite communauté et certaines autres personnes. Mary Basil accuse les défendeurs de tentative d'enlèvement dans le but de la placer dans un asile d'aliénés, d'assaut et de persécution; elle demande à la Cour Suprême de l'Ontario de lui octroyer 29 000 $ en dommages.

Née Johanna Curran en Irlande en 1872, Mary Basil émigre vers les États-Unis au printemps de 1887. Elle rejoint son frère et ses deux sœurs à Holyoake, Massachussetts, en attendant d'entrer dans la communauté des sœurs de la Charité de la maison de la Providence à Kingston, le 1er mai 1888. Elle est âgée de 16 ans. Ayant prononcé ses vœux perpétuels le 9 octobre 1892, Mary Basil travaille surtout dans un hôpital de Brockville (1890–1895, 1902-1903, 1906–1910) et à la maison mère de Kingston (1895–1902, 1903–1906, 1910–1914, 1915-1916), avec de brèves interruptions pour des stages à Smith's Falls (1913, 1914-1915, 1917) et à Daysland en Alberta (octobre 1913).

---

25. Sir Henry Somerville est décédé à Toronto le 20 février 1953.
26. Les paragraphes ci-dessus, faisant l'histoire de la presse écrite catholique en Ontario, sont fondés sur divers reportages dans les journaux en question, surtout *The Canadian Freeman* de 1915 et 1916, et *The Canadian Register* des 28 février 1942, 9 octobre 1948, 27 janvier 1957, et du 31 janvier 1967.

Mary Basil est une femme malheureuse qui ne se plaît pas dans son travail, se plaint de son sort et va même jusqu'à demander d'être dispensée de ses vœux de religion (1914). À compter de 1913, les difficultés semblent s'accentuer, provoquant des déplacements de plus en plus fréquents et des plaintes répétées par ses consœurs.

En mars 1915, Mary Basil est mutée de Smith's Falls à l'orphelinat St. Mary's-of-the-Lake de Kingston. Quelque 17 religieuses y œuvrent sous la direction de sœur Mary Magdalene qui relève de la sœur Mary Francis Regis, supérieure générale de l'ordre et résidante à la maison mère, la maison de la Providence, également à Kingston.

Élue pour un mandat de trois ans, la supérieure générale doit être réélue par le chapitre général, le 19 juillet 1916. Les constitutions de la congrégation exigent que trois mois avant cette élection, chaque religieuse soumette un rapport sur la vie et les œuvres de la maison qu'elle habite et ce dans le but de permettre une plus juste évaluation de l'état de la communauté. C'est ainsi que le 18 avril 1916, Mary Basil remet à la supérieure générale Mary Francis Regis un rapport sur l'orphelinat où elle travaille. On y retrouve des accusations sévères et à l'emporte-pièce, signalant que c'est l'anarchie complète qui règne dans la maison, que la supérieure locale et la moitié des sœurs n'assistent que rarement aux offices communautaires, que les enfants sont traités comme de petits animaux, que les sœurs baignent dans le luxe et l'aisance et que la supérieure locale est malpropre et a l'intelligence d'une enfant de trois ans. De plus, la supérieure générale Mary Francis Regis est accusée de népotisme, puisqu'elle avait accordé un contrat à son neveu pour remplacer un excellent système de chauffage à l'orphelinat par un autre système moins perfectionné.

Une semaine après l'expédition de cette lettre, Mary Basil raconte les mêmes griefs à Mgr Spratt qui visite l'orphelinat. Elle avertit l'archevêque qu'elle logera des plaintes à Rome, si ces abus ne sont pas corrigés. À la suite d'une nouvelle conversation au début de mai 1916, où Spratt cherche à dissuader la religieuse de donner suite à ses menaces, celle-ci adresse à l'Ordinaire une lettre incendiaire.

> Plusieurs religieuses (...) et laïques s'interrogent sur l'étrange amitié entre l'archevêque et la supérieure générale, amitié qui rend celui-ci si malléable pour celle-là. Serait-ce en raison de sa vertu ? Non, elle en est complètement dépourvue. C'est une femme paresseuse, égoïste et indolente qui n'a jamais donné une bonne journée de travail à la communauté mais a plutôt vécu à ses crochets (...) Des religieuses qui vivaient à Trenton sous le supériorat local de sœur M.F. Regis lors de votre occupation de la cure de Trenton (1910), expliquent que cette amitié s'amorça quand vous avez commencé à donner des massages à sœur M. Francis Regis pour ses

maux imaginaires ; vous alliez à sa chambre en toute heure du jour et jusqu'à neuf heures du soir pour la frotter et la masser. Après quelque temps les sœurs scandalisées s'en plaignirent à Mère Gabriel, la supérieure générale (...) Celle-ci avertissait sœur M. Francis Regis et lui ordonnait de cesser les séances de massage (...) Ces religieuses disent donc que ce fut là l'origine de votre étrange amitié pour sœur M.F. Francis Regis et de votre tout aussi étrange aversion pour sœur M. Gabriel. Seuls vous-même et Dieu connaissez la part de vérité en tout celà (...) Permettriez-vous à un de vos prêtres de s'introduire à volonté dans la chambre d'une religieuse dans le but de la frotter et de la masser pour ses maux réels ou imaginaires ? (...) Vous dites ne pas être autorisé à intervenir dans les affaires internes d'un couvent. C'est un fait notoire que vous êtes intervenu dans les affaires les plus banales de notre institut. On désigne l'administration comme « lui et elle » [27].

Rien ne résulte de ces interventions auprès de la supérieure générale et de l'archevêque. Le 19 juillet 1916, sœur Mary Francis Regis fut réélue supérieure générale pour un deuxième triennat ; le Conseil général de la communauté décidait trois jours plus tard d'interner sœur Mary Basil à l'hôpital Saint-Jean-de-Dieu de Montréal. Cette décision fut provoquée par un incident de la veille, alors que Mary Basil arracha la coiffe de la mère supérieure à l'orphelinat St. Mary's-of-the-Lake.

La passivité des autorités religieuses devant les allégations de Mary Basil incite celle-ci à poster un rapport au cardinal Falconio, préfet de la Sacrée Congrégation des Religieux à Rome. Nous sommes au 13 septembre 1916.

Dans la soirée du 14 septembre 1916, le constable John Naylon de la Sûreté de Kingston accompagné de sœur Magdalene, supérieure de l'orphelinat, s'introduisent dans la chambre de Mary Basil, où les sœurs Mary Vincent et Mary Alice de la maison mère auront tôt fait de les rejoindre. Mary Basil doit s'habiller, car on doit la conduire à la gare, où elle doit s'embarquer pour Montréal en compagnie du policier. Les cris de la religieuse en voie d'enlèvement attirent l'attention de l'aumônier de l'hôpital, l'abbé Charles Joseph Mea, ami et confident de Mary Basil. Le prêtre intervient, oblige tous les participants

---

27. Traduction de l'auteur. Cité dans « Attempted Abduction of Sister Mary Basil », Kingston, Legislative Committee of the Grand Orange Lodge of British America, 1918, brochure, 52p. Cette brochure, qu'on retrouve au Douglas Library de l'Université Queen's, reproduit le témoignage de Mary Basil lors de son procès tenu en novembre 1917.

à s'arrêter à la maison mère où, après de vifs échanges avec la supérieure générale et un appel téléphonique à l'archevêque, on décide de retourner à l'orphelinat et de surseoir à « l'enlèvement ». Les menaces de l'abbé Mea y étaient pour quelque chose. Celui-ci promettait, en effet, d'accompagner son amie à Montréal et de prendre les mesures qui s'imposaient devant la loi civile. De retour à St. Mary's-of-the-Lake après plus de trois heures de cet opéra bouffe, Mary Basil se tint à l'écart de sa chambre pendant plus de deux semaines, craignant la reprise de l'incident du 14 septembre. Elle couchait dans le bureau de Mea.

Plus d'un mois plus tard, soit le 23 octobre 1916, Mary Basil est mutée à Belleville, maison dirigée par sœur M. Gabriel, ancienne supérieure générale (1907-1913). Les choses vont pourtant de mal en pis, les religieuses jugeant Mary Basil comme un incorrigible fauteur de trouble ; on l'évite par tous les moyens, lui interdisant même l'accès au téléphone et le libre usage de la poste. Une rixe en résultera en février 1917, Mary Basil écopant, au dire de sœur Gabriel, d'un œil au beurre noir, mais au dire de l'abbé Mea de deux yeux noirs, d'une mâchoire enflée et de dents branlantes. Jugeant sa situation tout aussi intolérable à Belleville qu'à Kingston, Mary Basil quitte la place le 14 mai 1917, en compagnie de l'abbé Mea. Elle se rend d'abord à Smith's Falls, ensuite chez le délégué apostolique qui lui conseille de retourner à Kingston où Spratt, à son tour, lui demande de retourner à son couvent. Mary Basil refuse, emménage avec des amis à Kingston et loge sa plainte officielle devant les tribunaux civils le 16 octobre 1917. Le procès débute le mardi 13 novembre suivant, pour se terminer le samedi 17 novembre 1917. Le jury de 12 hommes se prononce en faveur de Mary Basil et condamne les défendeurs à lui verser 24 000 $.

Il va sans dire que ce procès retentissant fait voir une histoire drôlement plus complexe que ne l'allèguent un parti ou l'autre. Il est hors de tout doute que la religieuse est complexée et souffre d'instabilité et de névroses. Les 29 années qu'elle passe en communauté sont marquées par diverses crises personnelles, dont le refus de nourriture, des rixes périodiques avec diverses religieuses et la mésentente continuelle. Mary Basil est si malheureuse qu'en janvier 1914 elle demande la dispense de ses vœux de religion, ce qui lui est accordé en mai de la même année. La religieuse refuse de se prévaloir de la dispense. Au début de 1915, après un stage avorté de cinq semaines au couvent de Daysland en Alberta, le Conseil général des sœurs de la Charité de Kingston lui accorde la dispense d'effectuer tout travail pour gagner sa vie. C'est qu'aucune religieuse dans aucun des couvents ne veut la tolérer, que ce soit dans un bureau ou ailleurs.

Mutée de Smith's Falls à l'orphelinat de Kingston en mars 1915, Mary Basil devient, à compter de novembre, l'infirmière et la bonne de l'abbé Charles Joseph Mea, l'aumônier de l'institution depuis mai 1912. Peu après l'arrivée de Mary Basil, une lettre anonyme circulait dans l'orphelinat ; elle accuse les dirigeants religieux de conduite exécrable. Les supérieures de la communauté ainsi que l'archevêque croient que Mary Basil est l'auteur de la missive. L'abbé Mea protège sa nouvelle amie, se portant à sa défense quand elle fait l'objet de critiques. C'est Mea qui postera la lettre de Mary Basil adressée au cardinal Falconio le 13 septembre 1916 ; il deviendra son conseiller juridique pour fins de procédures canoniques amorcées par cette même lettre et bloquera la tentative d'enlèvement du 14 septembre 1916 ; il conduira sa protégée à Belleville le 23 octobre suivant et à Smith's Falls et à Ottawa le 15 mai 1917. Il va sans dire que Mea témoigne en faveur de Mary Basil, lors du procès à Kingston.

Le rôle de l'abbé Mea dans toute cette affaire est loin d'être clair. Avant sa nomination comme aumônier à l'orphelinat de Kingston (1912), Charles Joseph Mea est tenu en très haute estime par ses supérieurs ecclésiastiques. Ainsi, le 31 janvier 1911, quand les prélats de la province ecclésiastique de Kingston remettent au Saint Siège leur *terna* pour la succession de Mgr Gauthier, promu à Ottawa, ils proposent en ordre descendant Charles Joseph Mea, Michael Joseph Spratt et Hugh Joseph Canning. Mea est, à l'époque, directeur du collège Regiopolis de Kingston [28]. C'est cependant Spratt, le curé de Belleville, qui sera préféré ; il sera sacré à Kingston le 30 novembre 1911. Encore quelques mois et Mea quitte la direction du collège pour devenir aumônier d'orphelinat.

Né le 2 février 1847 à Lindsay, Ontario, le nouvel archevêque de Kingston est un diplômé de l'école séparée de Lindsay, du collège Regiopolis et du Collège de Lévis. Ordonné à la prêtrise le 20 octobre 1871 par Mgr Horan, il occupera diverses charges pastorales dans le diocèse de Kingston jusqu'à sa nomination au siège métropolitain, laquelle, dans les circonstances, a pu en faire un rival irréductible aux yeux de Mea.

Cette hypothèse est renforcée par le témoignage de sœur Mary Francis Regis qui tenait Mea responsable de tous les déboires de sœur Mary Basil, depuis leur cohabitation à l'orphelinat St. Mary's-of-the-Lake. De plus, au lendemain de la lettre incendiaire de Mary Basil du 8 mai 1916, Spratt émettait une directive à Mea, lui interdisant toute

---

28. P.F. Stagni à L.-N. Bégin, Ottawa, le 1ᵉʳ août 1911, A.A.O.

relation avec sœur Mary Basil. C'est que l'archevêque, comme la supérieure générale, tenait le prêtre responsable des médisances relatives aux massages de Trenton, entre autres. À ce sujet, tout indique que l'abbé Spratt et la sœur Mary Francis Regis s'étaient permis de telles indiscrétions et sœur Mary Gabriel, supérieure générale à l'époque, le reconnaîtra sous serment lors du procès.

Mea ne semble pourtant pas des plus raisonnables, car il n'a rien à redire du comportement de sœur Mary Basil, tandis que tous les autres témoins entendus, y inclus sœur Mary Gabriel et même le juge qui préside, reconnaîtront au moins le caractère difficile, voire intraitable de la plaignante. Sœur Gabriel déclarera que Mary Basil avait toujours montré des signes d'un esprit déséquilibré et s'était toujours avérée fauteur de trouble. Le médecin Daniel Phelan déclarera qu'elle souffre de déséquilibre mental, tandis que la supérieure générale Mary Francis Regis avoue avoir reçu au moins deux plaintes par semaine des consœurs de Mary Basil. Mea juge pourtant le comportement de Mary Basil normal et croit qu'elle est la victime d'une persécution menée par l'archevêque Spratt et la Mère générale, M. Francis Regis.

À la suite des allégations de Mary Basil, le Saint Siège, par l'entremise du délégué apostolique, fera enquête. Le Père Mulhall, c.ss.r., est chargé de tirer le dossier au clair; il fait donc enquête à Kingston à la mi-février 1917. Le dossier est toujours à l'étude à Rome, quand Mary Basil intente sa poursuite devant les tribunaux civils en octobre suivant.

Lors de son verdict du 17 novembre 1917 en faveur de la plaignante, le jury reconnaît que la tentative d'enlèvement avait comme but de placer Mary Basil dans un asile d'aliénés mentaux, que l'enlèvement était autorisé par Mgr Spratt, sœur M.F. Regis et les sœurs de la Charité de la maison de la Providence; que cet enlèvement n'était pas justifié et que le médecin Phelan était complice en autorisant le geste. Phelan doit payer 4 000 $ en dommages et les autres défendeurs, 20 000 $. La semaine suivante, *The Canadian Freeman* résumera la cause, du point de vue de la direction de l'Église, affirmant qu'il ne s'agissait que d'une querelle domestique qui mena à un accroc à la loi civile et accusant tous ceux qui portaient tant d'intérêt au procès de ne chercher que le lascif et le lubrique. Spratt est un « saint de Dieu »[29].

---

29. *The Canadian Freeman*, Kingston, le 22 novembre 1917. Les sources sur le cas Mary Basil sont, « Attempted Abduction... », *op. cit.*, en plus de divers journaux de l'époque, surtout *The Daily British Whig*, Kingston, 13-20 novembre 1917.

Quoiqu'il n'y ait aucune incidence particulière pour les francophones dans le cas Mary Basil, il reste que comme catholiques, ils devaient avec tous leurs coreligionnaires essuyer un dur revers dans leur rêve d'être acceptés comme citoyens à part entière en Ontario. De plus, ce fut là l'événement le plus marquant des dix-huit années d'épiscopat de Spratt qui, atteint de maladie mentale, dut céder la barre à Richard Michael Joseph O'Brien à compter du 17 mai 1929. Ce dernier sut éviter les grandes controverses pendant ses quatorze années d'administration (1929-1943).

Le diocèse d'Alexandria

Érigé en 1890, le diocèse d'Alexandria, qui recouvre les comtés de Glengarry et Stormont, est pendant quinze ans sous la gouverne de Mgr Alexander Macdonell. Dès 1895, ce dernier cherche à obtenir l'agrandissement de son petit diocèse aux dépens de celui d'Ottawa, mais la demande est refusée par le Saint Siège [30]. Le nombre de Canadiens français dans le diocèse augmente continuellement pendant les premières décennies du vingtième siècle, de sorte que son visage anglais est sérieusement compromis.

TABLEAU 9

Population du diocèse d'Alexandria *

Année	Population Totale	Population Catholique	Catholiques Francophones	Catholiques Anglophones	Pourcentage des Catholiques Francophones
1911		20 782	13 692	6 602	66%
1921		26 140	17 553	8 587	67%
1931	51 190	30 080	21 384	8 696	71%
1941	59 637	37 287	23 966	13 321	64%

* Compilé à partir des recensements du Canada.

Mgr Alexander Macdonell dut tôt faire face aux griefs de fidèles canadiens-français à l'église et à l'école. Les paroissiens d'Alexandria

---

30. Robert CHOQUETTE, *L'Église catholique...*, *op. cit.*, p. 269-276.

logent une demande en ce sens en 1896, incitant Macdonell à demander un prêtre francophone à Mgr E.-C. Fabre de Montréal, lequel agrée aussitôt. Mais l'évêque d'Alexandria se rend compte que ce n'est que le début d'une série de demandes analogues à la grandeur de son diocèse, ce qui lui fait regretter son geste. Il confie à Fabre :

> Si j'avais su ce que je sais aujourd'hui, à l'époque où j'ai soumis ma demande, je ne l'aurais pas faite. Je crains que mon acceptation de la demande de la portion française de la paroisse d'Alexandria me créera des ennuis à l'avenir. J'apprenais récemment que dans certaines paroisses les français commencent à s'agiter pour obtenir un prêtre français, en dépit du fait que leurs pasteurs actuels parlent bien le français et prêchent régulièrement en cette langue. Ils prétendent que le privilège accordé aux français d'Alexandria devrait s'appliquer à eux aussi [31].

Macdonell opte donc pour la résistance aux demandes en faveur de prêtres canadiens-français, allant jusqu'à refuser un tel clerc qui lui est fortement recommandé par son métropolitain Mgr Gauthier en 1903. Il déclare être bien fourni en clergé francophone [32]. Pourtant, six mois plus tard, les paroissiens francophones de la paroisse de la Nativité de Cornwall s'adressent tant au délégué apostolique qu'à l'archevêque Paul Bruchési de Montréal, dans le but d'obtenir un curé canadien-français [33]. La requête est refusée par la délégation apostolique [34].

Le décès d'Alexander Macdonell le 30 mai 1905 pose la question de la succession. Le jour même des funérailles, le clergé du diocèse se réunit à l'évêché dans le but de s'entendre sur la candidature à soumettre aux évêques. Sept des 14 prêtres présents votent en faveur de l'abbé W.A. Macdonell, cinq en faveur de l'abbé George Corbett, et les deux autres en faveur de deux autres prêtres. On décide donc de rendre le choix de W.A. Macdonell unanime, mais l'intéressé s'objecte de façon si énergique qu'on rédige une pétition en faveur du deuxième candidat. Quelques mois plus tard, Gauthier et McEvay sont à Rome (novembre 1905) et font valoir la candidature de W.A. Macdonell, de sorte que le

---

31. Le 22 mai 1896, fonds Alexandria, 255.121, 896-2, A.C.A.M. (traduction de l'auteur).
32. Le 30 juin 1903, fonds Gauthier, G1/3/13, A.A.O.
33. E.-P. Poitevin *et al.* à Paul Bruchési, Cornwall, le 10 février 1904, fonds Ottawa, 255.110, A.C.A.M. A. Amiot *et al.* à D. Sbarretti, Cornwall, janvier 1904, fonds Alexandria, 255.121, A.C.A.M.
34. A.A. Sinnott à A. Amiot, Ottawa, le 5 février 1904, fonds Alexandria, 255.121, A.C.A.M.

bref apostolique le nommant à Alexandria est émis le 21 mars 1906. Macdonell hésite, prétextant sa timidité et son indignité, mais Gauthier réussit à le convaincre d'accepter la nomination, opinant :

> Je n'ai aucun doute qu'il est le prêtre désigné par Dieu pour succéder à feu le saint évêque d'Alexandria. Mes frères évêques de la province ecclésiastique sont du même avis et nous insisterons pour qu'il accepte la nomination [35].

Né le 30 novembre 1853 à Rivière-aux-Raisins, canton de Charlottenburg du comté de Glengarry, William Andrew Macdonell étudie à l'Université d'Ottawa (1874-1877), au Collège de Sainte-Thérèse (1877-1879) et au Grand Séminaire de Montréal (1879-1881), avant d'être ordonné prêtre le 11 septembre 1881. Ses 25 années de sacerdoce seront passées aux cures successives de Williamstown et Glen Nevis (1881), Gananoque (1881-1885), Glen Nevis (1885-1890) et St. Andrews (1890-1906). Il est sacré dans la cathédrale St. Finians d'Alexandria le 24 juin 1906, en présence des prélats C.H. Gauthier, P. Bruchési, J.-T. Duhamel et R.A. O'Connor [36].

Au cours de ses 14 années d'épiscopat, W.A. Macdonell va continuer la politique de son prédécesseur au chapitre de la place de la langue française à l'église et à l'école. Il se rallie le plus souvent aux Fallon et aux Scollard dans leur volonté de mettre les Canadiens français à leur place et ne montre pas la même souplesse que les archevêques Gauthier et McNeil dans ce dossier. Ce sera le vétéran vicaire général George Corbett (né en 1845), curé de la paroisse St. Columban's de Cornwall, qui portera le flambeau de la résistance aux francophones dans le diocèse d'Alexandria. Ce dernier a également étudié à l'Université d'Ottawa avant d'être ordonné prêtre par Mgr E.-C. Fabre à Montréal, le 7 septembre 1873. Il exercera le ministère à la cathédrale St. Mary's de Kingston (1873-1879) et dans la paroisse de St. Andrew's (1879-1890) avant de s'établir à demeure dans la paroisse St. Columban's de Cornwall (1890ss) [37]. Pendant la deuxième décennie du siècle, Corbett s'illustrera à plus d'une reprise comme

---

35. C.H. Gauthier à D. Sbarretti, Kingston, le 23 août 1906, fonds Gauthier, G1/3/11, A.A.O. Voir aussi notre *Langue et religion...*, *op. cit.*, p. 228-229 (traduction de l'auteur).
36. *The Glengarrian*, Alexandria, vendredi, le 29 juin 1906. *The Glengarry News*, Alexandria, le 19 novemre 1920.
37. George Corbett, Curriculum Vitae, FI 5 ED3, A.A.K. *The Canadian Freeman*, Kingston, 10 novembre 1915.

clairon de la résistance à l'agression francophone[38]. La mort de W.A. Macdonell à Cornwall le 17 novembre 1920 est l'occasion de la reprise des démarches habituelles des deux camps ethno-linguistiques pour obtenir la nomination d'un successeur à leur image[39].

C'est Félix Couturier, o.p., qui devint troisième évêque d'Alexandria. Né en France le 29 mars 1876, il étudie en France et en Angleterre avant d'être ordonné prêtre dans l'Ordre des frères prêcheurs en 1901. Devenu successivement prieur de deux couvents dominicains en Angleterre (1910-1914), dès 1914 il s'enrôle comme aumônier de l'armée britannique en Égypte et en Palestine. Décoré de la croix militaire pour bravoure (1916) et de l'Ordre de l'empire britannique (1918), au lendemain de la guerre il est promu évêque et visiteur apostolique en Égypte (1919). C'est le 23 juin 1921 que ce candidat anglophone mais d'origine française devient évêque d'Alexandria. En plus des difficultés scolaires d'usage, Couturier voudra en 1925 rouvrir un autre ancien dossier, celui des frontières du diocèse. Devant composer avec la même exiguïté de territoire et de ressources que ses prédécesseurs, il propose l'annexion de son diocèse à celui de Kingston, d'où il était issu en 1890[40]. L'A.C.F.E.O. est aussitôt au courant de la démarche et s'y oppose avec toutes ses énergies, arguant que si Alexandria doit disparaître, il doit se rallier au port d'attache qui lui est tout indiqué par la géographie et la langue, soit le siège métropolitain d'Ottawa[41]. Le petit diocèse de 18 paroisses et sept missions ne sera pas

---

38. George Corbett, « An Unjust Accusation », lettre à *The Cornwall Standard*, Cornwall, le 22 août 1910. George Corbett à Paul Bruchési, Cornwall, le 27 janvier 1914, fonds A.C.F.E.O., 800-010, A.C.A.M. Paul Bruchési à George Corbett, Montréal, le 2 février 1914, fonds A.C.F.E.O., 800.010, A.C.A.M. Robert CHOQUETTE, *Langue et religion...*, *op. cit.*, p. 232 et *passim*. A.C.F.E.O., Mémoire, Ottawa, 1914, fonds A.C.F.E.O., 800.010, A.C.A.M.
39. Charles Charlebois, o.m.i. à Joseph Hallé, Ottawa, le 19 octobre 1920, dossier 1920-5, A.D.H. *Id.* à Paul Bruchési, Ottawa, le 19 octobre 1920, fonds Alexandria, 255.121, A.C.A.M. *Id.*, Tableaux de population catholique du diocèse d'Alexandria, Ottawa, 1er octobre 1920, fonds Alexandria, 255.121, A.C.A.M. Robert CHOQUETTE, *Langue et religion...*, *op. cit.*, p. 230.
40. Au sujet des démarches antérieures dans ce dossier, voir notre *L'Église catholique...*, *op. cit.*, p. 269-276.
41. A.C.F.E.O. à Pietro di Maria, Ottawa, le 26 octobre 1925, fonds A.C.F.E.O., C2/193/3, C.R.C.C.F. A.C.F.E.O. à L.-A. Paquet, Ottawa, le 20 décembre 1925, fonds A.C.F.E.O., C2/193/3, C.R.C.C.F.

sabordé. Mgr Couturier ne réussira pas plus à déplacer son siège épiscopal d'Alexandria à Cornwall en 1932.

Au chapitre des droits de la langue française, Couturier s'avérera plus souple et accueillant que les Scollard et les Fallon ; il s'alignait plutôt avec Neil McNeil et Mgr O'Brien comme agents d'harmonie. C'est ainsi qu'en 1934 il reçoit les chaleureuses félicitations de ce dernier pour avoir contribué à la réconciliation des éléments francophone et anglophone dans le dossier du financement des écoles séparées [42]. Il y a peu d'indices de conflits linguistiques pendant l'administration de Couturier, et il tolère sans mot dire les démarches de l'A.C.F.E.O. sur son territoire. Ainsi, pendant que Mgr Scollard jugeait bon d'interdire à Charles Charlebois, o.m.i., toute activité dans son diocèse, Couturier pouvait déclarer qu'il n'avait jamais connu de problèmes exigeant de tels gestes [43].

Félix Couturier meurt le 27 juillet 1941 à la suite d'une longue maladie. Mgr Rosario Brodeur lui succède aussitôt, étant déjà depuis quelques semaines, en poste à Alexandria à titre d'évêque coadjuteur. Brodeur dirigera la fragile barque d'Alexandria pendant un quart de siècle avant de remettre sa démission. Il fut son premier évêque canadien-français.

Le diocèse de London

En 1931, le diocèse de London englobe une population totale de 614 752 personnes, dont 109 581 catholiques ; 39 991 (ou 37%) de ces derniers sont d'origine ethnique française. Les chiffres équivalents en 1921 sont 38 106 catholiques d'origine française dans une population catholique totale de 76 154, soit 50%. La proportion de francophones est donc en déclin dans cette région qui s'urbanise et s'industrialise à un rythme accéléré.

Nous savons que l'administration de Mgr M.F. Fallon (1910-1931) équivaudra à deux décennies de bagarres, de conflits, de procès et de méfiance entre francophones et anglophones, tant dans son diocèse qu'à la grandeur de l'Ontario. À ce dossier déjà bien connu, ajoutons qu'au printemps de 1909, lorsqu'ils soumirent leur deuxième *terna* pour le siège de London au Saint Siège, les prélats des provinces

---

42. Le 24 octobre 1934, fonds O'Brien, A.A.K.
43. D.J. Scollard à Félix Couturier, North Bay, le 16 mars 1930, A.D.A.C.

ecclésiastiques de Toronto et de Kingston avaient placé le nom du Père M.F. Fallon, o.m.i., en troisième position, mais Mgr C.H. Gauthier de Kingston l'aurait voulu en tête de liste[44]. Ce « faiseur d'évêques » aurait encore gain de cause.

Pendant les dernières années de sa vie, Mgr Fallon souffre de diabète, maladie qui l'emporte le 22 février 1931. Sa dernière année de vie est encore l'occasion de controverses animées, les prélats Guillaume Forbes, Arthur Béliveau et Joseph Hallé écrivant à Rome pour bloquer toute tentative de nommer un auxiliaire à Fallon, car ce dernier aurait alors l'option de le choisir à son image. L'évêque de Hearst, appuyé du cardinal Rouleau, a fait précéder ce plaidoyer par un mémoire (mai 1930) rappelant tous les dégâts et la misère causés par Fallon[45]. Il est accompagné d'une supplique de Gustave Lacasse et 39 autres signataires demandant un évêque francophone pour London,

> un pasteur qui soit un véritable père, évêque de son sang et de sa mentalité, qui possède également les deux langues officielles du pays et qui soit sympathique à la survivance et à la propagation des traditions et du verbe de nos aînés dans la civilisation française et la foi chrétienne[46].

La carrière controversée de Fallon ne prendra même pas fin lors de sa mort, car un grand nombre de catholiques seront estomaqués en apprenant la teneur de son testament qui fait état d'une fortune accumulée[47].

Des évêques canadiens-français, dirigés par le cardinal Rouleau, voudraient que Mgr Couturier soit promu à London, mais Rome jette son dévolu sur John Thomas Kidd. Né à Athlone, comté de Simcoe en Ontario, le 28 août 1868, Kidd a étudié au collège St. Michael's, s'est lancé dans les affaires pendant quelques années avant de retourner aux études en 1896, en vue de la prêtrise cette fois. De retour de Rome en 1902, il est ordonné prêtre et nommé secrétaire et chancelier de Mgr McEvay à Toronto. En 1913, il devient président fondateur du

---

44. D.J. Scollard à C.H. Gauthier, North Bay, le 30 décembre 1909, fonds Gauthier, G1/3/13, A.A.O.
45. G. Forbes, A. Béliveau et J. Hallé au cardinal Raphael Rossi secrétaire de la Sacrée Congrégation de la Consistoriale, Ottawa, le 11 décembre 1930, fonds London, A.A.O.
46. Gustave Lacasse *et al.*, au Cardinal Pacelli, secrétaire d'État du pape Pie XI, Windsor, décembre 1930, fonds London, A.A.O.
47. A.A. Sinnott à M.J. O'Brien, Winnipeg le 31 mars 1931, fonds O'Brien, A.A.K.

séminaire St. Augustine de Toronto, poste qu'il ne quittera que treize années plus tard, lors de son accession au siège épiscopal de Calgary. Encore six années et il est muté à London, où il est installé dans la cathédrale St. Peter le 23 septembre 1931.

À la devise « *Justitia et Pax* » de Fallon succède le « Dieu est amour » de Kidd. Au refus de Fallon, en 1910, d'entendre une adresse de bienvenue en français, succède l'accueil que fait Kidd aux discours de bienvenue tant français qu'anglais de la part du clergé et des laïques. Le sixième évêque de London s'adresse à ses fidèles tant en français qu'en anglais et en italien. Son diocèse tournait par le fait même une page gênante de son histoire [48]. Au chapitre des relations franco-anglaises, ses 19 années d'administration correspondront au calme suivant la tempête de Fallon. Il meurt le 2 juin 1950. Son successeur sera John Christopher Cody.

Les diocèses du Sud de l'Ontario regroupent une moindre proportion de francophones que ceux de l'Est et du Nord de la province. C'est pourtant là, à Toronto et à Kingston, qu'on trouve les métropoles ecclésiastiques de l'Ontario catholique anglophone et partant, les centres de décisions affectant tous les catholiques. L'épiscopat catholique de langue anglaise de la première moitié du vingtième siècle se divise en deux camps au sujet des droits de la langue française en Ontario. D'une part, on note les fauteurs de troubles que sont les Fallon et les deux Macdonell, appuyés des Scollard et des Dignan dans le nord de l'Ontario. D'autre part, on remarque les archevêques McEvay, McNeil, Gauthier, O'Brien et McGuigan qui sont, bien sûr, fidèles à leur appartenance linguistique et culturelle, mais qui n'affichent pas le chauvinisme des premiers. C'est peut-être là un élément de progrès, car au siècle précédent les archevêques Lynch et Cleary se rangeaient plutôt dans le camp des intransigeants. Bref, une majorité des prélats de l'Ontario et tous ses archevêques n'ont pas fait preuve de fanatisme dans le dossier brûlant des droits du français pendant les premières décennies du vingtième siècle. Ce sera là un facteur important dans l'ouverture d'esprit dont devra faire preuve leur Église après 1960.

---

48. *The Star*, Toronto, le 24 septembre 1931.

2
L'ÉCOLE

CHAPITRE 4

L'ÉCOLE BILINGUE AVANT 1927

La société ontarienne du dix-neuvième siècle s'est dotée d'un double réseau d'écoles subventionnées par l'État, l'un se voulant chrétien mais non confessionnel (*non-denominational*) et l'autre surtout catholique. À compter de 1871, ces réseaux sont étiquetés « écoles publiques » et « écoles séparées [1] ».

Même si les importants mouvements d'industrialisation et d'urbanisation sont déjà bien amorcés à la fin du dix-neuvième siècle, l'école ontarienne reste surtout rurale et est le plus souvent faite d'une seule salle de classe ; c'est une situation qui ne changera qu'au vingtième siècle. À l'aube du vingtième siècle, le ministère de l'Éducation de l'Ontario encadre la multitude de conseils scolaires qui gèrent les écoles et cherche à affermir son contrôle sur eux ; celui-ci va croissant depuis un demi-siècle. Il reste cependant qu'à l'époque la bureaucratie scolaire est minime, chaque région de la province gardant une large part d'autonomie en matière scolaire.

Les idéologies dominantes dans l'école ontarienne ont oscillé entre, d'une part, celles qui voulaient dresser l'écolier et le couler dans un moule intellectuel aux valeurs traditionnelles définies et, d'autre part, celles qui croyaient que l'enfant lui-même doit être le centre de toute la machine scolaire. Les premiers, ceux qui soulignent l'importance

---

1. Pour une explication plus détaillée du statut de ces écoles publiques et séparées au dix-neuvième siècle, voir R. CHOQUETTE, *L'Église catholique...*, *op. cit.*. chapitre 10, p. 281–312 et appendices J à Q.

du bagage de connaissance données à l'élève et l'importance des valeurs traditionnelles, ont servi de boucs émissaires aux « éducateurs » disciples de Johann Pestalozzi (1764-1827) ou de John Dewey (1859-1952), les James Hughes et les Emmett Hall, par exemple [2].

Dans la loi de l'Ontario, les écoles sont divisées selon un critère confessionnel et non selon un critère linguistique. Avant 1885, les Ontariens sont libres d'administrer et de faire fonctionner leurs écoles dans la langue qui leur convient, qu'elle soit anglaise, française, allemande ou autre. En effet, depuis 1786, les Franco-Ontariens se sont dotés d'écoles françaises qui se multiplient lors de l'importante immigration de Québécois vers l'Ontario après 1851. Il en résulte qu'en 1889, 114 écoles ontariennes utilisent partiellement ou exclusivement le français dans leur enseignement. En 1927, on en comptera 450 [3]. C'est l'époque de la montée très rapide du nombre de Franco-Ontariens, qui passent de 26 417 personnes en 1851 à 300 000 en 1931 et à 438 000 en 1951. C'est dire qu'entre 1851 et 1951, pendant que la population totale de l'Ontario se multipliait quatre fois et demi, celle des Franco-Ontariens se multipliait par 18 (voir tableau 10).

Cette migration de Canadiens français vers l'Ontario est causée par plusieurs facteurs dont les difficultés économiques du Québec et l'émigration de bon nombre d'Ontariens vers l'Ouest canadien ou le *Mid-West* des États-Unis. Il en résulte que plusieurs Ontariens de souche anglo-protestante se sentent de plus en plus menacés dans leur hégémonie culturelle et linguistique, craignant la transformation du beau pays de l'Ontario en un nouveau Québec. La francophobie et l'anticatholicisme deviennent donc de plus en plus manifestes à compter de 1880. L'école franco-catholique devient la cible préférée des fanatiques.

La pendaison de Louis Riel le 16 novembre 1885, suivie de l'élection du gouvernement d'Honoré Mercier au Québec en 1886, ne fait qu'attiser l'ardeur des francophobes. C'est en 1889 que les clairons du nativisme anglo-protestant se donneront l'*Equal Rights Association* dirigé par D'Alton McCarthy, pendant que le parti conservateur de l'Ontario, dirigé par William Meredith, fera de l'unilinguisme anglais, de la francophobie et de l'anticatholicisme son principal cheval de bataille lors des élections générales ontariennes en 1886, 1890 et 1894.

---

2. Robert M. STAMP, *The Schools of Ontario, 1876-1976*, Toronto, U.T.P., 1982.
3. R. CHOQUETTE, *L'Église catholique...*, *op. cit.*, appendices M et Q.

TABLEAU 10

Les écoles ontariennes subventionnées par l'État *

	1891	1911	1921	1931	1951	1961	1971	1981
Pop. totale de l'Ontario	2 187 947	2 523 274	2 933 662	3 431 683	4 597 542	6 236 092	7 703 106	8 625 105
Pop. d'origine française de l'Ontario	130 000	202 457	248 275	299 732	438 939	647 941	737 360	475 605 **
Pop. catholique de l'Ontario	390 304	484 997	576 178	744 740	1 142 140	1 873 110	2 568 695	3 036 245
Nombre d'écoles élém. publiques	5 577	6 400	6 289	6 403	5 863	5 521	2 862	
Nombre d'écoles élém. publiques bilingues	114	122				52		
Nombre d'écoles élém. séparées	312	482	656	761	965	1 412	1 345	
Nombre d'écoles élém. séparées bilingues/franc.	87	223	310	490	400	505	323	293
Nombre d'écoles secondaires	aucune	aucune	aucune	aucune	aucune	aucune	588	
Nombre d'écoles secondaires françaises						aucune	20	33
Nombre d'écoliers dans les écoles élém. publiques		242 977	515 202	472 564	508 364	851 703	1 034 703	
Nombre d'écoliers dans les écoles élém. séparées	37 466	57 263	88 546	91 925	127 253	286 615	422 137	
Nombre d'écoliers dans les écoles élém. bilingues/françaises					54 545	83 000	87 496	67 576
Nombre d'écoliers dans les écoles secondaires			98 000	151 000	132 690	265 148	574 520	
Nombre d'écoliers dans les écoles secondaires françaises							28 018	26 686

* Données tirées des Recensements du Canada et des rapports du ministre de l'Éducation de l'Ontario, pour les années en question.
** Langue maternelle.

Le gouvernement libéral réussit à surmonter cette levée de boucliers chauvins et à se maintenir au pouvoir jusqu'aux élections générales de 1905, alors que le parti conservateur dirigé par James P. Whitney renverse le gouvernement libéral de George Ross, ce deuxième successeur de Mowat[4].

Les écoles des Franco-Ontariens, surtout regroupées dans le réseau des écoles publiques avant 1885, se retrouvent le plus souvent dans le réseau des écoles séparées par la suite. Le changement est dû à la fois aux nouvelles politiques anti-françaises du gouvernement provincial et aux efforts conjugués des évêques catholiques de l'Ontario pour regrouper dans l'école séparée tous les enfants catholiques. Soulignons le rôle capital de Mgr J.-T. Duhamel d'Ottawa (1874-1909) dans ce sens[5]. Le premier quart du vingtième siècle sera pour les Franco-Ontariens une épreuve de force tant avec le gouvernement de l'Ontario qu'avec les Irlandais catholiques de l'Ontario qui cherchent à angliciser les francophones.

Les antécédents du règlement 17

La croisade anticatholique et antifrançaise menée par le parti conservateur de William Meredith depuis la décennie 1880 avait eu l'effet de forcer le ministère de l'Éducation de l'Ontario à resserrer ses règlements sur les écoles bilingues. Ainsi depuis 1885, le maître dans ces écoles devait faire preuve de son aptitude à enseigner le programme des écoles publiques anglaises et l'anglais devint un sujet d'étude obligatoire dans toutes les écoles de l'Ontario. Le ministère retirait en

---

4. R. CHOQUETTE, *L'Ontario français, historique*, Montréal, Éditions Études Vivantes, 1980, tableaux synchroniques, p. 235-263. Margaret A. EVANS, « The Mowat Era, 1872-1896 : Stability and Progress », dans Edith G. FIRTH (Ed.), *Profiles of a Province*, Toronto, Ontario Historical Society, 1967, 97, 106p. Franklin A. WALKER, *Catholic Education and Politics in Ontario*, Toronto, Federation of Catholic Education Associations of Ontario, 1964, 514p.
Sur la mentalité des chefs d'origine anglo-protestante dans l'Ontario de l'époque, voir Carl BERGER, *The Sense of Power. Studies in the Ideas of Canadian Imperialism 1867-1914*, Toronto, U.T.P., 1970, 277p. Carl BERGER, (Éd.), *Imperialism and Nationalism, 1884-1914 : A Conflict in Canadian Thought*, Toronto, The Copp Clark Publishing Company, 1969, 119p.
5. Robert CHOQUETTE, *L'Église catholique...*, *op. cit.*, chapitre 10, p. 282-312.

1889 l'autorisation d'utiliser une série de manuels québécois en langue française, les remplaçant par une série de *readers* bilingues. Enfin, c'est en 1889, à la suite du rapport d'une commission d'enquête sur les écoles bilingues de l'Ontario, que le parlement de l'Ontario légiféra pour dire que désormais la langue de communication et d'instruction dans toute école ontarienne serait l'anglais, à moins que l'écolier ne comprenne pas cette langue. Cette dernière échappatoire permettait aux écoles des Franco-Ontariens de continuer de fonctionner en français [6].

En 1890, toute école ontarienne doit donc fonctionner en anglais à moins que l'élève ne comprenne pas cette langue. Les tenants de l'unilinguisme anglais s'attendent donc à ce que l'écolier franco-ontarien reçoive son instruction en anglais dès qu'il aura eu l'occasion d'apprendre cette langue pendant les premières deux ou trois années du cours élémentaire. Les « patriotes » canadiens-français, par ailleurs, interprètent la loi comme permettant l'enseignement en langue française à tous les niveaux scolaires. La difficulté n'est donc pas réglée.

En ce tournant du vingtième siècle, les écoles des Franco-Ontariens sont plutôt de piètre qualité tant dans cette région de colonisation récente qu'était le Nouvel-Ontario [7] que dans la région du lac Simcoe. En effet, on n'enseigne pas le français à l'école élémentaire de Penetanguishene en 1912, en dépit du fait que quatre des six conseillers scolaires sont canadiens-français [8]. On dit même, à Toronto, que les Canadiens français de la baie Georgienne ne veulent que l'enseignement de l'anglais [9].

Dans l'esprit de tous, la place du français est difficilement dissociable du caractère catholique de ces écoles franco-ontariennes. Aux yeux de Toronto, les écoles qui font problème sont celles de l'Est de l'Ontario, c'est-à-dire celles de la ville d'Ottawa et des comtés de Prescott et de Russell. En 1894, les 11 écoles séparées françaises d'Ottawa sont dirigées par 52 enseignants religieux dont 36 frères et 16 sœurs qui font la classe respectivement à 1 738 garçons et à 749 filles.

---

6. Robert CHOQUETTE, *Langue et religion...*, op. cit., p. 63–68.
7. Gail C. BRANDT, « J'y suis, j'y reste ; The French Canadians of Sudbury 1883–1913 », thèse inédite de doctorat, York University, 1976, p. 268.
8. H.-T. MARCHILDON au secrétaire de l'A.C.F.E.O., Penetanguishene, le 30 novembre 1912, fonds A.C.F.E.O., C.R.C.C.F.
9. Le secrétaire de l'A.C.F.E.O. à Louis Giguère, Ottawa, le 7 novembre 1912, C2/214/8, fonds A.C.F.E.O., C.R.C.C.F.

Cette inscription totale de 2 487 élèves francophones[10] s'ajoute à celle de quelque 1 500 écoliers anglophones, pour donner près de 4 000 élèves inscrits aux écoles séparées d'Ottawa. Les écoles publiques de la même ville inscrivent pour leur part quelque 3 500 élèves en 1894.

En janvier 1892 éclate la première d'une série de controverses entourant le Conseil des écoles séparées d'Ottawa (désormais C.E.S.O.). Le conflit est déclenché quand *The Mail* de Toronto publie un article à sensation dénonçant les écoles françaises dirigées par les frères à Ottawa. L'article du 10 janvier prétend se fonder sur un rapport confidentiel présenté au conseil scolaire par l'inspecteur des écoles séparées J.F. White[11], mais ce dernier dénonce l'article du *Mail*, le qualifiant d'« attaque des plus injuste[12] », truffé d'erreurs et d'inexactitudes[13]. Les suggestions de White portant sur les manuels de classe, l'uniformité des examens, l'enseignement du français et de l'anglais font valoir que les frères ne sont pas à la hauteur des sœurs dans leur enseignement.

La controverse allait reprendre une année plus tard, quand un candidat aux élections du C.E.S.O. propose de réformer les écoles françaises d'Ottawa. Dénoncé du haut des chaires d'églises, Flavien Moffet provoque une controverse qui mène au départ des frères des Écoles chrétiennes d'Ottawa en 1895, à la suite d'une enquête menée par le ministère de l'Éducation dans les écoles françaises d'Ottawa. Dans l'esprit du plus grand nombre des intéressés, cette bataille prend une allure principalement ethno-linguistique[14].

Cette polarisation francophone-anglophone à l'intérieur du C.E.S.O. sera exacerbée en 1906 par une nouvelle controverse interne, portant cette fois sur la gestion des écoles.

Dès sa création en 1856, le C.E.S.O. regroupait une majorité de contribuables de langue anglaise. Ainsi seuls trois des douze présidents

---

10. Robert CHOQUETTE, *L'Église catholique...*, *op. cit.*, appendice O, p. 350.
11. J.F. WHITE, « Ottawa Separate Schools. French Section. Special Report », fonds C.E.S.O., A.A.O.
12. J.F. White à J.-T. Duhamel, Toronto, le 30 janvier 1892, MG 27/2, A.A.O.
13. J.F. White à l'Éditeur du *Mail*, Toronto, le 3 février 1892, dans *The Mail*, Toronto, le 5 février 1892.
14. Voir à ce sujet Robert CHOQUETTE, *Langue et religion...*, *op. cit.*, p. 68-74.

du C.E.S.O., entre 1864 et 1886, sont francophones [15]. La montée du nombre d'écoliers et de contribuables francophones fit en sorte qu'en 1886 le C.E.S.O. convint qu'à compter de janvier 1887 il se diviserait en deux comités distincts. Le comité français composé des conseillers francophones aurait juridiction exclusive sur les écoles françaises et le comité anglais de même sur les écoles anglaises [16]. Cet arrangement interne voulait que chaque comité ait autorité pour dépenser l'argent attribué à chaque groupe linguistique. La part de revenus provenant d'octrois provinciaux était divisée en proportion du nombre d'élèves inscrits aux classes françaises et aux classes anglaises respectivement, tandis que les revenus provenant des taxes foncières étaient divisés selon l'appartenance linguistique des contribuables. La paix par la séparation semblait donc établie mais la proportion du nombre d'écoliers francophones ne cessait par la suite d'augmenter, tandis que le montant de l'évaluation foncière des contribuables francophones n'augmentait pas au même rythme. Par ailleurs, les revenus municipaux pour fins scolaires sont plus élevés pour les catholiques anglophones. C'est dire que ces derniers sont plus riches que leurs coreligionnaires francophones. Ainsi, en 1894, le revenu municipal est de 7,47 $ par élève francophone et de 9,13 $ par élève anglophone. C'est un écart qui irait s'accentuant. À la même époque, l'école publique reçoit 16,25 $ par tête étudiante à même la taxe foncière [17]. Cette division du C.E.S.O. en comités autonomes français et anglais allait durer jusqu'au 11 mars 1903, alors que le Conseil jugea bon de l'abolir.

Puisque la loi provinciale des écoles séparées obligeait chaque quartier municipal à élire deux conseillers scolaires, l'entente en vigueur depuis 1886 voulait, de plus, que chaque quartier électoral de la ville ait droit à un conseiller francophone et un autre anglophone.

---

15. Les douze présidents du C.E.S.O., entre 1864 et 1886, sont l'abbé J.L. O'Connor (1864–1866), R.H. McGreevy (1867-1868), Charles McCarron (une partie de 1869), William Finley (1869–1871), John Quain (une partie de 1872), J.W. Peachy (1872–1875), O.-A. Rocque (1876-1877), J.W. Peachy (1878-1879), l'abbé M.J. Whelan (1880), J.W. Peachy (1883), J.-R. Esmonde (1884-1885) et F.-R.-E. Campeau (1886-1887). R.C.S.S. of Ottawa, *By-Laws and Regulations*, Ottawa, s.é., 1903, fonds C.E.S.O., A.A.O.
16. Edward Smith *et al.* à J.-T. Duhamel, Ottawa, le 9 décembre 1886, fonds C.E.S.O., A.A.O.
17. Charles Bérard, secr., Lettre circulaire du C.E.S.O., Ottawa, le 12 octobre 1894, fonds C.E.S.O., A.A.O.

Cette entente à l'amiable faisait en sorte que chacun des deux groupes s'abstenait de voter lors des élections pour le candidat de l'« autre » groupe. Les choses se gâtèrent à la veille de Noël 1905, alors que, contrairement à l'usage, le parti irlandais-catholique proposait deux candidats anglophones pour s'opposer aux candidats francophones qui se faisaient la lutte dans les quartiers Central et Wellington [18]. Mgr Duhamel intervint sur-le-champ, cherchant à obtenir le retrait des deux fauteurs de trouble, mais en vain [19]. L'élection du 1er janvier 1906 donna neuf conseillers anglophones et sept conseillers francophones, mais en raison d'irrégularités légales, un tribunal ordonna qu'on refasse l'élection du 1er janvier et ce, le 19 février suivant.

La décision du parti irlandais-catholique de s'immiscer dans l'élection de deux conseillers scolaires francophones résultait de sa frustration devant la domination du parti bilingue au C.E.S.O. En effet, depuis 1903, deux conseillers scolaires irlandais-catholiques étaient favorables au bilinguisme des écoles [20], assurant ainsi la majorité des voix au parti bilingue au C.E.S.O. Lors des nouvelles élections du 19 février, le parti irlandais-catholique dirigé par l'*Ancient Order of Hibernians*, présenta à nouveau deux candidats dans les quartiers Wellington et Central. Les Canadiens français leur remirent donc la monnaie de la pièce en inscrivant des candidats dans tous les quartiers de la ville. L'élection du 19 février donna aux francophones deux conseillers de plus que la moitié du C.E.S.O. La situation était ainsi renversée.

Devant cette tournure des événements, le parti irlandais-catholique se réunit le 25 février 1906 dans la salle St. Patrick. On cria à l'injustice, on demanda l'abolition de la fusion des comités anglais et français de 1903 et on élit un comité [21] qui devait rencontrer Mgr Duhamel. Il ressortit de la rencontre du lendemain que l'archevêque n'était pas favorable à un retour à deux comités distincts pour la gestion du C.E.S.O. Les plaignants rédigèrent donc un mémoire sur la question et

---

18. *The Citizen*, Ottawa, le 24 décembre 1905.
19. J.-T. Duhamel à M.J. Whelan, Ottawa, le 24 décembre 1905, fonds C.E.S.O., A.A.O.
20. Les Conseillers McGuire et McGrail.
21. Le comité est composé de MM. J.P. Dunne, D'Arcy Scott, T. D'Arcy McGee et Thomas Smith. *The Ottawa Citizen*, Ottawa, le 26 février 1906.

l'adressèrent au délégué apostolique, Mgr Sbarretti[22]. Ils y racontent l'histoire des relations anglo-françaises au C.E.S.O., font valoir l'esprit de justice et d'équité dont a toujours fait preuve le parti anglophone et dénoncent l'agression française et Mgr Duhamel[23]. Ils demandent une nouvelle loi séparant les écoles séparées bilingues des écoles séparées anglaises. La conclusion du mémoire est éloquente :

> En matière de religion et d'éducation, les catholiques anglophones de la ville d'Ottawa sont engagés dans un combat de vie et de mort. On a érigé autour de la ville un cordon d'institutions françaises, étrangères en sentiments, buts et objectifs, mais toutes conçues avec ruse pour tenir à l'écart toute aide extérieure susceptible de venir au secours de l'éducation ou de la catholicité anglophones, tout en visant simultanément la destruction, à l'intérieur de la ville, de ces idéaux qui sont les normes de la vie catholique anglaise[24].

Interrogé par Sbarretti, Duhamel explique le problème au délégué :

> Deux des commissaires irlandais se sont montrés, pendant les dernières années, favorables aux commissaires canadiens-français, et de là des difficultés au sujet de la nomination de certains employés du bureau, etc. L'un d'eux, surtout (Terence McGuire), n'est pas *persona grata*. Les Messieurs qui sont venus (...) me l'ont avoué. S'il cessait d'être commissaire, les difficultés pourraient s'aplanir, me disaient-ils.
>
> Les Canadiens français ont aidé à assurer son élection car ils ne croyaient pas qu'ils devaient le laisser battre lorsque des adversaires voulaient l'empêcher d'être commissaire pour la raison qu'il se montrait équitable à leur égard. D'ailleurs ils sont persuadés que beaucoup, beaucoup d'Irlandais bien pensants leur donnent raison.
>
> Excellence, j'ai essayé auprès des intéressés, anglais et français, tout ce qui était possible pour rétablir l'harmonie (...) Aux délégués de langue anglaise j'ai dit que, quoique je me réjouirais si les Canadiens acceptaient leurs propositions, en principe je ne favorisais pas l'idée de séparer le bureau en deux sections, pour la raison que cette séparation n'était pas légale et principalement parce que nos écoles étant catholiques il fallait que tous les catholiques s'unissent pour les soutenir. Je leur ai fait part de ma conviction qu'il devait être possible de trouver des catholiques des

---

22. Le mémoire, en date du 31 mars 1906, est signé par les membres du comité noté ci-dessus (note 21) et par une quarantaine de contribuables anglophones. Une copie est adressée au Saint Siège. Le texte intégral est publié dans l'*Ottawa Free Press* du 20 septembre 1906.
23. *Ibid.*
24. « History of the Ottawa Separate School Trouble... », Ottawa, s.d., 11p. fonds C.E.S.O., A.A.O. (traduction de l'auteur).

deux langues qui sauraient avoir l'esprit assez large pour faire cause commune lorsqu'il s'agit non de nationalité, mais simplement d'éducation catholique [25].

En ce printemps de 1906, le C.E.S.O. compte donc pour la première fois une majorité de conseillers francophones, en plus de deux conseillers anglophones favorables au bilinguisme [26], c'est-à-dire une majorité bilingue de 12 voix contre une minorité de quatre voix [27]. Lors de sa réunion du 14 novembre 1906, le C.E.S.O. décide de maintenir l'abolition des deux comités linguistiques distincts faite en 1903 [28]. Cette majorité bilingue du C.E.S.O. allait se maintenir pendant les années troubles qui allaient suivre, le parti canadien-français se permettant d'intervenir de temps à autre pour assurer l'élection de conseillers anglophones sympathiques au bilinguisme [29].

Le litige au sein du C.E.S.O. est à la fois financier et ethno-linguistique. Les Canadiens français qui jouissent d'une majorité croissante d'écoliers et de contribuables depuis 1885 ne s'enrichissent pas au même rythme. Les Irlandais catholiques, par ailleurs, sont devenus minoritaires, mais sont beaucoup plus à l'aise financièrement. Ainsi, en 1914 les contribuables canadiens-français payent 14 000 $ de plus que les contribuables anglophones en taxes scolaires, mais ils comptent pour les deux tiers des écoliers et des contribuables. Le parti anglophone ne voulait pas payer de « son » argent pour financer la construction d'écoles, etc. pour les Canadiens français. Les droits ethno-linguistiques passaient en premier ; l'entraide et la fraternité chrétienne n'entraient pas en ligne de compte, car on était en réalité adversaires et non frères. C'est la même animosité qui apparaissait dans les conflits au sujet de la certification des enseignants religieux [30], de l'Université d'Ottawa [31], des nominations et de la succession à divers sièges épiscopaux tels ceux d'Ottawa, Alexandria, London et Sault Ste. Marie. La bataille centrée sur le règlement 17 est l'aboutissement de la crise.

---

25. Le 7 avril 1906, fonds C.E.S.O., A.A.O.
26. *The Ottawa Citizen*, le 1er mars 1906.
27. *The Montreal Daily Times*, Montréal, le 29 septembre 1906. *The Catholic Record*, London, le 8 décembre 1906.
28. *The Ottawa Citizen*, Ottawa, le 15 novembre 1906.
29. Par exemple, en 1914, on intervint pour assurer l'élection de MM. Freeland et Cain, Robert CHOQUETTE, *Langue et religion...*, *op. cit.*, p. 184.
30. *Ibid.*, p. 74-77.
31. *Ibid.*, chapitre 1, p. 21-53. Voir plus bas, chapitre 6.

Le règlement 17 [32]

La Circulaire d'instructions n° 17 émise par le ministère de l'Éducation de l'Ontario le 25 juin 1912 était la mise en œuvre de la nouvelle politique annoncée par le gouvernement provincial le 13 avril 1912, lors de la session printanière de la législature.

En 1912, la situation du français dans les écoles franco-ontariennes est souvent loin d'être encourageante. Pendant qu'on n'enseigne même pas le français à Penetanguishene dans un conseil scolaire où quatre des six conseillers sont canadiens-français [33], les comtés d'Essex et de Kent sont témoins d'une anglicisation rapide de leurs écoles bilingues. En effet, des 20 écoles publiques des comtés d'Essex et de Kent où sont inscrits 795 élèves francophones et 128 élèves anglophones, quatre écoles seulement ont le français comme langue préférée hors des heures de classe, les autres préférant l'anglais. Des 33 écoles séparées des mêmes comtés, où sont inscrits 2 426 écoliers francophones et 949 anglophones, 15 écoles préfèrent le français, sept l'anglais et 10 les deux langues hors des heures de classe [34]. Au Conseil des écoles séparées de Sudbury, lui aussi majoritairement de langue française, les délibérations et les procès-verbaux du Conseil sont tenus en anglais depuis 1893 [35]. On y utilise le plus souvent le français comme langue d'instruction pendant les premières années du cours élémentaire, mais la part du français est réduite à une heure par jour dans les années plus avancées [36]. Un auteur décrit la situation sudburoise en 1910:

> L'administration des écoles séparées se faisait à la bonne franquette. Le curé en était le surintendant, nommé par la commission (...) Pacificateur avant tout, le Père Lefebvre n'osait contrecarrer, dans la question de l'enseignement du français, ni les lois ni ses ouailles de langue anglaise. Aussi, même après l'intervention de (Félix-Antoine) Ricard (1910), il n'ajoutera du français qu'après les heures réglementaires [37].

---

32. L'auteur ne cherche pas ici à reprendre l'étude détaillée de cette controverse traitée dans son *Langue et religion, ibid.*, mais à la compléter.
33. Voir ci-dessus.
34. F.W. MERCHANT, *Report on the condition of English-French Schools in ... Ontario*, Toronto, Legislative Assembly, 1912. Voir le tableau compilé à partir du rapport Merchant dans Robert CHOQUETTE, *L'Église catholique..., op. cit.*, appendice P, p. 351.
35. Gail C. BRANDT, *op. cit.*, p. 211.
36. *Ibid.*, p. 203.
37. Guy COURTEAU, s.j., *Le docteur J.-Raoul Hurtubise...*, Montréal et Sudbury, Bellarmin et Société historique du Nouvel-Ontario, 1971, p. 67.

Ce n'est qu'après l'intervention de l'Association canadienne-française d'éducation de l'Ontario et son insistance pour qu'on se conforme à la loi, que les conseillers scolaires assument leurs responsabilités et se chargent de la gestion des écoles. Félix-Antoine Ricard et J.-Raoul Hurtubise se feront les protecteurs de l'école bilingue à l'intérieur de leur Conseil.

Puissamment aidés par un congrès rassemblant quelque 200 curés et conseillers scolaires, tenu à Sudbury le 27 février 1913, les Hurtubise et les Ricard écouteront le Père Charles Charlebois, o.m.i., et Alexandre Grenon, les représentants de l'A.C.F.E.O. provinciale. Il est résolu de diviser les classes du Conseil des écoles séparées de Sudbury en deux groupes linguistiques, soit celui des classes anglaises et celui des classes bilingues. De plus, la majorité francophone accepte d'élire un conseil scolaire moitié français et moitié anglais, en plus de scinder la gestion en deux comités linguistiques, chacun étant chargé de l'administration de ses propres écoles [38]. Cette séparation linguistique qui fut porteuse de paix à Ottawa entre 1886 et 1903 allait donner des résultats semblables à Sudbury.

Le règlement 17 avait pour but de restreindre, afin de le faire disparaître, l'enseignement et l'utilisation du français dans les écoles des Franco-Ontariens. Ses coryphées font valoir que le seul but du gouvernement était d'assurer aux écoliers francophones une bonne connaissance de l'anglais. Ainsi, l'historien Peter Oliver affirme que Toronto cherchait par l'adoption de cette mesure « le bien-être éducatif des enfants franco-ontariens [39] ». Tout en reconnaissant que le règlement initial (de 1912) constituait « une sérieuse erreur de jugement [40] », Oliver affirme que les amendements raisonnables et conciliatoires adoptés en 1913 constituaient une perche que les Franco-Ontariens auraient été sages d'accepter [41].

> Le règlement 17 prêtait à même plus d'enseignement français que ne le faisait la politique de 1890. Mais pour diverses raisons les Canadiens français ne voulaient plus accepter ce privilège tacite ; ils exigeaient le français comme un droit légal et entreprirent une agitation bien organisée pour l'obtenir (...)

---

38. *Ibid.*, p. 67ss.
39. Peter N. OLIVER, « The Making of a Provincial Premier, Howard Ferguson and Ontario Politics : 1870-1923 », thèse inédite de doctorat, The University of Toronto, 1969, p. 241.
40. *Ibid.*, p. 138.
41. *Ibid.*, p. 140.

> Comme Whitney, Howard Ferguson possédait une large mesure d'humanisme et comme Whitney, il voulait adopter une politique plus généreuse à l'égard de la langue française tout en refusant d'établir un troisième réseau d'écoles dans la province (...)
>
> À plusieurs égards, c'est à l'honneur de l'esprit d'équité de Howard Ferguson et de ses amis qu'ils ont maintenu leur position devant beaucoup de provocation par ceux qui doutaient de leurs motifs et de leur intégrité [42].

Cette défense du règlement 17 est difficile à justifier. En réalité, les Franco-Ontariens avaient toujours voulu et cherché à apprendre l'anglais, un fait attesté par tous les rapports d'enquête et d'inspecteurs d'écoles depuis la décennie 1880. La majorité des écoliers francophones s'anglicisaient rapidement dans le Sud-Ouest et le Nord-Est de l'Ontario. La seule région où la place du français restait très forte était l'Est de l'Ontario, mais là aussi, tous voulaient sincèrement apprendre l'anglais et faisaient des progrès en ce sens d'année en année. Le problème ne se situait pas au niveau de la place du français dans la réglementation scolaire. Il se situait plutôt au niveau du manque de formation des maîtres pour ces écoles bilingues. Plusieurs rapports d'enquête en faisaient foi, mais le gouvernement provincial continuait de faire la sourde oreille à leurs recommandations à ce sujet. Enfin, l'interprétation que feront les tribunaux de la loi scolaire après 1912 ne fait que confirmer l'intention francophobe du législateur.

À la suite de l'adoption du règlement 17, il y a, aux yeux de la loi, deux catégories d'écoles ontariennes où s'enseigne le français, c'est-à-dire où on utilise le français comme langue de communication et d'instruction. La première catégorie est celle des *English-French Schools* ou écoles bilingues et ne sont écoles bilingues, d'après la stipulation du règlement 17, que celles qui sont désignées comme telles dans une publication annuelle du ministère de l'Éducation. Le règlement 17 ne s'applique qu'à ces écoles. La deuxième catégorie d'écoles où le français a droit de cité est celle où le français est enseigné, mais dans les seuls districts où prévaut la langue française. Cette dernière catégorie d'écoles tombe sous la coupe de l'ancien règlement 12. Cependant, aucune de ces écoles n'existe en réalité, car les tribunaux exigent que les francophones soient absolument majoritaires dans la section scolaire en question pour reconnaître la validité du règlement 12. Le sénateur Philippe Landry commente :

> Prenez, par exemple, le cas de Lancaster, où les Canadiens français avaient une école peuplée en presque totalité des enfants de leur race.

---

42. *Ibid.*, p. 109, 262, 263.

> Dans cette localité, le juge a déclaré que l'école n'était pas une école bilingue (parce que le Ministère ne l'avait pas déclarée telle) et, secondement, qu'elle ne tombait pas sous l'opération du règlement n° 12, parce que dans tout le district de Lancaster, ce n'était pas le français qui prévalait (...) Qu'il y ait séparation des classes ou non, nous demandons que les écoles bilingues ne soient pas simplement celles qu'un caprice ministériel fasse éclore et, nous ne voulons pas que la prévalence du français dans un district, exigée pour l'enseignement de cette langue dans l'école, devienne une condition impossible, précisément parce que l'on compare la population française (...) à toute la population anglaise, protestante et catholique, dans un même arrondissement [43].

C'est là une des raisons fondamentales de l'opposition farouche des Franco-Ontariens au règlement 17. Il est vrai que la lettre du règlement 17 permettait au ministre ou à l'inspecteur en chef des écoles de prolonger, à son bon plaisir, le temps consacré à l'étude du français, mais non l'utilisation du français comme langue d'enseignement et de communication ; cet usage était limité aux deux premières années du cours élémentaire. Cependant, l'école franco-ontarienne était assujettie, comme le disait Landry, à « un caprice ministériel », lequel risquait peu de se montrer généreux, dans la conjoncture de l'époque. De plus, l'échappatoire inscrit dans la loi depuis 1890, la clause « à moins que l'élève ne comprenne pas l'anglais », ne s'appliquait plus aux *English-French Schools* sujettes au règlement 17.

Une autre raison fondamentale justifiant l'opposition tenace des francophones était la pratique du double inspectorat imposée par le règlement 17. L'inspecteur des écoles tant séparées que bilingues (publiques ou séparées) est nommé par le gouvernement et jouit d'une autorité « suprême » dans les écoles. Le règlement 17 impose un système de double inspectorat aux écoles bilingues seulement et ce, dans le but de faire rentrer dans le rang les trois inspecteurs bilingues [44].

La bataille du règlement 17 fut longue et pénible. Suite à son refus répété d'obéir à la directive, le C.E.S.O. se vit refuser les octrois provinciaux en octobre 1913. Il cherche donc à émettre des obligations qui lui permettraient de financer la construction de nouvelles écoles,

---

43. Philippe Landry à C.H. Gauthier, Québec, le 2 mars 1917, fonds Règlement 17, A.A.O.
44. Robert CHOQUETTE, *Langue et religion...*, *op. cit.*, p. 173. Samuel Genest, « Le système scolaire de la province d'Ontario », 9p. et annexes, fonds C.E.S.O., A.A.O.

mais est empêché de ce faire par le parti irlandais-catholique du C.E.S.O., qui obtient de la Cour Suprême de l'Ontario une injonction intérimaire le 19 avril 1914, directive rendue permanente le 28 novembre 1914. C'est l'injonction Mackell qui restera en vigueur jusqu'en 1931. Le juge Lennox décrète que le C.E.S.O. doit se conformer en tous points à la loi ontarienne, laquelle est jugée *intra vires* et il ne peut verser de salaires aux enseignants qui refusent d'obtempérer au règlement 17. Ces derniers doivent plutôt être congédiés. Le 12 juillet 1915, le tribunal d'appel de la même cour rejette l'instance du C.E.S.O. qui contestait l'injonction. La mesure est renforcée par le juge en chef de la Cour Suprême de l'Ontario, Sir William Meredith, qui déclare le 18 novembre 1915, à la fois que le règlement 17 est valide et que la « P'tite commission » est juridiquement établie. Le comité judiciaire du Conseil privé de Grande-Bretagne fera de même pour ce qui est du règlement 17. Mais dans son jugement rendu le 2 novembre 1916, ce tribunal de dernière instance déclare l'institution de la « P'tite commission » *ultra vires* de la législature et réinstitue le C.E.S.O. déchu dans ses droits. Ce fut un point tournant dans ce long conflit.

Cette bataille rangée entre le gouvernement de l'Ontario, d'une part, et l'A.C.F.E.O. et le C.E.S.O., d'autre part, fut surtout le partage de l'Est de l'Ontario. Dans le Sud-Ouest, la résistance au règlement 17 fut beaucoup moins forte, à tel point qu'en 1917-1918, la seule école à résister est l'école n° 10 de Tilbury. Dans le Nouvel-Ontario plusieurs écoles résistent jusqu'en 1917-1919, mais l'absence d'octrois provinciaux réussit à en faire rentrer plusieurs dans le rang par la suite, de sorte qu'en 1923, « seulement une dizaine d'écoles continuent à résister à la mise en vigueur des règlements[45] » et ce surtout dans les endroits comme Sturgeon Falls, Chelmsford et Cobalt. Nous savons qu'à Sudbury et ailleurs on a réussi à s'accommoder du règlement 17.

Cette querelle interne entre catholiques irlandais et canadiens-français préoccupait beaucoup les hommes d'Église de l'Ontario, qui se divisaient en trois camps plus ou moins distincts. Aux deux extrêmes épiscopaux sont, d'une part, M.F. Fallon de London appuyé de D.J. Scollard de Sault Ste. Marie et, d'autre part, E.-A. Latulippe de Haileybury et, à compter de 1919, J.-B. Hallé de Hearst, deux Canadiens français « pure laine ». Pendant que William Macdonell d'Alexandria, M.J. Spratt de Kingston et T.J. Dowling de Hamilton se

---

45. Victor SIMON, *Le Règlement XVII: Sa mise en vigueur à travers l'Ontario, 1912-1927*, Sudbury, Société historique du Nouvel-Ontario, Université de Sudbury, 1983, Documents historiques n° 38, p. 37.

tiennent le plus souvent à l'écart du dossier français-anglais, les archevêques C.H. Gauthier d'Ottawa et Neil McNeil de Toronto cherchent, chacun à sa manière, à trouver une solution de compromis. C'est peine perdue. Il en est de même des documents pontificaux *Commisso divinitus* (8 septembre 1916) et *Litteris apostolicis* (7 juin 1918) de Benoît XV, qui ne réussissent pas à réconcilier les antagonistes, même s'ils imposent une certaine accalmie [46].

À la suite de la lettre *Commisso divinitus*, le cardinal Bégin incite Mgr Gauthier d'Ottawa à convoquer une réunion des évêques de l'Ontario au sujet des écoles bilingues [47]. En prévision de cette réunion du 24 janvier 1917, Mgr Arthur Béliveau, archevêque de Saint-Boniface, opine qu'il faudrait nommer un « rapporteur » ou conciliateur chargé de rapprocher les trois partis en cause, soit le gouvernement provincial, les Canadiens français et les catholiques anglophones :

> Si chacun reste sur ses positions la paix est impossible (...) Je crois que le rapporteur devra s'efforcer de trouver un moyen de conciliation dans la séparation complète des groupes partout où ils sont assez forts pour être séparés. Il s'agirait alors de trouver un *modus vivendi* pour les petits groupes où la séparation est impossible.
>
> Il y a vingt-cinq ans bientôt que je vis à l'Ouest et j'ai vu périr toutes les organisations qui ont voulu travailler sous une direction commune (bilingue) des groupes. Dès que l'organisation veut en arriver au travail pratique, elle vole en éclats. Pour ma part j'ai résolu de laisser à chaque groupe son autonomie propre et de m'efforcer de les mener parallèlement vers l'idéal catholique. Quand les groupements sont petits, ça marche ; il faut y mettre de la patience (...) mais c'est viable, mais dès que les deux factions sont un peu nombreuses il n'y a plus de paix possible que dans la séparation [48].

La paix dans la séparation

Répondant à la suggestion de Béliveau, Gauthier invite Mgr Neil McNeil de Toronto à servir de conciliateur. Ce dernier accepte, en indiquant qu'il faudra d'abord trouver un *modus vivendi* dans la ville d'Ottawa et préparer les esprits à une réconciliation générale. Il

---

46. L'auteur étudie ce dossier en détail dans *Langue et religion...*, *op. cit.*, c. VII, p. 199–225.
47. *Ibid.*, p. 207ss.
48. A. Béliveau à C.H. Gauthier, Saint-Boniface, le 6 décembre 1916, fonds Règlement 17, A.A.O.

demande à Gauthier de désigner un Canadien français modéré et raisonnable qui pourrait l'aider [49]. Gauthier désigne Mgr Latulippe de Haileybury.

McNeil ouvre sur-le-champ des négociations avec l'abbé M.J. Whelan, un des chefs des mécontents anglophones d'Ottawa. L'archevêque de Toronto fait part à Whelan de propositions provisoires convenues entre McNeil et Latulippe visant à rétablir la paix au C.E.S.O. Il s'agit de la division du C.E.S.O. en comités linguistiques distincts, chacun jouissant des pleins pouvoirs financiers sur les revenus du C.E.S.O., lesquels seraient répartis en proportion de l'assistance quotidienne moyenne des écoliers et non en proportion des impôts payés par chaque groupe linguistique de contribuables. Chaque comité serait responsable de l'embauche des maîtres et de la gestion de « ses » écoles, anglaises ou bilingues [50].

Whelan refuse la proposition, déclarant que la seule solution possible à l'imbroglio scolaire d'Ottawa est la séparation complète des francophones et des anglophones. McNeil est renversé par cette fin de non-recevoir.

> Doit-il être reconnu en public que l'Église catholique au Canada est incapable d'assurer un simple conseil scolaire à Ottawa composé de membres anglophones et francophones, quand les hommes publics du Dominion réussissent toujours à former les cabinets du Dominion avec des membres anglophones et canadiens-français ? Les chefs du Dominion doivent parfois utiliser des manières fortes pour tenir de tels cabinets en fonction ; mais ils le font et il est temps pour l'Église de montrer qu'elle peut faire quelque chose de beaucoup moins difficile. Il y a actuellement des centaines de professionnels et d'hommes d'affaires qui donnent temps et argent pour réunir les protestants de l'Ontario et les catholiques du Québec (...) La raison de tout ça, telle qu'exprimée par les protestants, est la conviction qu'à moins qu'on fasse quelque chose pour diminuer l'aliénation entre les deux races principales au Canada, l'unité nationale dans le Dominion sera compromise. Supposons qu'ils travaillent ainsi pendant quelques années et se voient obligés de dire : « Nous aurions pu enlever tout danger à l'unité nationale si les catholiques de Dominion avaient fait leur devoir comme catholiques plutôt que fomenter des schismes » (...)

---

49. Le 12 décembre 1916, MG 27/2, A.A.O.
50. N. McNeil à M.J. Whelan, Toronto, le 29 décembre 1916, MG 27/2, A.A.O. N. McNeil à C.H. Gauthier, Toronto, le 9 janvier 1917, MG 27/2, A.A.O.

> Les catholiques d'Ottawa ont déjà amené la législature de l'Ontario à adopter une loi affectant les écoles séparées, que le Conseil privé a dû déclarer invalide en raison de sa violation de nos droits constitutionnels. Assez ! Le temps du tripotage local et privé dans nos droits scolaires est révolu ou du moins devrait l'être. Des gens qui sont excités par des années de conflit ne peuvent régler la question eux-mêmes. Leur état mental est tel qu'ils ne peuvent voir qu'un côté de la question [51].

L'archevêque de Toronto déplore la perte d'influence de l'épiscopat provoquée par cette crise et dénonce l'insubordination des catholiques anglophones d'Ottawa :

> Les catholiques de langue anglaise d'Ottawa n'ont nullement l'intention de s'en remettre aux évêques de l'Ontario dans leur question scolaire. Ils vont la régler eux-mêmes avec le gouvernement ou tout démolir. En 1915 les évêques de l'Ontario formèrent un comité d'éducation doté d'un secrétaire-expert salarié pour s'occuper de toutes les difficultés scolaires. Les catholiques d'Ottawa se fichent tout à fait de ce comité des évêques.

---

51. N. McNeil à C.H. Gauthier, Toronto, le 4 janvier 1917, MG 27/2, A.A.O. (traduction de l'auteur).
« Must it be acknowledged publicly that the Catholic Church in Canada is powerless to secure a simple school board in Ottawa with English-speaking and French Canadian members, while the public men of the Dominion always succeed in forming Dominion cabinets with English-speaking and French Canadian members ? The Dominion leaders must sometimes use strong measures to hold such Cabinets together in working order ; but they do it, and it is time for the Church to show that she can do something infinitely less difficult. At present there are hundreds of business and professional men giving time and money in the cause of national unity by bringing Ontario Protestants and French Canadians of Quebec together (...) The motive of all this, as expressed by the Protestant men, is a conviction that "unless something is done to improve the drift of feeling between the two principal races in Canada, national unity in the Dominion may become endangered". Suppose they work along this line for some years, and then find themselves obliged to say : "We could have removed all danger to national unity if only the Catholics of the Dominion had done their duty as Catholics instead of forming schisms" (...) The Catholics of Ottawa already induced the Ontario Legislature to pass an Act affecting Separate Schools, which the Privy Council was obliged to declare invalid, because a violation of our constitutional rights. We want no more of that. The time for private and local interference with our school rights is ended, or at least should be ended. People who are worked up by years of conflict cannot settle the question in dispute themselves. Their mental state is such that they can see only one side of the issue. »

Ils demandent au gouvernement deux conseils des écoles séparées pour Ottawa. Le gouvernement ne peut le leur accorder. Vous pouvez prendre pour acquis que ce ne leur sera pas accordé [52].

Le *modus vivendi* tant recherché pour le C.E.S.O. se dérobe donc à nouveau devant le refus des contestataires anglo-catholiques d'Ottawa. La réunion des évêques de l'Ontario en janvier 1917 ne règle donc rien ; au contraire elle servira de tribune à Fallon dont le long mémoire, rendu public quatre mois plus tard, ranimera les animosités [53].

En ce janvier 1917, le C.E.S.O. est au bord de la banqueroute, ne pouvant payer ses enseignants et ne pouvant emprunter d'argent, puisque l'injonction Mackell (1914) lui interdit de le faire [54]. L'archevêque Gauthier demande donc aux contestataires de permettre la levée de l'injonction, mais en vain [55]. Leur conseiller juridique, John O'Meara, est convaincu que les « bilingues » veulent surtout des écoles raciales et veulent détruire le système des écoles séparées. Il demande à nouveau au ministre de l'Éducation « l'exclusion des droits de la langue française de notre système scolaire [56] ».

En ce début de 1917, l'imbroglio scolaire d'Ottawa semble aller de mal en pis. La majorité canadienne-française du C.E.S.O. avait accepté un conseil à moitié francophone jusqu'aux élections de décembre 1915. Mais voilà que la majorité des anglophones s'abstiennent de voter. Le C.E.S.O. ne comprend donc que quatre conseillers du parti anglais en

---

52. N. McNeil à C.H. Gauthier, Toronto, le 9 janvier 1917, MG 27/2, A.A.O. (traduction de l'auteur).
 « The English-speaking Catholics of Ottawa have no idea at all of deferring to the Bishops of Ontario in their school case. They are going to settle it themselves with the Government or else let things go to smash. In 1915 the Bishops of Ontario formed an Educational Committee with an expert paid secretary to attend to all current school difficulties. The Catholics of Ottawa have ignored this Committee of Bishops absolutely. They ask the Government to grant two Separate School Boards for Ottawa. The Government cannot grant their request. You may assume that it will not be granted. »
53. À ce sujet, voir notre *Langue et religion...*, *op. cit.*, p. 207–212.
54. N.-A. Belcourt à C.H. Gauthier, Ottawa, le 26 janvier 1917, MG 27/2, A.A.O.
55. J.J. O'Meara à C.H. Gauthier, Ottawa, le 12 février 1917, MG 27/2, A.A.O. O'Meara est le conseiller juridique du comité des anglophones catholiques, élu en 1914.
56. J.J. O'Meara au ministre de l'Éducation de l'Ontario, Ottawa, le 30 janvier 1917, MG 27/2, A.A.O.

1916 et trois seulement en 1917, alimentant à nouveau la haine du parti séparatiste qui est convaincu que son boycottage du C.E.S.O. l'aidera à obtenir la séparation légale. En avril, les négociations McNeil-Latulippe sont dans une impasse, le premier voulant qu'on accepte le règlement 17 et le dernier refusant catégoriquement de ce faire. Mgr Béliveau écrit, en mai 1917 :

> Que la faction irlandaise d'Ottawa fasse une proposition claire disant ce qu'elle veut pour effectuer une séparation qui seule pourra jamais ramener la paix. Elle a refusé une première fois les propositions de l'Association d'éducation (...) Elle a refusé avant notre première réunion du 24 janvier 1917 les propositions de Mgr de Toronto que nous avions acceptées en secret et que nous aurions acceptées en public. Que veut-elle ? L'acceptation pure et simple du règlement 17 par les Canadiens français peut-être ? C'est vouloir la lutte, c'est clair, l'écrasement des nôtres peut-être [57].

C'est donc l'impasse totale au C.E.S.O. en 1917, situation qui ne commence à s'améliorer qu'à la fin de 1918, suite à la fin de la Grande Guerre en Europe et à la parution de *Litteris apostolicis*. En 1919, des voix catholiques anglophones plus conciliantes commencent à se faire entendre à Ottawa.

La faction séparatiste du C.E.S.O. ne voulait pas démordre. Le 4 février 1919, elle écrit au lieutenant-gouverneur de l'Ontario pour obtenir un remède quelconque à la maladie scolaire outaouaise. Des pourparlers avec des officiers du ministère de l'Éducation font germer l'idée d'établir une nouvelle Commission scolaire catholique à Ottawa, organisme nommé par le gouvernement provincial conformément à une loi autorisant une telle mesure adoptée par le Parlement de l'Ontario en 1917 [58]. Dans une telle éventualité, les contribuables catholiques d'Ottawa pourraient choisir de verser leurs impôts soit au C.E.S.O. élu, soit à la Commission nommée. Les O'Meara et les Whelan sont à l'origine de cette mesure sollicitée par certains prêtres anglophones d'Ottawa [59].

Moins de trois mois plus tard, cependant, un autre groupe de prêtres anglophones catholiques d'Ottawa expédie une pétition différente au ministre de l'Éducation, demandant cette fois la sanction

---

57. A. Béliveau à C.H. Gauthier, Saint-Boniface, le 14 mai 1917, fonds Règlement 17, A.A.O.
58. 7 George V, chapitre 59.
59. J.J. O'Meara à C.H. Gauthier, Ottawa le 29 mai 1919, MG 27/2, A.A.O. *The Journal*, Ottawa, le 10 juin 1919.

légale pour la création à l'intérieur du C.E.S.O. de deux comités autonomes, c'est-à-dire le régime qui avait eu cours au C.E.S.O. entre 1887 et 1903. Le Père E.J. Cornell, o.m.i., dirige ce deuxième groupe, appuyé de D'Arcy Scott, mais c'est peine perdue. Le gouvernement refuse toujours de créer une autre catégorie d'écoles, des écoles « raciales [60] ».

La pétition Whelan provoque l'ire du président Philippe Landry de l'A.C.F.E.O., tandis que celle de Cornell fait de même pour John O'Meara et son groupe de séparatistes [61]. Mgr Gauthier intervient donc à nouveau, obtenant de Whelan la promesse d'accepter toute entente satisfaisante pour l'archevêque et le délégué apostolique [62]. C'était se soumettre à la politique adoptée par les archevêques du Canada réunis à Québec du 27 au 30 avril 1919, par laquelle la séparation des catholiques francophones et anglophones devait se faire, si possible. Bref, les archevêques du Canada présidés par le délégué apostolique endossaient la solution prônée par Arthur Béliveau, Élie-Anicet Latulippe et le C.E.S.O. de Samuel Genest.

Même si le gouvernement provincial a refusé de légiférer dans le sens demandé par Cornell, le bruit court à l'automne 1919 que la solution Cornell est fortement appuyée par Pietro di Maria et Gauthier. John O'Meara s'en dit outré, affirmant qu'il est inconcevable que la hiérarchie de l'Ontario, le délégué apostolique en tête, se range du côté de l'A.C.F.E.O. et des rebelles du C.E.S.O. [63].

Ainsi, en 1919 et 1920, la hiérarchie catholique réussit à promouvoir les efforts du curé oblat E.J. Cornell de la paroisse St. Joseph d'Ottawa, dans le sens de la réconciliation entre Canadiens français et Canadiens irlandais catholiques. Le C.E.S.O. en arrivera ainsi à une entente en 1920, assurant sa division en deux comités français et anglais, pour fins de régie interne. Les écoliers étaient également divisés selon la langue. De peine et de misère on avait retrouvé la paix dans ce dossier brûlant d'Ottawa. Restait à régler la question du règlement 17.

---

60. Le ministre de l'Éducation à E.J. Cornell, o.m.i., Toronto, le 22 mai 1919, MG 27/2, A.A.O.
61. Philippe Landry à Pietro di Maria, Ottawa, le 21 avril 1919, MG 27/2, A.A.O. J.J. O'Meara à C.H. Gauthier, Ottawa, le 10 mai 1919, MG 27/2, A.A.O.
62. C.H. Gauthier à Pietro di Maria, Ottawa, le 11 mai 1919, MG 27/2, A.A.O.
63. J.J. O'Meara à C.H. Gauthier, Ottawa, le 11 septembre 1919, MG 27/2, A.A.O.

Le démantèlement du règlement 17

L'esprit plus conciliant qui a cours en Ontario pendant la décennie 1920 facilitera la modification du règlement 17. La *Unity League* et les conférences de C.B. Sissons et N.-A. Belcourt, entre autres, accéléreront le processus [64], pour faire en sorte qu'en 1925 le premier ministre George Howard Ferguson cherche une manière d'améliorer, plutôt que d'éliminer les écoles bilingues. Il se rend compte qu'en plusieurs endroits, le règlement exécré n'est tout simplement pas observé par les Franco-Ontariens. Ferguson surprend donc tous les observateurs en déclarant devant la législature, en avril 1925, que ni lui ni le département d'Éducation n'étaient liés de façon indissoluble au règlement 17 [65]. En octobre 1925, il mettait sur pied une commission d'enquête chargée de trouver de meilleures méthodes pour assurer l'éducation des Franco-Ontariens en anglais. Le commissaire en chef est le directeur en chef de l'Éducation de l'Ontario, F.W. Merchant, aidé d'un orangiste, le juge J.H. Scott de Perth, et de l'avocat Louis Côté d'Ottawa.

Mandaté par une lettre de Ferguson, en date du 21 octobre 1925, pour examiner « les conditions dans les écoles des élèves francophones et dans lesquelles le français est un sujet d'étude ou un médium de communications et d'instruction [66] », la commission visitera 843 classes dans 330 écoles pendant deux ans et soumettra son rapport au gouvernement le 26 août 1927. Elle dénombre 450 écoles où le français est enseigné, 59% desquelles sont des écoles *English-French* ou bilingues, et 41% desquelles sont des écoles publiques ou séparées régies par le règlement 12.

Règle générale, le rapport Merchant juge sévèrement les écoles bilingues, tant au chapitre de l'apprentissage qui s'y fait en diverses matières (*e.g.,* anglais, français, arithmétique, etc.), qu'à celui des qualifications des maîtres et de la maîtrise de l'anglais qu'affichent ces derniers. Il enchaîne :

> La compétence dans l'usage d'une langue n'est sûrement pas un obstacle à l'obtention d'une compétence égale dans l'autre, pourvu qu'on adopte

---

64. Robert Choquette, *Langue et religion...*, op. cit., chapitre 8, p. 227–250.
65. Robert M. Stamp, *The Schools of Ontario, 1876–1976*, op. cit., p. 135.
66. F.W. Merchant, J.H. Scott et Louis Côté, *Report of the Committee Appointed to Enquire into the Condition of the Schools Attended by French-Speaking Pupils*, Toronto, The Legislative Assembly of Ontario, 1927, p. 3 (traduction de l'auteur).

les méthodes d'organisation et d'instruction convenables. On a trouvé des écoles de tous les genres dans lesquelles le français et l'anglais étaient utilisés avec une facilité égale (...) La plupart des enseignants maîtrisent suffisamment les deux langues (...) Un grand nombre d'enseignants francophones parlent l'anglais avec un accent français plus ou moins prononcé (...) Cinquante-huit enseignants connaissent si mal l'anglais qu'ils sont inaptes à enseigner dans les écoles. Trente-cinq de ceux-ci sont dans les écoles de Prescott et Russell, seize sont à Ottawa et trois dans Carleton et Dundas (...) Vingt-deux des enseignants ne pouvaient ni parler ni comprendre l'anglais [67].

Après avoir noté que les deux inspecteurs du gouvernement, prévus par le règlement 17, s'étaient vu refuser l'accès aux écoles bilingues d'Ottawa et à la plupart des écoles de Prescott et Russell et ce, depuis bon nombre d'années, Merchant décrit la situation linguistique dans les écoles.

> Dans les écoles séparées et publiques d'Essex et de Kent, l'anglais est utilisé presqu'exclusivement comme médium d'instruction dans les hautes classes, et (...) le français est le médium exclusif dans un petit pourcentage des classes élémentaires.
>
> Dans les écoles d'Ottawa, l'anglais n'est le médium exclusif dans aucune des classes. Le français est utilisé exclusivement dans les premières et secondes formes (1re à 4e années) et le plus souvent dans les classes supérieures (3e et 4e formes ou 5e à 8e années) également. Il en est de même dans les écoles séparées de Prescott et de Russell. À l'exception de quelques écoles, l'usage de l'anglais est minime. Les écoles publiques de ces comtés font un plus grand usage de l'anglais (...)
>
> Les écoles tant publiques que séparées dans les districts du Nord de l'Ontario montrent une gradation régulière dans la transition du français à l'anglais à mesure que les élèves avancent dans les classes (...) Dans les classes supérieures la langue d'instruction est surtout l'anglais. Il en est de même dans les écoles séparées de Carleton, Dundas, Glengarry et Stormont (...) Dans les sujets d'étude comme la lecture, la grammaire et la composition française, la langue d'instruction est toujours le français [68].

Ce diagnostic est suivi des recommandations de Merchant. Partant du principe que l'application de règlements généraux à des situations particulières est une matière de jugement personnel, les commissaires recommandent la création de deux nouveaux postes au ministère, celui de directeur de l'instruction anglaise, et celui de directeur de l'instruction

---

67. *Ibid.*, p. 15–20 (traduction de l'auteur).
68. *Ibid.*, p. 22 (traduction de l'auteur).

française. Les titulaires de ces postes seraient chargés de régler, en consultation avec les inspecteurs et les enseignants concernés, les problèmes à caractère linguistique dans les écoles. Il est recommandé d'abolir la catégorie d'écoles *English-French* qui est devenue, de fait, une nouvelle catégorie d'écoles à côté des écoles publiques et séparées. Le gouvernement devrait reconnaître franchement que le français peut être introduit comme sujet d'étude dans les écoles franco-ontariennes.

Les commissaires font valoir que le règlement 12, toujours en vigueur en 1927, est devenu lettre morte. Ce règlement stipule que

> dans les sections scolaires où la langue française ou allemande prévaut, le conseil scolaire peut, en plus du programme d'étude prescrit, exiger que l'instruction soit donnée en lecture, grammaire et composition françaises ou allemandes aux élèves pour lesquels les parents ou tuteurs demandent l'étude de l'une ou l'autre de ces langues et, dans tous les cas, les manuels autorisés français et allemands seront utilisés [69].

En effet, plusieurs Conseils scolaires voudraient introduire l'étude du français dans leurs écoles, mais le règlement ci-dessus exige que le français soit la langue dominante de la section scolaire en question, ce qui est rarement le cas en Ontario. Les commissaires recommandent donc que toute demande d'introduction du français dans une école publique ou séparée de l'Ontario soit soumise à un comité composé de l'inspecteur en chef des écoles, des directeurs de l'enseignement français et anglais et de l'inspecteur de l'école en question. Ils feront une recommandation au ministre de l'Éducation dont la décision sera finale.

La loi des écoles publiques de l'Ontario stipule que

> Il sera du devoir de chaque enseignant d'utiliser la langue anglaise dans son enseignement et dans toutes communications avec les élèves ayant trait à la discipline et à la gestion de l'école, excepté là où c'est impraticable parce que l'élève ne comprend pas l'anglais (section 87 (b)) [70].

La Commission Merchant juge qu'on ne doit pas changer cette loi qui est suffisamment souple pour permettre des variations. Affirmant que du point de vue pédagogique, la langue d'usage de l'enfant s'avère l'instrument le plus efficace pour ses premières années d'instruction, les commissaires déclarent qu'il est impossible d'appliquer uniformément

---

69. *Ibid.*, p. 26 (traduction de l'auteur).
70. *Ibid.*, p. 29 (traduction de l'auteur).

avec impartialité un règlement sur la langue d'instruction à tous les niveaux et dans toutes les écoles d'un réseau scolaire. Le seul moyen efficace de contrôler la langue d'enseignement et d'usage dans les écoles est la direction et la supervision personnelles. Il est donc recommandé que le même comité chargé d'approuver l'introduction de cours de français dans les écoles (voir ci-dessus) soit celui qui, sous l'autorité du ministre, approuve les procédures linguistiques à suivre dans les écoles individuelles de la province [71]. Ainsi serait levée l'hypothèque de contraintes uniformes imposées par le règlement 17.

Tout en rendant public le Rapport Merchant, le 22 septembre 1927, le ministre de l'Éducation et premier ministre, Howard Ferguson, annonce qu'il fait siennes ses recommandations. Les quinze années de lutte des Franco-Ontariens pour la reconnaissance de leurs droits scolaires sont terminées. Tant l'A.C.F.E.O. que le C.E.S.O. de Samuel Genest acceptent le rapport avec soulagement et s'en réjouissent [72].

---

71. *Ibid.*, p. 28-29 (traduction de l'auteur).
72. Edmond CLOUTIER, « Manifeste de l'Association... aux Franco-Ontariens », Ottawa, le 24 septembre 1927, 4p., MG 4/1, A.A.O. *Le Droit*, Ottawa, le 8 octobre 1927.

CHAPITRE 5

L'ÉCOLE BILINGUE, DE 1927 À 1950

Rassemblés en congrès général de l'A.C.F.E.O. les 17 et 18 avril 1928[1], les délégués des Canadiens français de l'Ontario ont raison de se réjouir. Les amendements apportés au règlement 17 en septembre 1927 fermaient un grand chapitre de leur histoire collective. Leurs demandes au sujet des écoles étaient exaucées ou promettaient de l'être dans un avenir rapproché : on obtenait l'enseignement bilingue pendant tout le cours élémentaire, une école de formation pour les instituteurs bilingues, un programme scolaire bilingue, des manuels, des examens, et des inspecteurs bilingues[2].

Les antagonistes d'antan n'étaient pas tous convertis pour autant. Bon nombre d'anglophones avaient accepté la nouvelle politique de Ferguson comme une méthode plus élastique pour arriver aux mêmes fins que celles du règlement 17. Ainsi, l'*Ottawa Journal* déclarait, au lendemain du célèbre amendement :

> La grande majorité en Ontario, protestants comme catholiques, souhaitent voir la langue anglaise dominer dans nos écoles. Le règlement 17 fut formulé pour protéger ce souhait tout en faisant justice aux enfants de langue française (...) La nature même des concessions implique que

---

1. Pour diverses raisons politiques et stratégiques, il n'y avait pas eu de congrès général de l'A.C.F.E.O. depuis 1923. Le prochain n'aura lieu qu'en 1934.
2. (N.-A. Belcourt), « Rapport du Comité exécutif de l'A.C.F.E.O. au Congrès de 1928 », 34p., MG 4/1, A.A.O.

l'anglais doive demeurer la langue dominante dans les classes avancées (...) L'idée que la langue française devrait avoir des droits complètement égaux à ceux de la langue anglaise est inacceptable (...).

La loi dit seulement que les enseignants *peuvent* utiliser la langue française dans leur enseignement. Les conseillers scolaires peuvent l'interdire (...) Il y eut une clameur continuelle contre le règlement 17, fomentée à la fois par ceux qui prétendent que le français doit jouir de droits égaux à ceux de l'anglais dans les écoles de l'Ontario et par les politiciens libéraux (...) Le règlement 17 fut conçu pour protéger les catholiques anglophones, lesquels se sont avérés ses défenseurs les plus résolus (...) La vraie racine du problème fut la visée de racistes fanatiques d'imposer le bilinguisme en Ontario fondé sur les droits égaux du français et de l'anglais dans toutes les écoles de la province [3].

Le Droit d'Ottawa remettait toujours à ces journaux la monnaie de la pièce en continuant de pourfendre les Irlandais catholiques, évêques inclus, lesquels avaient « perdu leur langue et ils voudraient nous entraîner au même désastre [4] ». Des chefs franco-ontariens, comme le Père Arthur Joyal, o.m.i., ne se gênaient pas outre mesure pour prêcher la conquête de l'Ontario par les Canadiens français. Celui-ci déclarait à Montréal, en 1936 :

À noter l'enchaînement de nos groupes qui menacent d'encercler le centre de l'Ontario et par suite, d'étouffer ceux qui redoutent et avec raison notre *french domination* pour un avenir plus ou moins rapproché. Nos masses françaises du Nord, surtout, finiront par peser si lourdement sur celles du centre et du sud de l'ancien Haut-Canada que, de part et d'autre, l'on songera peut-être à une scission en vue d'ériger une nouvelle province en grande majorité française [5].

La formation des enseignants

Au tournant du vingtième siècle, il y a trois voies pour la formation des enseignants en Ontario. Le candidat à un brevet de première classe doit détenir le baccalauréat avant de s'inscrire aux Facultés d'Éducation des universités Queen's ou de Toronto, lesquelles décernent le diplôme après un ou deux semestres d'étude. Intérimaire pendant les deux premières années d'enseignement, ce brevet autorise

---

3. *The Ottawa Journal*, Ottawa, le 23 septembre 1927 (traduction de l'auteur).
4. *Le Droit*, Ottawa, les 8 février et les 14, 24 et 25 novembre 1927.
5. (Arthur Joyal, o.m.i.), Causerie, Montréal, le 19 janvier 1936, fonds A.C.F.E.O., C2/168/2, C.R.C.C.F.

son détenteur à enseigner dans les *high schools* ou *collegiate institutes*. Devenu permanent après deux années, ce brevet rend apte au poste de directeur de ces écoles secondaires.

Le brevet de deuxième classe s'obtient après quatre années d'études secondaires et 10 mois dans une École Normale ou *teachers college*.

La troisième voie d'accès à la carrière d'enseignant est celle des brevets de troisième classe, lesquels sont tous limités à cinq ans et ne peuvent devenir permanents. Ce brevet s'obtient après deux années de cours secondaire et un stage d'un an dans une école pédagogique, ou école modèle. Quand un Conseil scolaire ne réussit pas à obtenir des enseignants brevetés, il peut obtenir, sur recommandation de l'inspecteur, un permis ou une lettre de permission du ministre valable pour une année seulement [6].

Aucune institution ontarienne ne forme les enseignants bilingues ou francophones avant l'ouverture de l'école modèle de Plantagenet en 1890. Une école modèle n'est pourtant qu'un pis-aller pour la formation des maîtres, car ce n'est qu'une école élémentaire où l'apprenti-enseignant est surveillé dans son enseignement par le directeur de l'école. Le gouvernement Whitney est à tel point convaincu de son inutilité, qu'il ferme 40 de ces écoles en 1906 et n'autorise le maintien que de celles qui sont situées dans les coins les plus reculés de la province [7]. Le gouvernement s'attend à ce que l'École Normale devienne la voie d'accès à l'enseignement pour la grande majorité des maîtres.

Devant les revendications accrues des instituteurs bilingues de l'Ontario pendant la première décennie du siècle [8], le gouvernement accepte de fonder de nouvelles écoles modèles bilingues. Ainsi naissent les *English-French Model Schools* d'Ottawa (1908), Vankleek Hill (1908) et Sturgeon Falls (1909), celle de Plantagenet ayant fermé ses portes en 1901. L'école modèle d'Ottawa, fondée à la demande de Mgr Duhamel, ouvre à l'étage de l'école Guigues, d'où elle se déplace vers la maison mère des sœurs grises en 1911 et ce, jusqu'en 1926, année où elle ferme ses portes. Quand le gouvernement provincial décrète l'abolition de toutes les écoles modèles en 1936, il ne reste que celle

---

6. (Samuel Genest), « Le système scolaire de la province d'Ontario », Ottawa, novembre-décembre 1916, MG 27/2, A.A.O.
7. Robert M. STAMP, *op. cit.*, p. 77.
8. Voir Sœur PAUL-ÉMILE, *Les Sœurs Grises de la Croix...*, *1876–1967*, Ottawa, Maison mère, 1967, p. 83ss.

d'Embrun (déplacée de Vankleek Hill en 1927), celle de Sturgeon Falls ayant fermé en 1935 [9].

Jusqu'en 1927, il n'y a donc aucune école de formation pour les enseignants des écoles bilingues, exception faite de l'école de pédagogie de l'Université d'Ottawa (voir ci-dessous). Les écoles franco-ontariennes, dépourvues de ressources humaines et financières, importent donc en nombres progressivement plus élevés, des enseignants du Québec, en l'occurrence des religieux et des religieuses ; ces derniers obtiennent pour la plupart des brevets de troisième classe ou des certificats temporaires. Certaines religieuses cherchent pourtant à améliorer leurs qualifications professionnelles. En 1902, Mgr Duhamel et les évêques de l'Ontario avaient refusé à deux religieuses l'autorisation de s'inscrire au *Ottawa Teachers College*, prétendant que les religieux n'étaient pas sujets à de telles exigences professionnelles en raison de la protection confessionnelle de l'Acte de l'Amérique du Nord britannique [10]. En 1905, certaines religieuses réussissent pourtant à décrocher un brevet de deuxième classe en s'inscrivant à des cours d'été du même collège. Cinquante sœurs grises répètent le geste à l'été de 1907, pendant que 75 sœurs grises, filles de la Sagesse et ursulines se méritent des brevets de troisième classe à la suite de cours d'été offerts à la maison mère des sœurs grises. Enfin, en 1908, des religieuses s'inscrivent pour la première fois aux cours réguliers de l'*Ottawa Teachers College*, et ce avec la bénédiction de Mgr Duhamel [11], les tribunaux ayant stipulé que les enseignants « religieux » devaient se soumettre aux mêmes exigences professionnelles que les laïques.

Conformément à la politique linguistique provinciale, la formation des enseignants avant 1927 préparait les candidats à professer un programme scolaire axé sur la disparition du français à brève échéance. La majorité des enseignants francophones s'abstenait donc de s'inscrire à ces Écoles Normales, ce qui résultait dans une pénurie de personnel qualifié dans les écoles bilingues. Les deux rapports Merchant (1912 et 1927) en font foi.

---

9. *Ibid.*, Robert CHOQUETTE, *Langue et religion...*, *op. cit.*, p. 74ss. Robert M. STAMP, *op. cit.*, Lucien BRAULT, *Histoire des Comtés-Unis de Prescott et de Russell*, L'Orignal, Conseil des comtés unis, 1965, p. 158-159. Révérende mère Marie de Jésus, « L'éducation à Sturgeon-Falls. École Saint-Joseph », dans Société historique du Nouvel-Ontario, *Histoire de Sturgeon Falls*, Sudbury, Société historique du Nouvel-Ontario, 1946, p. 39-42.
10. Voir à ce sujet notre *Langue et religion...*, *op. cit.*, p. 74ss.
11. Sœur PAUL-ÉMILE, *op. cit.*, p. 85ss.

Voulant offrir une solution de rechange, l'A.C.F.E.O. demandait en 1923 à l'Université d'Ottawa de fonder une École Normale destinée à préparer les enseignants des écoles bilingues. L'Université acceptait. Inscrivant à l'origine une vingtaine d'étudiants, la nouvelle école de pédagogie formait près de 70 enseignants pendant ses cinq premières années d'existence. Ce fut une œuvre des oblats, le gouvernement provincial refusant jusqu'en 1927 de la reconnaître comme École Normale officielle pour la formation des enseignants des écoles bilingues[12]. La nouvelle institution allait tôt faire preuve de son efficacité. En 1936, pendant que plus de 100 élèves y sont inscrits, les écoles élémentaires bilingues de l'Ontario comptent un personnel enseignant de 1 225 personnes, dont 149 détiennent des brevets de première classe, 718 de deuxième classe, 284 de troisième classe et seuls 70 des brevets temporaires. Le tiers de ces personnes sont des clercs, soit deux prêtres, 60 frères et 360 religieuses[13]. L'école franco-ontarienne est désormais munie d'un pilier fondamental.

La consolidation de l'école bilingue

Pendant le quart de siècle qui suivra l'amendement du règlement 17 en 1927, les Franco-Ontariens chercheront à consolider leurs écoles bilingues.

Au C.E.S.O., l'entente de 1920, en vigueur depuis le 1er janvier 1921, faisait en sorte que deux comités, français et anglais, géraient les écoles de leurs groupes linguistiques respectifs. En 1926, 30 442 contribuables francophones du C.E.S.O. et 20 655 anglophones élisent 11 conseillers scolaires de langue française et sept de langue anglaise. Un petit groupe d'Irlandais catholiques, dirigé par l'abbé J.J. O'Gorman, curé de la paroisse Blessed Sacrament d'Ottawa, cherche toujours à obtenir la séparation légale des deux groupes linguistiques, mais en vain. On attend toujours que soit levée l'injonction MacKell.

C'est alors qu'éclate au C.E.S.O. une nouvelle crise qui aura tôt fait de prendre une allure ethno-linguistique. Les classes de garçons du C.E.S.O. sont dirigées par les frères des Écoles chrétiennes et les frères du Sacré-Cœur, tandis que les classes de filles sont confiées aux sœurs

---

12. N.-A. BELCOURT, « Rapport... », Ottawa, le 17 avril 1928, MG4/1, A.A.O.
13. (Arthur Joyal, o.m.i.), Causerie, Montréal, le 19 janvier 1936, C2/168/2, C.R.C.C.F.

grises, aux sœurs St. Mary et aux dames de la Congrégation [14]. Lors de la division des sœurs grises d'Ottawa en deux communautés distinctes (1926), le C.E.S.O. ne donne pas de contrat d'enseignement à la nouvelle communauté sécessionniste de langue anglaise. Cette nouvelle bataille durera jusqu'en 1928 et attisera à nouveau la controverse ethno-linguistique [15].

En 1930, alors qu'il compte 22 conseillers, dont 13 francophones et neuf anglophones, le C.E.S.O. est à nouveau l'arène de débats animés, car l'entente officieuse qui créait deux comités linguistiques distincts est devenue lettre morte et le restera pendant longtemps. En 1950, suite à l'adoption d'une loi provinciale réduisant le nombre de conseillers du C.E.S.O. de 26 à 9, les commissaires conviennent à l'unanimité qu'à compter de janvier 1951, cinq des leurs seront francophones et quatre anglophones. La présidence du C.E.S.O. alternera à tous les deux ans, pendant qu'il en sera de même de la présidence des comités de régie, de finance et des bâtiments. Cette entente à l'amiable doit rester en vigueur pendant dix ans et est confiée à la garde de l'archevêque d'Ottawa. Ce n'était qu'un nouveau chapitre dans une longue guérilla ethno-linguistique entre « frères » chrétiens.

Dans la péninsule du Niagara, le peuplement francophone ne devient significatif que lors de la Grande Guerre (1914-1918), quand les directeurs d'une filature de Montmorency, Québec [16], ouvrent une succursale à Welland, Ontario. Les autres industries, telles les usines d'acier ou de munitions, attirent également la main-d'œuvre, de sorte qu'en 1920 on compte 80 familles et, en 1923, 150 nouvelles familles canadiennes-françaises à Welland. Elles s'ajoutent à quelque 2 000 autres habitants d'origine française dans la péninsule.

Des pourparlers tenus par l'évêque de Saint-Hyacinthe et l'archevêque de Toronto font qu'en 1920 l'abbé Rosario-Charles Tanguay est chargé de fonder la première paroisse de langue française à Welland. Cette paroisse du Sacré-Cœur sera suivie d'une deuxième à St. Catharines, dirigée par l'abbé Georges Hamel. En effet, l'attraction de ce cœur industriel de l'Ontario pour la main-d'œuvre ne cessera de croître pendant le reste du vingtième siècle, de sorte que bon nombre de francophones s'y retrouveront tôt ou tard. La langue française

---

14. (Samuel Genest) à Pie XI, Ottawa, le 18 octobre 1926, C2/150/4, C.R.C.C.F.
15. Voir à ce sujet Robert CHOQUETTE, *Langue et religion...*, *op. cit.*, p. 240-245.
16. L'*Empire Cotton Mill Ltd.*

résonnera dans des villages comme Chippewa, Thorold, Port Colborne, Niagara Falls, Welland, etc.

Dès son arrivée, l'abbé Tanguay se préoccupe de la scolarisation de « ses » enfants. En 1920, la cinquantaine d'écoliers canadiens-français sont inscrits à l'école publique qui fonctionne uniquement en anglais. Tanguay songe donc à fonder une école bilingue indépendante, car « je tiens, dit-il, à ce que mes enfants acquièrent une connaissance à peu près égale du français et de l'anglais [17] ». Après six années de démarches et de croissance des effectifs scolaires, l'abbé Tanguay apprend que le Conseil scolaire de Welland (public) lui accorde trois institutrices bilingues ; elles doivent être munies du brevet de deuxième classe. Abouché avec l'A.C.F.E.O., Tanguay réussit à trouver le personnel voulu, dont M. Robert Gauthier (voir ci-dessous). Dix années plus tard (1936), l'école élémentaire *Empire Annex* à Welland compte 188 élèves canadiens-français qui étudient mi-temps en français et mi-temps en anglais. Tout le personnel de l'école est francophone, le directeur et ses cinq assistants étant diplômés de l'École Normale de l'Université d'Ottawa. Les « patriotes » franco-ontariens pouvaient s'en dire satisfaits [18].

Une des raisons qui expliquent le changement de la politique scolaire en Ontario en 1927 est le phénomène des écoles libres fondées à tour de rôle à Green Valley (1916–1923), Windsor (1922–1928) et Pembroke (1923–1927). Ces écoles bilingues indépendantes devaient se suffire sans la moindre aide de l'État. Elles furent créées dans les centres où les conseils scolaires, publics ou séparés, refusaient la moindre concession à l'enseignement français. L'argent viendra de campagnes de souscriptions de l'Association catholique de la jeunesse canadienne-française du Québec (1923), de l'A.C.F.E.O., d'activités locales (bingos, etc.), en plus de certains frais payés par les parents. La place faite au français à compter de 1927 permet à ces écoles de disparaître.

Pendant les décennies 1930 et 1940, la campagne de consolidation des écoles bilingues servira à changer les écoles de la péninsule du Sud-Ouest. Dès septembre 1928, le Conseil des écoles séparées de

---

17. R.-C. Tanguay à Edmond Cloutier, Welland, le 16 février 1920, C2/221/8, C.R.C.C.F.
18. Les paragraphes portant sur Welland sont fondés sur la correspondance de l'abbé R.-C. Tanguay, C2/221/8, C.R.C.C.F.

Windsor (désormais C.E.S.W.) divise ses écoles en trois catégories : écoles françaises, écoles pour Canadiens français anglophones et écoles pour anglophones [19].

Le décès de l'évêque de London, Mgr M.F. Fallon, en février 1931 et la nomination d'un successeur plus francophile, Mgr J.T. Kidd (1931-1950), permet à l'A.C.F.E.O. d'intensifier la promotion du français dans la péninsule du Sud-Ouest. En 1931, les sœurs des Saints Noms de Jésus et de Marie, qui y dirigent huit écoles élémentaires bilingues, sont invitées par l'A.C.F.E.O. à bilinguiser leur école secondaire, l'Académie Sainte-Marie de Windsor. La supérieure générale s'en dit bien aise, à condition que les étudiants et leurs parents le veuillent. Devant les instances réitérées de l'A.C.F.E.O. pour obtenir un programme bilingue à cette académie, la supérieure générale explique :

> Veuillez croire que la question du français dans nos écoles d'Ontario recevra toujours ma constante sollicitude et je crois avoir fait mon possible en donnant des maîtresses bilingues capables de réhabiliter notre langue ou de lui remettre sa place d'honneur dans nos écoles (...) où le français et l'anglais sont enseignés parallèlement.
>
> Quant à notre Académie Sainte-Marie de Windsor, je serais très heureuse de la voir « s'orienter de plus en plus vers une mentalité française, catholique et patriotique ». Nous aurons meilleur espoir d'y réussir quand nos élèves de langue française seront plus nombreuses et qu'elles trouveront des avantages et un côté pratique dans la culture bilingue (...)
>
> Nos élèves de langue française sont en très petit nombre et (...) nous sommes obligées pour les avoir, d'accorder beaucoup de protection et de réductions.
>
> Comment imposer à la grande majorité un programme d'étude qui ne rencontrerait ni leurs désirs, ni leurs besoins, ni leurs aptitudes ? Nos sœurs s'efforcent d'inspirer à nos compatriotes l'amour, le goût, le souci de leur langue ; elles n'y réussissent pas toujours ; (...) cette année j'avais nommé, pour l'Académie, une sœur qui se serait occupée uniquement de l'enseignement du français ; mais aucune élève ne s'est présentée [20].

Sur ces entrefaites, Robert Gauthier est nommé inspecteur des écoles séparées bilingues à Windsor. Fervent de « la cause » franco-ontarienne, Gauthier s'attelle sur-le-champ à la promotion du français

---

19. J.-L. Racicot à H.-R. Allard, Windsor, le 26 septembre 1928, C2/233/3, C.R.C.C.F.
20. Sœur Marie-Odilon à N.-A. Belcourt, Outremont, le 5 novembre 1931, C2/223/3, C.R.C.C.F.

dans cette région limitrophe de l'Ontario français. Il devient président du Club LaSalle de Windsor qui, depuis 1931, veille à placer, sans frais, sept ou huit jeunes dans les écoles secondaires et collèges bilingues de l'Ontario. En janvier 1936, les deux inspecteurs des écoles séparées du coin, MM. Gauthier et Melady, sont chargés par le C.E.S.W. de faire enquête sur l'opportunité d'enseigner plus de français dans ses écoles. On découvre que les parents de plus de 1 000 enfants, inscrits dans les classes unilingues anglaises, voudraient des cours de français pour leurs rejetons. Le C.E.S.W. prévoit donc 11 nouvelles classes bilingues dès septembre 1936; elles sont placées sous la juridiction de Robert Gauthier.

Enchanté de cette victoire, Robert Gauthier est nommé directeur général de l'enseignement français en Ontario, à compter du 1er juin 1937. Il reviendra à ses successeurs, à Windsor, d'avaler la pilule de la fermeture de classes bilingues. En effet, en 1947, soucieux d'économiser, le C.E.S.W. ferme neuf classes dont six bilingues et le sénateur Gustave Lacasse d'écrire: « C'est toujours dans les classes bilingues que le nombre des élèves est le moins considérable, grâce à la négligence d'un trop grand nombre de parents canadiens-français [21]. » En effet, tous les efforts des chefs franco-ontariens ne réussissent pas à endiguer le flot de l'anglicisation des Canadiens français du Sud-Ouest. La vague semble irréversible [22].

Le deuxième plus ancien centre francophone de l'Ontario est dans le comté de Simcoe, sur la baie Georgienne. L'ancienne terre de mission des jésuites de la Nouvelle-France résonne à nouveau du verbe français à compter de 1828, alors que quelque 75 familles de voyageurs élisent domicile près du poste naval de Penetanguishene [23]. D'autres Canadiens français viendront y planter leur tente après 1840; ils viennent surtout de Batiscan, de Joliette et de Vaudreuil-Soulanges [24].

En 1889, l'école publique du village de Penetanguishene est devenue exclusivement anglaise, quoique plus de la moitié des élèves soient d'origine française. Dans le canton de Tiny, comté de Simcoe,

---

21. (Gustave Lacasse), *La Feuille d'Érable*, Tecumseh, Ontario, le 30 octobre 1947.
22. Les paragraphes ci-dessus, sur les écoles du Sud-Ouest, sont fondés surtout sur le fonds C2/223/4, C.R.C.C.F.
23. Voir à ce sujet Robert CHOQUETTE, *L'Ontario français... op. cit.*, p. 96.
24. Daniel MARCHILDON, *De Coureur de Bois à Quoi? L'histoire de la Franco-Huronie...*, Penetanguishene, Centre d'Activités Françaises, 1980, texte photocopié, 158p.

trois écoles accueillent une majorité d'élèves francophones et ont des maîtres francophones, qui livrent leur enseignement surtout en anglais. Dans ces quatre écoles, 156 des 198 élèves inscrits sont francophones, mais s'anglicisent rapidement [25]. Le français ne redevient pas un sujet d'étude dans l'école publique de Penetanguishene avant 1928, année de sa reconnaissance officielle comme école bilingue. L'adoption d'un programme bilingue sera redevable tant au curé Brunelle des paroisses de Lafontaine et de Penetanguishene, qu'aux efforts des sœurs de Sainte-Croix qui remplaceront les sœurs de Saint-Joseph, communauté surtout de langue anglaise. L'école secondaire publique de Penetanguishene est tout à fait anglophone et n'affiche un programme enrichi d'étude du français (*special french*) qu'à compter de 1933. En 1949, l'école élémentaire publique de Penetanguishene compte 21 classes, dont 16 bilingues. Les francophones de l'endroit y voient le signe d'une amélioration certaine, quoique l'assimilation à la langue anglaise continue bon train [26].

À Toronto, les progrès de l'école française sont plutôt lents. À la suite de la fondation de la paroisse française du Sacré-Cœur en 1887, l'école séparée du Sacré-Cœur fut fondée en 1890 pour accueillir 76 élèves. Elle devient exclusivement anglaise, quand les parents demandent, en 1928, d'en faire une école bilingue. On y aménage donc deux classes anglaises et trois classes bilingues, en attendant une bilinguisation plus complète de son programme, en 1941 [27]. Les francophones de la ville-reine devront attendre la deuxième moitié du siècle pour jouir de services français plus complets.

Les progrès modestes notés ci-dessus seront accompagnés de gains analogues à l'échelle provinciale. Lors de sa campagne contre le règlement 17, l'A.C.F.E.O. s'était rendu compte de l'importance de fournir une solution de rechange au programme scolaire anglais du ministère de l'Éducation. À une ébauche de programme scolaire bilingue émis en 1911, l'A.C.F.E.O. ajoute donc, en mai 1925, un programme bilingue complet pour l'usage des écoles élémentaires. La brochure de 50 pages

> comprend un exposé des principes de l'enseignement bilingue et de l'organisation pédagogique des écoles bilingues, un programme spécial de

---

25. Robert CHOQUETTE, *L'Église catholique...*, *op. cit.*, p. 305, Appendice L, p. 346.
26. Les paragraphes ci-dessus, sur les écoles de la Huronie, sont fondés surtout sur le fonds C2/214/4, C.R.C.C.F.
27. Ce paragraphe est fondé sur le fonds C2/220/2, C.R.C.C.F.

catéchisme, de français, d'histoire du Canada, les méthodes pédagogiques du bilinguisme pour l'enseignement de toutes matières du cours primaire et une liste de manuels à l'usage des maîtres et des élèves [28].

Ce programme portera fruit dans les années suivantes.

Un autre dossier agaçant pour les éducateurs franco-ontariens est celui de l'examen officiel provincial auquel sont soumis tous les élèves à la fin du cours élémentaire. Cet examen d'entrée à l'école secondaire (*entrance examination*) était donné exclusivement en langue anglaise, hypothéquant par le fait même tout enseignement français préalable dans les années du cours élémentaire. Le gouvernement provincial refusait de modifier cette exigence. L'A.C.F.E.O. organisa donc, en juin 1924, une réunion des conseillers scolaires franco-ontariens.

> Les commissions scolaires y décidaient de ne plus faire passer l'*entrance* à leurs élèves, de travailler immédiatement à l'établissement de V^e et de VIe cours dans les centres principaux et de faire une propagande active pour engager les parents à ne pas envoyer leurs enfants dans les cours préparatoires aux écoles modèles du gouvernement.
>
> De son côté, l'Association s'engageait à obtenir l'affiliation de ces V^e et VIe cours paroissiaux à l'Université d'Ottawa où les élèves, garçons et filles, passeraient leurs examens et obtiendraient, à la fin de leur cours secondaire, le diplôme de l'immatriculation de l'Université. Ce diplôme permettait aux garçons qui le voulaient de continuer leur cours classique à l'Université et aux jeunes filles d'entrer à l'École de pédagogie, fondée l'automne précédent et destinée à nous fournir des professeurs compétents dans l'enseignement bilingue.
>
> Afin de constater les connaissances académiques nécessaires à l'admission à ce cours secondaire, (...) l'A.C.F.E.O. forma un Bureau d'examinateurs des écoles bilingues. Ce bureau devait préparer les examens de fin de cours primaire pour toutes les matières, présider aux examens et voir à la correction des copies. Ces examens remplaceraient l'*entrance* officiel et seraient la condition d'admission aux cours secondaires bilingues. Le Bureau des examinateurs devait de plus préparer des examens de promotion pour tous les degrés du cours primaire. Ces examens de promotion avaient pour but de faciliter le classement des élèves et d'élever le niveau de l'enseignement.
>
> Le Bureau des examinateurs bilingues se mit immédiatement à l'œuvre (...) Le 11 juillet 1925, il avait le très grand plaisir d'annoncer dans *Le Droit*, que plus de 225 candidats avaient heureusement subi le premier examen bilingue de fin du cours primaire qui ait jamais été passé dans nos

---

28. (N.-A. Belcourt), « Rapport du Comité exécutif... de 1929 », p. 9, MG4/1, A.A.O.

écoles (...) Par cette manœuvre, nous avons éloigné nos enfants de l'*entrance* officiel, des cours secondaires unilingues du gouvernement et des écoles modèles unilingues.

En 1926, les examens bilingues ont nécessité la création de 25 centres d'examens où se sont présentés environ 350 élèves [29].

C'était chercher à ériger tout un système d'écoles secondaires en plus du programme de la formation des enseignants tout à fait en marge du ministère de l'Éducation. L'engagement en ce sens témoigne de la fermeté et de la persévérance des chefs franco-ontariens dans leur longue épreuve de force avec le gouvernement de l'Ontario. Encore à ce chapitre, les effets bénéfiques de ces gestes se feront sentir dans les années subséquentes. Ainsi, dès 1928, les examens *entrance* du ministère sont administrés dans les deux langues dans les écoles bilingues de l'Ontario, la moitié des treize matières d'examen faisant l'objet d'examens en langue française [30].

La consolidation de l'école française après 1927 fut l'occasion pour plusieurs chefs franco-ontariens de s'illustrer. Soulignons ici le nom de Robert Gauthier, jeune diplômé (B.A. et L.Ph.) de l'Université d'Ottawa et de l'*Ontario College of Education* de Toronto, où il décroche un brevet de première classe. Grâce aux bons offices de l'A.C.F.E.O., Gauthier se mérite un premier poste d'enseignant à Welland (1926) [31], d'où il sera successivement promu inspecteur des écoles séparées bilingues à Windsor et directeur général de l'enseignement français en Ontario. Robert Gauthier présidera à cette consolidation de l'école franco-ontarienne pendant trois décennies et ce, en étroite collaboration avec l'A.C.F.E.O.

L'école secondaire

Auparavant connue sous le nom de *grammar school*, l'école secondaire en Ontario prend les noms de *high school* ou de *collegiate institute*, avec la loi scolaire de 1871. L'école élémentaire, publique ou séparée, inclut les huit premières années de scolarisation. Ce n'est cependant qu'au vingtième siècle que l'école secondaire prend toute son importance aux yeux des Ontariens. Le nombre de ces écoles

---

29. *Ibid.*, p. 11-14.
30. N.-A. Belcourt, Circulaire, Ottawa, le 21 juin 1928, MG4/1, A.A.O.
31. Fonds C2/221/8, C.R.C.C.F.

augmente donc rapidement pendant toute la première moitié du vingtième siècle (voir tableau 10).

En raison de la répartition surtout rurale de la population et du nombre restreint d'écoles secondaires au dix-neuvième siècle, les règlements qui font suite à la loi scolaire de 1871 permettent aux écoles élémentaires, publiques et séparées, d'ouvrir des cinquièmes et sixièmes cours (9e à 12e année) dans leurs établissements. Des lois scolaires de 1896, 1899 et 1902 donnent une garantie statutaire à ces *continuation classes* pour les conseils scolaires dépourvus d'école secondaire dans leurs municipalités ou section scolaire; une loi de 1908 subdivise ces classes de continuation en écoles de continuation (*continuation schools*) et en cinquième cours (*fifth classes*). Le ministre de l'Éducation, l'Honorable R. Pyne, déclare à la législature:

> Les écoles de continuation seront, à toute fin pratique, des écoles secondaires rurales et (...) se chiffrent déjà à plus d'une centaine (...) Les autres soi-disant classes de continuation, qui se chiffrent à plus de trois cents, (...) font en réalité du travail de cinquième cours [32].

Un des buts de la loi de 1908 est d'interdire aux conseils des écoles séparées la fondation d'écoles de continuation, ce qui est confirmé par une loi de 1909 qui interdit la fondation de telles écoles dans les districts des écoles secondaires, lesquels districts vont s'élargissant, pouvant inclure plus d'une vingtaine de sections d'écoles élémentaires. La loi de 1909 définit une école de continuation comme une « école publique », mais une nouvelle loi de 1913 la définit comme une école secondaire (*high school*) et assujettit sa fondation à l'approbation du ministre de l'Éducation. Les lois de 1908, 1909 et 1913 retiraient donc à toutes les écoles élémentaires, publiques ou séparées, le droit de fonder des écoles de continuation ou des écoles secondaires, ne leur laissant que l'autorisation de fonder des cinquièmes cours (9e et 10e année [33]). Les écoles publiques (*non denominational*) s'en accommoderont fort bien, mais les écoles séparées catholiques vont crier à l'injustice.

Pendant la décennie 1920, la rareté des écoles secondaires et la valorisation accrue des études post-secondaires firent en sorte que le nombre d'écoles de continuation et de cinquième cours augmente

---

32. Cité dans Robert T. DIXON, *The Ontario Separate School System and Section 93 of the British North America Act*, Toronto, Ontario Separate School Trustees Association, 1976, p. 56 (traduction de l'auteur).
33. *Ibid.*, p. 56–58.

rapidement. Les premières se chiffrent à 189 en 1923 et à 220 en 1930, pendant que les cinquièmes cours qui se retrouvent dans 431 écoles en 1920 sont dans 1 316 écoles en 1930 [34].

C'est dans une telle conjoncture que les conseillers des écoles séparées de l'Ontario contestent, devant les tribunaux, le droit du gouvernement de leur interdire la fondation d'écoles secondaires dans le réseau des écoles séparées et le droit du même gouvernement de taxer les contribuables catholiques pour le soutien d'écoles secondaires non-confessionnelles. Le Conseil des écoles séparées de la section scolaire n° 2 dans le canton de Tiny, comté de Simcoe, inscrit l'instance qui franchira toutes les étapes judiciaires entre 1926 et 1928. Les plaignants invoquent la loi Scott (1863) et l'article 93 de l'A.A.N.B., alléguant qu'ils sont lésés dans leurs droits constitutionnels, car l'interdiction de fonder des écoles secondaires portait préjudice à leurs droits scolaires confessionnels protégés en 1867. Les plaignants demandent également une répartition plus équitable de l'argent mis à la disposition des conseils scolaires. Les tribunaux de l'Ontario rejettent l'instance, la Cour Suprême du Canada est divisée moitié-moitié et le comité judiciaire du Conseil privé du roi de Grande Bretagne, le plus haut tribunal du pays, rejette l'instance. À moins de changements législatifs en Ontario, le gouvernement provincial est donc dans ses droits [35]. Victorieux dans l'arène politique en 1927, les franco-catholiques sont donc déboutés par les tribunaux en 1928.

Nous avons signalé ci-dessus qu'à compter de 1924, les Franco-Ontariens œuvrent à la mise à pied de leur propre réseau d'écoles secondaires catholiques. La motivation est à la fois linguistique, culturelle et religieuse.

À Sudbury, dès 1926, le C.E.S.S. affiche un programme scolaire, des examens et un cinquième cours bilingue. Le conseiller scolaire Félix-A. Ricard hésite à mettre sur pied un sixième cours, comme certains le voudraient [36]. À Ottawa,

> les jeunes garçons qui ont suivi le cours primaire bilingue, passé l'examen d'entrée bilingue, fréquenté les Ve cours bilingues sont reçus ensuite dans des VIe cours bilingues. À la fin de ce cours ils passent l'immatriculation de l'Université d'Ottawa. S'ils sont heureux à cet examen, ils sont admis soit à l'Université où ils peuvent continuer leur cours classique ou bien

---

34. Robert M. STAMP, *op. cit.*, p. 124.
35. The Board of Trustees of... Tiny VS. The King, Privy Council Appeal n° 158 of 1927, jugement rendu le 12 juin 1928, MG27/2, A.A.O.
36. F.-A. Ricard à l'A.C.F.E.O., Sudbury, le 30 décembre 1926, C2/218/1, C.R.C.C.F.

à l'École de pédagogie s'ils désirent devenir professeurs. Nos jeunes filles suivent la même filière. Arrivées à la fin de leur VIe cours, elles entrent à l'École de pédagogie pour devenir institutrices ou bien elles passent à l'un de nos couvents de la ville d'Ottawa où elles sont libres de poursuivre leurs études jusqu'au baccalauréat [37].

L'A.C.F.E.O. s'enorgueillit du fait que des sixièmes cours existent à Ottawa et à Hawkesbury et elle se propose d'en créer d'autres, à Rockland, par exemple. Ces sixièmes cours sont affiliés à l'Université d'Ottawa. Ce réseau d'écoles secondaires parallèles se maintiendra jusqu'en 1968 sous la forme d'écoles secondaires privées, dirigées quasiment sans exception par des communautés religieuses. La plupart de ces classes seront incorporées au réseau des écoles secondaires publiques en 1969. Les cinquièmes cours, ou 9e et 10e années, qui sont subventionnés par l'État, deviendront une partie importante et permanente de plusieurs conseils des écoles séparées en Ontario, en attendant la loi 30 de 1985 qui autorise le parachèvement du réseau des écoles séparées jusqu'en 13e année inclusivement.

Le jugement rendu par les tribunaux dans le cas Tiny sera l'occasion pour le C.E.S.O. de réaffirmer ses droits dans l'éducation secondaire. À l'époque, la ville d'Ottawa est desservie par trois écoles secondaires publiques (*Glebe Collegiate, Lisgar Collegiate, Ottawa Technical School*), auxquelles s'ajoutent le *High School of Commerce* (1929). En 1929, elles abritent 3 372 élèves de jour, dont quelque 20% sont catholiques. La proportion de ces derniers a baissé depuis l'ouverture en 1929 de deux nouvelles écoles secondaires catholiques, soit le collège St. Patrick et l'école secondaire Immaculata qui accueillent respectivement 140 garçons et 60 filles en 1929 [38].

Les francophones d'Ottawa sont desservis à l'époque par l'école secondaire de l'Université d'Ottawa, l'académie De La Salle, le couvent des Sœurs de la Congrégation de Notre-Dame et le couvent du Sacré-Cœur, institutions dirigées respectivement par les oblats, les frères des Écoles chrétiennes les dames de la Congrégation et les sœurs grises. Jusqu'en 1926, seuls le couvent du Sacré-Cœur et l'académie font partie du C.E.S.O., mais la décision des frères, en 1926, d'aligner leur programme sur celui du ministère de l'Éducation résulte en l'accréditation par le C.E.S.O. d'un cours secondaire de l'Université d'Ottawa. Ainsi, l'académie De La Salle, qui jusqu'en 1926 n'offrait à ses élèves

---

37. Officiers de l'A.C.F.E.O. à F.-A. Ricard, Ottawa, le 27 décembre 1926, C2/218/1, C.R.C.C.F.
38. Jean Genest au C.E.S.O., Ottawa, le 7 juin 1930, MG27/2, A.A.O.

qu'un diplôme d'école privée, peut désormais offrir les diplômes d'immatriculation junior et sénior de la province de l'Ontario. Pour ce faire, l'Académie ajoute un cours de latin à son programme, nouveauté qui indispose les dirigeants de l'Université d'Ottawa, institution qui se faisait fière d'accentuer les sciences humaines gréco-latines, laissant aux frères un programme scolaire d'allure plus «commerciale». De complémentaires qu'elles étaient, ces deux écoles secondaires masculines deviennent donc concurrentes. L'Université ayant refusé, dès 1921, d'affilier l'académie, celle-ci doit donc faire cavalier seul afin de favoriser l'avenir de ses diplômés. De là, la demande d'accréditation par le ministère de l'Éducation de l'Ontario.

Des dirigeants du C.E.S.O., Samuel Genest en tête, associent le geste de l'académie à une trahison des intérêts franco-ontariens, car les finissants de l'académie seront soumis aux examens de la province de l'Ontario. Le 15 septembre 1926, ils autorisent donc un cours concurrent à l'école secondaire de l'Université d'Ottawa, c'est-à-dire que le C.E.S.O. y défraiera les coûts du Ve cours pour ses diplômés. Encore un an et, à compter du 1er septembre 1927, le C.E.S.O. centralise son V^e cours de langue française pour garçons à l'Université et ferme par le fait même ces mêmes classes tenues jusqu'alors dans les écoles Guigues, Brébeuf, Saint-Jean-Baptiste et De La Salle. Toutes ces dernières sont dirigées par les frères qui décident de maintenir le Ve cours à l'académie, mais à leurs frais. Les choses en restent là jusqu'en 1931, en dépit d'une lutte sourde menée par les deux camps tant dans les coulisses que par la voix des journaux.

À compter de septembre 1931, l'Université perd son monopole, le C.E.S.O. choisissant à nouveau la décentralisation du Ve cours pour garçons. La nouvelle politique est adoptée par une majorité de conseillers scolaires, groupe composé tant de francophones que d'anglophones. C'est que les conseillers anglophones cherchent à faire accréditer la nouvelle école secondaire anglaise *Immaculata*, en plus des écoles secondaires *St. Patrick* et de l'Université d'Ottawa. Ils font donc front commun avec les partisans de l'académie et réussissent à rescinder la convention de l'Université. Cette alliance avec le parti irlandais-catholique vaudra aux amis de l'académie la condamnation et la haine des «patriotes». Ce sont des traîtres et des vendus [39]. En fin

---

39. Voir à ce sujet Louis TREMBLAY, «L'Académie De-La-Salle d'Ottawa au XXe siècle : problèmes d'accréditation et clientèle scolaire», thèse inédite de M.A., Université d'Ottawa, 1969, 144p. DUFOUR, Frère Gérard-C., «L'Académie De-La-Salle, Ottawa, 1899–1971», s.l., s.d., s.é., 87p. Fonds MG27/2, A.A.O.

de compte, les deux institutions masculines réussiront à se maintenir en dépit de l'émulation qui marque l'une comme l'autre.

Ainsi, jusqu'en 1968 inclusivement [40], les Franco-Ontariens qui poursuivent leurs études au-delà du cours élémentaire peuvent choisir le *high school* anglais et ainsi s'angliciser. S'ils poursuivent leurs études en français en Ontario, ils s'inscrivent à l'une ou l'autre de ces écoles secondaires dirigées par les clercs, où les 9e et 10e années sont subventionnées par les conseils scolaires séparés ; les années subséquentes d'étude se font dans le cadre de l'école privée et aux frais de l'usager.

La religion dans l'école publique

Tout en se voulant non confessionnelle (*non denominational*), l'école publique fondée par Egerton Ryerson dans la décennie 1840 se proclamait chrétienne. Il aurait été inconcevable, à l'époque, qu'il en soit autrement. Entre 1871 et 1875, la morale chrétienne fait partie du programme d'études des élèves de la 7e à la 10e année. Aboli comme sujet distinct en 1875, le cours de morale est remplacé par des prières et des exercices optionnels de piété, lesquels sont mis à l'ordre du jour par la grande majorité des écoles [41].

Dans la décennie 1880, la polarisation entre catholiques et protestants atteint un nouveau palier en Ontario. En 1882, le ministère de l'Éducation retire du programme d'études le poème « Marmion » de Walter Scott. Puisque Mgr J.J. Lynch de Toronto avait ouvertement critiqué le poème, opinant qu'il faussait l'histoire de l'Église du Moyen Âge, les sentinelles du protestantisme à Toronto prétendaient que Lynch avait exercé une influence indue sur le ministère. Une deuxième controverse éclata deux années plus tard, en 1884, quand le ministre de l'Éducation George W. Ross donna suite aux pressions des protestants voulant rendre obligatoire la lecture de passages de la Bible à l'école. Il est donc décrété que la journée scolaire commencera par des prières et

---

40. Les amendements à la loi scolaire, adoptés en 1968, donnent pour la première fois une garantie statutaire au français dans l'école élémentaire et secondaire de l'Ontario. Des écoles secondaires polyvalentes françaises seront donc fondées dans le réseau des écoles publiques et non séparées, à compter de 1969.
41. Adam CROOKS, « Further Memorandum on the subject of Religious Instruction in the Public Schools », Toronto, le 2 avril 1878, MG/27/2, A.A.O.

des lectures de textes bibliques. Une anthologie de tels textes est préparée et divers chefs d'Églises sont consultés avant d'autoriser la publication du florilège. Quand les « vrais » protestants apprennent que le ministre Ross a accepté l'amendement d'un mot dans le texte du « Notre Père », à la suggestion de Mgr Lynch, la bataille reprend de plus belle. *The Mail* de Toronto dénonce la Bible à la Ross, forçant le ministère à céder et à publier, en 1887, une anthologie plus complète de textes bibliques [42].

Rappelons que dans les deux dernières décennies du dix-neuvième siècle, certains grands débats nationaux contribuent à la polarisation entre Canadiens français et anglais. Signalons l'affaire Riel (1885), suivie comme une traînée de poudre par l'élection du gouvernement d'Honoré Mercier au Québec en 1886, l'adoption par ce dernier de la loi des biens des jésuites en 1888, la formation de l'*Equal Rights Association* de D'Alton McCarthy en 1889 et enfin, la législation manitobaine abolissant tant ses écoles confessionnelles que le français comme langue officielle de la législature et des tribunaux. En Ontario, les catholiques en prennent pour leur rhume lors des campagnes électorales générales de l'Ontario en 1886, 1890 et 1894 [43]. Ils se réfugient de plus en plus dans l'école séparée, quoiqu'il y aura toujours un certain nombre de catholiques qui fréquenteront l'école publique, laquelle se veut toujours ouverte à tous, mais chrétienne.

L'enseignement religieux dans l'école publique atteint un nouveau palier en 1944, à la suite de l'élection, l'année précédente, du nouveau gouvernement conservateur de George Drew. Ce dernier s'est engagé à faire de l'instruction religieuse une partie intégrale du programme d'études des écoles élémentaires et, dès septembre 1944, une heure par semaine est consacrée à l'étude de l'Écriture sainte. Il n'y eut que 40 des plus de 5 000 Conseils scolaires de l'Ontario qui demandèrent d'être dispensés de ce cours pendant la première année de sa mise en œuvre [44]. Cette école publique ontarienne « très chrétienne » allait se maintenir jusqu'en 1969, quand le rapport de Keiller MacKay se fit l'écho de la sécularisation et du pluralisme de la société ontarienne de l'après-guerre. On opterait désormais pour des cours d'éthique ou de morale « non-confessionnels » au lieu de cours de doctrine chrétienne.

---

42. Robert M. STAMP, *op. cit.*, p. 28-29.
43. Voir Franklin A. WALKER, *Catholic Education and Politics in Ontario*, Volume II, Toronto, Federation of Catholic Education Associations of Ontario, 1964, 1976.
44. Robert M. STAMP, *op. cit.*, p. 181.

L'école catholique

Dans un jugement de 1915 le juge en chef Sir William Meredith de la Cour Suprême de l'Ontario déclarait :

> La manière moderne d'appliquer l'expression courte « écoles publiques » aux *écoles publiques générales* qui s'appelaient auparavant « écoles communes » ou « écoles d'union » et ce de façon plus appropriée ; et d'appliquer le nom court « écoles séparées » aux *écoles publiques particulières* séparées des écoles générales par la loi des écoles séparées, n'est pas une excuse pour mal comprendre la vraie nature de toutes et chacune, celle d'écoles publiques, maintenues dans l'intérêt populaire pour le bien commun [45] (soulignements de l'auteur).

Cette école publique particulière qu'est l'école séparée en Ontario est devenue, en cette fin du vingtième siècle, presque sans exceptions une école catholique romaine.

Nous savons qu'au dix-neuvième siècle, l'attitude des évêques catholiques de l'Ontario face à l'école séparée variait selon l'époque, les individus et la conjoncture politique et scolaire [46]. Au vingtième siècle, la politique des dirigeants d'Église est beaucoup plus uniforme. Elle se résume dans le mémoire que les évêques remettaient à la commission Hope, en 1946 :

> Les catholiques ont toujours maintenu qu'il ne peut y avoir de vraie religion sans éducation et qu'il ne peut y avoir de vraie éducation sans religion (...) À une époque et dans un pays où l'avancement et la diffusion d'habiletés et de connaissances séculières ont été spectaculaires de façon sans précédents, il existe une nouvelle condition de la population (...) : le manque de connaissances religieuses. (...) Les libertés raisonnables des minorités devraient être respectées (...) À ce sujet nous exprimons nos sympathies avec les aspirations légitimes, avec le grand nombre de Canadiens français dans plusieurs parties de l'Ontario qui veulent éduquer leurs enfants dans leur langue et leur culture traditionnelles, en reconnaissant le besoin d'une connaissance suffisante de la langue anglaise et de la pleine harmonie avec les institutions britanniques en cette province de langue anglaise (...)
>
> Nous croyons que la religion est nécessaire à la morale, laquelle est également nécessaire à la société (...) En l'absence de la religion, les enseignants sont devenus tristement conscients de l'absence d'un principe

---

45. *Ontario Law Review*, 1915, p. 630 (traduction de l'auteur).
46. Voir Robert CHOQUETTE, *L'Église catholique...*, op. cit., c. 10, « L'Église et l'école », p. 281-312.

régulateur et unificateur dans le programme scolaire (...) En l'absence de Dieu, il y aura un autre objet de culte (...) La liberté des parents de protéger l'éducation religieuse de leurs enfants est une des libertés humaines les plus précieuses [47].

À la fin du dix-neuvième siècle, l'école séparée fut l'objet de bruyantes controverses, soit en raison de la question linguistique que plusieurs distinguaient mal de la question religieuse, soit en raison de l'anticatholicisme qui avait cours à l'époque. Les controverses tournaient autour de la loi manitobaine abolissant ses écoles confessionnelles, de la prétendue « influence indue » des catholiques sur le gouvernement Mowat ou sur la question du scrutin secret dans l'élection de conseillers aux écoles séparées. En effet, une loi provinciale de 1894 permettait le scrutin secret lorsque la demande venait des conseillers et des contribuables du conseil scolaire en question. La direction de l'Église catholique (*e.g.,*, Mgr J.J. Lynch, Mgr J.V. Cleary, *The Catholic Record*) s'était opposée à cette innovation, mais en vain [48].

L'école publique, qui se voulait ouverte à tous et non confessionnelle, n'obligeait pas l'élève catholique (ou autre) à lire la Bible ou à réciter des prières communes, si ses parents s'y objectaient. Cet élève était cependant tenu, comme tout autre, d'observer les autres règlements de l'école et de lire les livres et manuels prescrits, ce qui occasionnait bon nombre de plaintes par des catholiques qui s'objectaient à un passage ou l'autre dans certains manuels. Dans ces cas, ils avaient le droit d'en appeler à l'inspecteur et enfin au ministre.

La montée de la méfiance entre protestants et catholiques, francophones et anglophones, fit en sorte qu'un nombre croissant d'écoles bilingues passaient du réseau public au réseau séparé, au tournant du siècle. Cherchant à contrer l'hémorragie, le ministre de l'Éducation interdisait en 1891 tout transfert de propriété d'un conseil scolaire public à un conseil scolaire séparé, contrairement à ce qui se pratiquait régulièrement auparavant.

L'influence du clergé sur les écoles augmente d'année en année, comme l'indiquent les controverses au C.E.S.O. dans la décennie 1890 et la fermeté de Mgr Duhamel, devenue intransigeance au début du vingtième siècle. En effet, cet archevêque qui œuvrait depuis un quart

---

47. Alexandre Vachon, Mémoire des évêques de l'Ontario à la Commission Hope, Toronto, le 7 septembre 1946, fonds C.E.S.O., A.A.O.
48. Voir F.A. WALKER, *op. cit.*, c. 3, p. 60–81.

de siècle en faveur de l'école séparée[49] en est venu à refuser tout compromis avec l'école publique. Ainsi, à l'occasion de sa visite pastorale à la paroisse Saint-Joseph d'Orléans, le 2 août 1900, Duhamel refuse les sacrements à un groupe de paroissiens qui persistent à supporter une école publique dans leur village. Vingt-cinq paroissiens portent donc leur cause en appel devant le délégué apostolique. Ce dernier reconnaît que les requérants ont apporté de bons arguments relativement au site de l'école, à la compétence des maîtres, etc. Mais « il faut (...) avant tout que les catholiques de Saint-Joseph d'Orléans se déclarent décidés à soutenir les écoles séparées[50]. » La requête n'a donc réussi qu'à renforcer la position de Duhamel. Six ans plus tard, ce dernier autorise le retour au bercail d'un des pétionnaires aux conditions suivantes :

> S'il a toutes ces bonnes dispositions, alors vous devez exiger qu'il signe un écrit par lequel il reconnaît la grande faute qu'il a commise en ne soutenant pas l'école séparée et le scandale qu'il a donné ; il demande pardon de ce scandale, il promet de soutenir l'école séparée et de ne pas envoyer ses enfants à l'école publique et il autorise le curé à lire publiquement au prône de la messe paroissiale, le susdit écrit. Cet écrit devra être signé devant un ou deux témoins qui signeront comme tels. Après avoir signé tel écrit, le signataire peut être admis aux sacrements[51].

Les catholiques anglophones semblent sur la même lancée, car l'archevêque de Kingston rapporte en 1901 que 4 000 des 6 000 écoliers catholiques de son diocèse sont inscrits aux écoles séparées. Les 2 000 autres sont dans les écoles publiques, parce qu'il n'y a pas d'école séparée dans leur région. Mgr Gauthier ne compte que 20 écoliers dans les écoles publiques, là où des écoles séparées existent[52]. L'école séparée a donc le vent dans les voiles dès le début du siècle.

Assujetties à des Conseils scolaires élus par les contribuables, les écoles séparées sont de fait fortement influencées par le clergé et particulièrement par les évêques. C'est une autorité morale, mais très réelle, que ces derniers exercent. La situation se complique du fait de la proportion croissante de religieux et de religieuses parmi les enseignants et de la grande indépendance dont jouissent les communautés religieuses face au conseil scolaire. Certains s'en plaignent ouvertement dès 1892, lors des débats entourant le rapport, voulu confidentiel, de l'inspecteur

---

49. Robert CHOQUETTE, *L'Église catholique...*, *op. cit.*, c. 10, p. 281–312.
50. D. Falconio à A. Motard, Ottawa, le 28 mars 1901, fonds Romain, A.A.O.
51. J.-T. Duhamel à A. Motard, Ottawa, le 12 mars 1907, A.A.O.
52. C.H. Gauthier à D. Falconio, Kingston, été 1901, fonds Romain, A.A.O.

White. White juge que les enseignants du C.E.S.O. changent trop souvent; des conseillers scolaires en conviennent, mais disent n'avoir aucun contrôle sur les frères et les sœurs. S'ils cherchent à s'imposer, l'archevêque leur damera le pion [53]. Pour sa part, le curé M.J. Whelan de la paroisse St. Patrick écrit à Mgr Duhamel:

> Quand ils font affaire aux enseignants « religieux », les conseillers scolaires sont impuissants et les supérieurs des sœurs et des frères le savent trop bien et sont portés à en prendre avantage. Par ailleurs, il y a des choses qui ne peuvent être communiquées au conseil scolaire avec espérance de changements ou sans crainte de scandale. Un tel incident eut lieu en juin dernier (...) Une délinquance semblable par des enseignants laïcs les aurait exclus de la profession [54].

Les communautés religieuses jouissent en effet d'une grande indépendance des évêques. Ces derniers devront ainsi tolérer longtemps le refus catégorique des frères des Écoles chrétiennes de s'inscrire aux Écoles Normales provinciales, en raison du trop grand nombre de femmes présentes dans ces institutions. Les frères y voient une occasion prochaine de péché, tandis que les sœurs n'y voient pas de problème. Par ailleurs, ces dernières refuseront de faire la classe aux « grands garçons », peut-être pour des motifs semblables.

Le cheval de bataille le plus important pour les évêques dans le dossier scolaire est celui du financement équitable de ces écoles. Cette « école publique particulière » des catholiques de l'Ontario reçoit la portion congrue depuis ses origines. La question de l'école secondaire mise à part, le manque à gagner des écoles séparées résulte surtout du fait que les impôts scolaires payés par les corporations et les compagnies d'utilité publique vont pratiquement tous aux conseils des écoles publiques générales.

Les revenus d'un conseil scolaire proviennent de deux sources, celle des octrois provinciaux et celle des impôts locaux cueillis par la municipalité au nom du Conseil scolaire. Ces impôts locaux sont des taxes foncières payées tant par les propriétaires particuliers que par les compagnies, corporations, sociétés de la couronne, etc. Dès les années 1850 et 1860, les catholiques ont réussi à régler le problème des listes de contribuables et celui de la double imposition pour les contribuables des écoles séparées. Ils n'avaient pas cependant prévu la très grande

---

53. *The Evening Journal*, Ottawa, le 3 février 1892. Plusieurs catholiques au rédacteur dans *La Patrie*, Montréal, le 13 septembre 1892.
54. Le 29 novembre 1892, MG 27/2, A.A.O. (traduction de l'auteur).

importance que prendraient les compagnies et corporations publiques, c'est-à-dire celles qui avaient des parts sur le marché et étaient donc devenues la propriété d'une foule d'actionnaires anonymes. La loi Scott de 1863 voulait reconnaître l'équité à ce chapitre, comme le voulait une loi des Écoles séparées de 1886 [55]; cette dernière autorisait le conseil d'administration d'une corporation à répartir ses impôts scolaires au bénéfice des conseils d'écoles séparées dans la proportion du nombre d'actionnaires catholiques dans la corporation. Cette loi de 1886 allait rester lettre morte, car il était le plus souvent impossible de préciser la proportion d'actionnaires catholiques dans une corporation.

Dans la décennie 1930, des efforts soutenus par des catholiques allaient donner des résultats de courte durée. Le *Catholic Taxpayers Association* de Martin J. Quinn regroupait des représentants de toutes les régions de l'Ontario, francophones inclus, et œuvrait pour obtenir des changements législatifs. Le nouveau gouvernement libéral de Mitch Hepburn (1934) accéda à certaines de leurs demandes. Le 9 avril 1936, la Législature adopta une nouvelle loi qui obligeait les corporations à répartir leurs paiements d'impôts scolaires en proportion de la religion de leurs actionnaires. Quand il s'avérera impossible de préciser cette proportion d'actionnaires, la corporation répartira son argent selon la proportion de catholiques et de protestants dans la population de la municipalité en question. La loi ne parle pas des impôts des compagnies d'utilité publique (*e.g.*, Hydro Ontario, *et al.*). S'étant cependant vite rendu compte que la loi était impraticable et impopulaire, le premier ministre Hepburn la révoqua une année après son adoption [56].

L'injustice financière à l'égard de ces « écoles publiques particulières » que sont les écoles séparées augmente à mesure que nous avançons dans le vingtième siècle. Les 19 pour cent d'écoliers de niveau élémentaire inscrits aux écoles séparées en 1911 sont devenus 29 pour cent en 1971. À Ottawa, ce manque d'argent est une raison importante qui explique la longue et virulente controverse entre catholiques anglophones et francophones au C.E.S.O. En 1913, le taux d'imposition du C.E.S.O. est devenu le double de celui du conseil scolaire public d'Ottawa, c'est-à-dire 10 $ contre 5 $ du mille dollars d'évaluation foncière [57]. Ça incite un nombre croissant de catholiques anglophones

---

55. 49 Victoria, c. 46.
56. F.A. WALKER, *op. cit.*, p. 406–476. Robert M. STAMP, *op. cit.*, p. 153-154.
57. En 1907, donc avant que le gouvernement provincial ne retire ses octrois au C.E.S.O. (1913), les taux d'imposition à Ottawa sont de 6,5 millièmes pour les contribuables du conseil scolaire public et de 8,5 millièmes pour les contribuables du C.E.S.O.

à devenir contribuables du Conseil scolaire public, plutôt que séparé, rendant la situation encore plus difficile pour le C.E.S.O.

Menacé de banqueroute imminente, le C.E.S.O. a la vie sauve quand l'archevêque d'Ottawa intervient dès 1921 pour assumer les paiements des intérêts sur les prêts dont le C.E.S.O. ne peut s'acquitter. Ce geste sera répété à quelques reprises jusqu'en 1936, la corporation épiscopale autorisant une paroisse ou l'autre à garantir des emprunts du C.E.S.O. qui continue à souffrir d'une sérieuse pénurie de fonds. Même si 49% des écoliers (10 225) du niveau élémentaire à Ottawa sont inscrits aux écoles du C.E.S.O. dans la décennie 1930, ce Conseil scolaire ne reçoit des impôts fonciers que sur une évaluation de 27 millions de dollars, tandis que le conseil scolaire public jouit d'une base de plus de 130 millions de dollars en évaluation foncière. Ces chiffres se traduisent par des revenus d'impôts de 397 820 $ pour le C.E.S.O. contre 970 400 $ pour le conseil public, c'est-à-dire que ce dernier reçoit plus du double de l'argent pour instruire le même nombre d'étudiants [58]. La raison principale de l'écart est que le C.E.S.O. reçoit moins de quatre pour cent de l'argent des impôts payés par les compagnies. Il en est de même partout en Ontario. Ainsi, à Windsor, au lendemain de la deuxième guerre mondiale (1939-1945), la *Ford Motor Company* paye plus de 110 000 $ en taxes scolaires et la *Bell Telephone Company*, plus de 15 000 $. Le Conseil des écoles séparées de Windsor n'en touche pas un sou. Il en résulte que les conseils scolaires séparés doivent toujours hausser leur taux d'imposition sans nécessairement régler leur problèmes pour autant. Ainsi, depuis 1915 environ, le C.E.S.O. affiche un taux d'imposition de 14,8 millièmes contre un taux de moins de 8,0 millièmes pour le conseil public. Il ne réussit tout de même pas à éviter la banqueroute et sa mise en tutelle par la Commission des affaires municipales de l'Ontario en 1942. À l'époque (1944), les écoliers du C.E.S.O. sont francophones dans une proportion de 60%[59]. Le Conseil paye à ses enseignants un salaire moyen de 725 $ l'an, contre 2 000 $ l'an au Conseil scolaire public.

Ce qui rend la situation encore plus gênante pour les Conseils scolaires séparés est le nombre appréciable de catholiques qui choisissent d'être contribuables des écoles publiques plutôt que des écoles séparées.

---

58. Catholic Taxpayers' Association of Ontario, « The Ontario Separate School Question », schedule A, 1935, MG27/2, A.A.O.
59. John J. CONNOLLY, « Brief presented on behalf of the board of trustees... to The Royal Commission on Education... », Ottawa, le 20 février 1946, MG27/2, A.A.O.

Nous savons que des évêques comme Mgr de Charbonnel et Mgr Duhamel punissaient un tel comportement par le refus des sacrements. Les évêques du vingtième siècle auront tendance à être moins durs à l'égard de ces « âmes perdues », dont le nombre augmente au même rythme que l'écart entre le fardeau fiscal des contribuables des conseils scolaires publics ou séparés.

À Ottawa, par exemple, on ne compte que 76 catholiques qui sont contribuables des écoles publiques dans la décennie 1880. Il y en a cependant 262 en 1913, 1 050 en 1919, 1 346 en 1929, 2 042 en 1941 et 2 500 en 1950. Pendant les 31 années entre 1919 et 1950, l'évaluation immobilière totale des catholiques devenus contribuables du conseil scolaire public d'Ottawa passe de 3 284 462 à 6 656 524 $, ce qui signifie un manque à gagner de l'ordre de 53 000 $ en 1928 et de 93 000 $ en 1950 pour le C.E.S.O. qui a un budget annuel de l'ordre de 600 000 $ [60].

À la demande du C.E.S.O., les archevêques d'Ottawa interviennent régulièrement auprès de leurs fidèles pour les ramener au bercail de l'école séparée, la seule école jugée acceptable par les dirigeants de l'Église. En février 1929, Mgr Guillaume Forbes ira même jusqu'à annoncer le refus des sacrements aux irréductibles [61]. Divers circulaires, avertissements et lettres pastorales, pendant toute la première moitié du siècle, n'auront cependant que des succès mitigés. La grande majorité des catholiques, délinquants aux yeux de l'Église, le resteront, incitant le curé Myrand d'Ottawa à écrire à Mgr Alexandre Vachon en 1940 :

> Malheureusement l'autorité religieuse n'a pas suivi la discipline de Mgr Duhamel qui lui, obligeait ses curés à refuser les sacrements à tout catholique qui supportait les écoles publiques (...) Aujourd'hui, l'autorité a écrit bien des lettres, mais ça n'a servi à rien (...) Cela continuera et augmentera (...) si l'autorité n'oblige pas les curés, comme du temps de Mgr Duhamel, à dire *à chacun* des contribuables catholiques aux écoles publiques : « si vous ne supportez pas les écoles catholiques tous sacrements vous seront refusés. » C'est dur, mais c'est à faire [62].

Exception faite de l'incident Forbes noté ci-dessus, aucun évêque n'osera se montrer si catégorique. Ils se rendent compte que bon nombre de catholiques préfèrent l'école publique pour des raisons valables et légitimes et par acquit de conscience. En effet, plusieurs

---

60. Ces chiffres sont tirés de divers documents dans le fonds C.E.S.O., A.A.O.
61. *The Ottawa Journal*, le 18 février 1929.
62. Le 6 mai 1940, fonds C.E.S.O., A.A.O.

lettres et pétitions, depuis 1880, font voir, aux archevêques d'Ottawa surtout, que l'écolier est avantagé dans l'école publique à plus d'un égard. Comment alors exiger que le parent l'en retire ? Un intervenant catholique anglophone écrit même à Mgr Gauthier en pleine crise scolaire de 1915 :

> J'ai décidé d'envoyer mes enfants (...) au *collegiate institute* et (...) à l'école modèle (...) L'imbroglio des écoles séparées est loin d'être réglé et dans les écoles anglaises le garçon ou la fille qui hait les français de la façon la plus hargneuse et déraisonnable sera le plus populaire et *vice versa* dans toutes les écoles françaises. Quant au collège, ou soi-disant université, en un mot c'est *impossible*[63].

La crise du règlement 17 a en effet compliqué la situation déjà difficile des écoles catholiques. Le catholique anglophone était porté à tenir le francophone responsable de ses difficultés, devenues à ses yeux insurmontables, tandis que le Franco-Ontarien faisait de sa foi et de l'école séparée le rempart de sa langue et de sa culture. Il fallait croire coûte que coûte à la nécessité des écoles catholiques pour tenir le coup si longtemps et accepter d'instruire ses enfants dans des locaux souvent malsains, dont les classes sont dirigées par des enseignants généreux et dévoués, mais qui manquent souvent de qualifications. Dans leurs écoles bilingues, les Franco-Ontariens compenseront leur pénurie de revenus par la détermination et la persévérance dans la justice de leur cause. Ils finiront par emporter le morceau, mais au prix de durs sacrifices.

---

63. P.J. Coffey à C.H. Gauthier, Ottawa, le 30 août 1915, MG27/2, A.A.O. (traduction de l'auteur).

CHAPITRE 6

L'UNIVERSITÉ D'OTTAWA

L'Université d'Ottawa s'est tôt avérée un point névralgique dans le dossier des relations entre catholiques anglophones et francophones, ainsi que dans celui de la promotion de la langue et de la culture canadiennes-françaises en Ontario. À l'instar de divers Conseils des écoles séparées, l'institution universitaire abritait les deux groupes linguistiques de catholiques au sein de son corps professoral et de ses étudiants. Les Canadiens français de l'Ontario se sont tôt rendu compte que cette œuvre oblate d'études post-secondaires était indispensable à leur épanouissement en Ontario. Par ailleurs, les catholiques de langue anglaise y ont jeté leur dévolu pour en faire leur université catholique unilingue anglaise. La guerre de tranchées à laquelle s'y adonneront les deux groupes ethniques, canadien-français et irlandais, vaudra celle qui a été menée dans les divers Conseils scolaires.

Aujourd'hui, l'Université d'Ottawa est devenue une des grandes universités du Canada. Elle s'est mérité cette stature depuis la Deuxième Guerre mondiale, après un siècle de gestation (1848–1948) souvent pénible. C'est pourtant pendant ces années difficiles que l'Université d'Ottawa opta pour le bilinguisme institutionnel et s'y accrocha mordicus contre vents et marées.

TABLEAU 11

Étudiants et professeurs à l'Université d'Ottawa *

Année	ÉTUDIANTS			PROFESSEURS			
	Total	Franco.	Anglo.	Total	Clercs	Laïques	Franco.	Anglo.
1848	65	majorité					5	—
1854	120	70	50					
1855	136	majorité						
1866	150	majorité						
1882	300		majorité	9	7	2	9	1
1892	354		majorité	17	12	5	16	2
1897	400		majorité	26	18	8	24	5
1901	370	224	146	25			20	6
1904	500			24			18	
1908	554			28			21	7
1914	767	470	297	34			23	11
1918	645	517	128	37			26	11
1923	813			38	30	8	32	6
1927	1000			100	75	25		
1930	1000			85				
1933	950	831	119	51				
1936	1299							
1948	3687			339				
1950	3900							

* Compilé à partir de sources manuscrites diverses. Ces chiffres incluent les élèves du cours d'immatriculation ou cours secondaire, qui a toujours fait partie de l'Université d'Ottawa jusqu'à sa disparition en 1968. Ainsi, les 950 élèves de 1933 incluent 684 élèves inscrits à l'école secondaire (284 dans le cours commercial et 400 dans le cours classique), 166 étudiants à la Faculté des Arts et 100 élèves à l'École Normale. Les inscriptions des institutions affiliées ne sont pas incluses.

Le premier demi-siècle

Fondé à Bytown en 1848, à peine quelques mois après l'arrivée de Mgr J.-E.-B. Guigues [1], le collège Saint-Joseph est incorporé par le Parlement de la Province du Canada le 30 mai 1849 sous le nom de *College of Bytown*, nom modifié pour celui de *College of Ottawa* le 18 mais 1861. En 1848, il accueille quelque 65 élèves, dont une trentaine de pensionnaires et une quarantaine d'externes [2]. Le nombre d'élèves inscrits n'allait augmenter que lentement pendant un siècle.

Fondé par Guigues, le collège sera doté d'un directeur différent à chaque année jusqu'en 1853, année de la nomination du Père Henri-Joseph Tabaret, o.m.i. (1828–1886). Originaire de France, Tabaret fait ses vœux chez les oblats de Marie-Immaculée en 1846 et est envoyé à Ottawa en 1850, à la veille de son ordination sacerdotale du 21 décembre 1850. Il exerce le ministère dans la paroisse de L'Orignal (1850–1853), avant d'assumer la direction du Collège de Bytown en 1853, poste qu'il ne laissera que temporairement, à deux reprises en 1864–1867 et en 1874–1877 ; il est toujours recteur en 1886, l'année de sa mort. Le Père Tabaret est ainsi le véritable fondateur de l'Université d'Ottawa [3].

Tant l'emplacement que les immeubles abritant les collégiens allaient changer à plusieurs reprises. En 1848, Guigues avait érigé un édifice de trois étages derrière la cathédrale, face à la rue Church, devenue rue Guigues, pouvant accueillir une centaine d'élèves. Cet

---

1. La date d'ouverture du collège Saint-Joseph oscille entre le 26 septembre 1848 et le 26 octobre 1848. La raison est que Guigues lui-même donne tantôt l'une, tantôt l'autre de ces dates dans sa correspondance. Gaston CARRIÈRE, o.m.i., *Histoire documentaire de la Congrégation des Missionnaires Oblats de Marie Immaculée dans l'Est du Canada*, 1re partie... (1841–1861), II, Ottawa, Éditions de l'Université d'Ottawa, 1959, p. 15. Alexis de BARBEZIEUX, *Histoire de la Province Ecclésiastique d'Ottawa.*, vol. I, Ottawa, Compagnie d'Imprimerie d'Ottawa, 1897, p. 305.
2. Les sources donnent des chiffres différents à ce sujet. Ainsi, Guigues, dans une lettre du 25 novembre 1848, note que le collège a ouvert ses portes le 26 septembre avec 35 pensionnaires et 50 externes, tandis que dans une autre lettre de la même époque, il donne la date d'ouverture comme étant le 26 octobre et le nombre d'élèves comme étant 25 pensionnaires et 40 externes. G. CARRIÈRE opte pour la première série de chiffres, *op. cit.*, p. 15.
3. Voir G. CARRIÈRE, *op. cit.*, tome XI, p. 238-239. *La Vallée d'Ottawa*, Ottawa et Hull, le 4 mars 1886.

édifice de bois est remplacé en 1852 par un édifice de pierre, érigé par l'évêque à l'angle des rues Sussez et Guigues. Le Collège de Bytown y loge pendant les quatre années suivantes. Cependant, l'exiguïté des lieux amène Guigues à déménager son collège une deuxième fois. Il décide de s'établir dans la Côte de sable, sur six lots (69' x 150') donnés à la corporation épiscopale par Théodore Besserer. La construction, en 1855-1856, fait surgir un édifice de plus de trois étages sis sur la rue Wilbrod ; il mesure 44' x 80'. On y ajoute une aile droite sur la rue Cumberland en 1860-1861 et, au fil des ans, on ajoute deux étages, tant à l'aile gauche sur la rue Waller, érigée en 1875, qu'à l'aile du centre. En 1885, le collège aura ainsi cinq étages et mesurera 400 pieds de longueur sur la rue Wilbrod, avec trois ailes de 140 pieds chacune. C'est également l'époque (1863) où le collège achète une ferme de 28 acres sur les rives de la rivière Rideau ; cette propriété sera cédée aux oblats en 1890 [4].

À l'instar de plusieurs autres collèges catholiques de l'époque, le Collège de Bytown s'enorgueillit d'un règlement sévère. À le lire, on se croirait dans un camp militaire. C'est une sévérité qui s'explique en partie par les continuelles difficultés financières. En effet, le Collège de Bytown qui accueille gratuitement plus du tiers de ses élèves ne reçoit aucun argent du gouvernement du Canada pendant ses quatre premières années d'existence (1848-1852). À compter de 1852, Guigues réussit à convaincre la Législature qu'elle doit venir en aide au collège. On accorde 150 L annuellement de 1852 à 1855, année où les deux autres collèges catholiques du Canada-Ouest, St. Michael's de Toronto et Regiopolis de Kingston, reçoivent respectivement 350 L et 750 L. La subvention gouvernementale au Collège de Bytown augmentera légèrement par la suite pour atteindre 1 400 $ en 1860 et 1861, époque où St. Michael's reçoit 2 000 $ et Regiopolis 3 000 $ [5].

En dépit des nombreuses demandes faites par Guigues depuis 1848, le gouvernement refuse de déroger à son principe de ne subventionner qu'un collège par confession religieuse dans le Canada-Ouest. L'Université Queen's (presbytérienne) est subventionnée depuis

---

4. G. CARRIÈRE, *op. cit.*, tome II, VI, p. 9-24, 187. Henri MORISSEAU, « Mgr... Guigues » dans *Revue de l'Université d'Ottawa*, vol. 17, n° 2, avril-juin 1947, p. 136-180. M. NEWTON, *Lower Town Ottawa, Volume 1 1826-1854*, Ottawa, National Capital Commission, 1979, 590 p. *Le Droit*, Ottawa, le 25 septembre 1923. J.-E.-B. Guigues, Correspondance, A.A.O. Des photographies montrant les édifices successifs de l'Université sont publiées dans la brochure intitulée « L'apostolat des o.m.i., » A.D.

5. G. CARRIÈRE, *op. cit.*, tome II, p. 65-97.

1845, l'Université Victoria (méthodiste) l'est depuis 1842, et le collège Regiopolis (catholique) l'est depuis 1847. Quand on décide de faire un octroi au Collège de Bytown en 1852, c'est pour aider les étudiants de provenance bas-canadienne seulement, car au Bas-Canada on compte plusieurs collèges catholiques subventionnés. Même si plus des deux tiers des élèves inscrits au collège proviennent du Haut-Canada [6], les députés qui représentent cette section du pays refusent de modifier leur politique.

La question linguistique y est déjà pour quelque chose en 1855, quand Guigues écrit à George-Étienne Cartier:

> Vous faites avec beaucoup de sagesse dans le Bas-Canada des allocations généreuses pour ceux qui apprennent la langue anglaise, or ne serait-il pas convenable qu'en retour le seul établissement sur le Haut-Canada qui enseigne le français reçût aussi quelque encouragement de cette partie de la province [7]?

Pendant cette décennie 1850, non seulement enseigne-t-on le français au Collège de Bytown, mais la majorité des élèves inscrits sont canadiens-français [8]. Guigues fait souvent valoir que « le français est indispensable » dans son coin de pays et que le Collège de Bytown n'abandonnera jamais la langue des Canadiens. Dans ses demandes au législateur en faveur du collège, Guigues fait valoir que

> le besoin de connaître les deux langues anglaise et française, se fait surtout sentir sur les lignes qui séparent les deux rives de l'Ottawa. La langue française était cependant sacrifiée puisqu'à Bytown même, il n'y avait pas une seule école française pour garçons avant la fondation du collège et la langue anglaise n'y était enseignée que d'une manière imparfaite [9].

Le Père Henri Tabaret ajoute :

> Le mélange des deux langues présente une difficulté : mais elle n'est pas insurmontable. Autrement, il faudrait dire qu'un homme ne peut absolument connaître qu'une langue et que les peuples modernes ont eu tort de former la jeunesse par l'étude des langues mortes et des langues vivantes. Les meilleurs écrivains, dans chaque langue, n'ont-ils pas su plusieurs langues parfaitement? Et puis, supposé même que l'on perdît

---

6. 104 des 135 élèves inscrits en 1855 proviennent du Haut-Canada.
7. J.-E.-B. Guigues à G.-E. Cartier, Bytown, le 31 janvier 1855, A.A.O.
8. 70 des 120 élèves inscrits en 1854 sont francophones.
9. J.-E.-B. Guigues, Notes à l'appui de la requête réclamant des secours en faveur du Collège de Bytown, in R.G. I, 1848–1850, p. 74–76, A.A.O.

quelque peu quant à la perfection du style, n'y trouverait-on pas une ample compensation dans la largeur d'idées que l'on acquiert ? Qui donc a dit qu'un homme vit autant de vies qu'il parle de langues ? Au reste dans cette partie du Canada, la nécessité des deux langues ne se discute point ; elle s'impose [10].

Il n'y a pas l'ombre d'un doute que pendant le premier quart de siècle de son existence (1848-1874), le Collège de Bytown/Ottawa est tout à fait bilingue de droit comme de fait [11]. La charte universitaire obtenue en 1866 du Parlement du Canada-Uni ne fera que confirmer la chose [12].

La préférence accordée à l'anglais au collège à compter de 1874 révèle tant l'ascendant dont jouissait la langue de Shakespeare à l'époque que les difficultés pratiques associées à la politique antérieure selon laquelle tous les élèves inscrits au collège recevaient l'instruction en anglais dans la matinée et en français dans l'après-midi. La vacance du siège épiscopal en 1874 facilita l'acceptation de cette mesure et le deuxième évêque d'Ottawa et chancelier de l'Université, Joseph-Thomas Duhamel, crut devoir y donner son aval après son accession au siège épiscopal.

Donc, à compter de septembre 1874, les quelque deux cents élèves du Collège d'Ottawa suivent leurs cours en langue anglaise, qu'il s'agisse des cours de sciences et mathématiques ou des cours d'histoire et d'études anciennes. Les seuls cours enseignés en langue française sont le cours de religion pour les francophones et le cours de français qui est obligatoire pour tous. Ce dernier est pourtant doublé, un cours plus avancé étant destiné aux élèves canadiens-français et un cours plus élémentaire offert aux anglophones. Exception faite de ces cours, l'anglais est la langue d'usage au Collège d'Ottawa, sauf dans les cours de philosophie et de théologie, fréquentés par les scolastiques oblats et les séminaristes du Grand Séminaire d'Ottawa. Les auteurs du mémoire

---

10. H. Tabaret, cité dans Henri Morisseau, *op. cit.*, p. 166.
11. Le Père Georges Simard relate plusieurs autres faits des années 1860, pour démontrer l'existence de ce bilinguisme du Collège d'Ottawa. Georges SIMARD, o.m.i., *L'Université d'Ottawa*, Québec, Imprimerie de l'Événement, 1915. Cette brochure est publiée dans *Le Droit*, les 31 janvier et 14 février 1917.
12. Voir Robert CHOQUETTE, *Langue et religion...*, *op. cit.*, c. 1, p. 21-53.

de l'Université d'Ottawa (1964) à la Commission royale d'enquête sur le bilinguisme et le biculturalisme enchaînent :

> Les annuaires de 1874 et 1875 furent publiés en anglais seulement. En 1876 on en publia deux, l'un en français, l'autre en anglais, ensuite on s'en tint à l'annuaire anglais. En 1893, on imprima un *Aperçu du plan d'études* destiné aux Canadiens français des États-Unis. De 1888 à 1898, l'Université publia une revue en anglais, *The Owl* continuée sous le titre *The University of Ottawa Review* de 1898 à 1915. La *Revue littéraire* parut de 1901 à 1916 (...) Entre 1874 et 1900 on conserva cependant le bilinguisme officiel, traditionnel dans la maison (...) Toutes les manifestations publiques, se déroulaient dans les deux langues [13].

Ainsi, pendant le dernier quart du dix-neuvième siècle, quelque 300 élèves surtout anglophones fréquentent un collège surtout de langue anglaise où le français a un peu plus d'importance que dans les autres collèges de langue anglaise de l'Ontario. Le choix des recteurs du collège reflétera cette nouvelle orientation linguistique à compter de 1889.

---

13. Université d'Ottawa, Mémoire à la Commission d'enquête sur le bilinguisme et le biculturalisme, Ottawa, 1964, p. 12.

TABLEAU 12

LES SUPÉRIEURS ET RECTEURS DE L'UNIVERSITÉ D'OTTAWA, 1848-1984*.

ANNÉES	SUPÉRIEURS
1848-1849	Charles-Édouard Chevalier, o.m.i.
1849-1850	Napoléon Mignault, o.m.i.
1850-1851	Jean-François Allard, o.m.i.
1851-1853	Augustin Gaudet, o.m.i.
1853-1864	Joseph-Henri Tabaret, o.m.i.
1864-1867	Timothy Ryan, o.m.i.
1867-1874	Joseph-Henri Tabaret, o.m.i.
1874-1877	Antoine Paillier, o.m.i.
1877-1886	Joseph-Henri Tabaret, o.m.i.
1886-avril à novembre	Philémon Provost, o.m.i.
1887-1889	Jean-Marie Fayard, o.m.i.
1889-1898	James M. McGuckin, o.m.i.
1898-1901	Henri Constantineau, o.m.i.
1901-1905	Édouard Émery, o.m.i.
1905-1911	William Murphy, o.m.i.
1911-1914	Bruno Roy, o.m.i.
1914-1915	Henri Gervais, o.m.i.
1915-1921	Louis Rhéaume, o.m.i.
1921-1927	François-Xavier Marcotte, o.m.i.
1927-1930	Ulric Robert, o.m.i.
1930-1936	Gilles Marchand, o.m.i.
1936-1942	Joseph Hébert, o.m.i.
1942-1946	Philippe Cornellier, o.m.i.
1946-1952	Jean-Charles Laframboise, o.m.i.
1952-1958	Rodrigue Normandin, o.m.i.
1958-1964	Henri Légaré, o.m.i.
1964-1984	Roger Guindon, o.m.i.

* JE 211.C21R 9, A.D.

C'est à dessein que la Congrégation des oblats donne un visage anglais à son œuvre outaouaise. Les cinq membres du Conseil provincial des oblats dirigé par le Père Célestin Augier, en 1887, croient que c'est la voie de l'avenir. Aucun de ces religieux n'est anglophone [14].

---

14. Le Conseil de la Province du Canada des oblats à Montréal se prononce en ce sens lors d'une réunion, le 12 juillet 1887.

« La première question qui s'impose au Conseil est celle du Collège d'Ottawa. D'abord, faut-il le maintenir avec son programme actuel en lui conservant son caractère d'institution anglaise ? Oui. (...)

L'année 1874 marque non seulement l'adoption de l'unilinguisme anglais au collège, mais aussi l'entrée en fonction de Mgr Duhamel. Celui-ci doit contrer les démarches des évêques de la province ecclésiastique de Toronto qui veulent annexer à leur province la portion ontarienne du territoire du diocèse d'Ottawa, lequel était toujours rattaché à la province ecclésiastique de Québec[15]. Par ailleurs, c'est pendant cette même décennie 1870 que l'épiscopat du Québec se dispute à propos de divers sujets dont ceux du procès Guibord et de l'influence indue du clergé en politique. En 1879, Duhamel en a assez de toutes ces querelles de clercs ; il amorce une campagne auprès de Rome visant à assurer l'autonomie du diocèse d'Ottawa. Il emporte le morceau en 1886, lorsque Ottawa est érigé en province ecclésiastique[16].

L'autre volet de cette campagne autonomiste est celui qui vise l'obtention d'une charte pontificale pour le Collège d'Ottawa. Pendant son séjour à Rome entre octobre 1878 et mars 1879, Duhamel présente une demande en ce sens, préparée par la direction générale des oblats. Averti de la démarche par le cardinal Simeoni, Mgr Taschereau de Québec s'objecte à la demande, prétendant qu'une telle mesure serait préjudiciable à l'Université Laval; de plus, elle permettrait aux Montréalais, rabroués en 1876 dans leur projet d'obtention d'une université à Montréal, de s'esquiver du contrôle de l'Université Laval.

Dans sa demande au Saint Siège, Duhamel invoque de nombreux arguments qui ont trait à l'importance d'Ottawa comme capitale du Canada et comme métropole régionale. Il fait valoir la distance qui sépare la ville des autres universités canadiennes ; il prêche les états de service, l'expérience et la haute cote scientifique du Collège d'Ottawa. En comparant les avantages d'Ottawa sur d'autres villes universitaires, il invoque que l'Université Laval est trop éloignée pour desservir les jeunes de la vallée de l'Outaouais et qu'elle est une institution exclusivement française située dans un milieu français ; elle est donc inapte à desservir les catholiques de l'extérieur du Québec qui sont surtout irlandais, anglais ou écossais, de mœurs et d'esprit différents.

      C'est ce qui lui assurera le succès dans l'avenir, comme il l'a fait dans le passé. Il est bien difficile, il est vrai, de se procurer des professeurs de langue anglaise. Cependant cette difficulté ne doit pas nous arrêter (...) Engageons des professeurs étrangers. »
(Cahiers des délibérations du Conseil, Montréal, Vol. II, p. 286, copie, JE 201. C69R 92, A.D.)
15. Voir Robert CHOQUETTE, *L'Église catholique...*, *op. cit.*, c. 9, p. 251–280.
16. *Ibid.*

En 1879, Duhamel et les oblats insistent sur cette incompatibilité linguistique, car ils savent que c'est leur seule planche de salut pour obtenir l'érection canonique de leur université. Ainsi, le Recteur Hamel de l'Université Laval signale à Mgr J. Lynch de Toronto que « si quelque chose est accordé à Ottawa, ce sera sous le prétexte que l'Université d'Ottawa sera pour la Province d'Ontario [17] ».

Devant les objections de Taschereau et de John Lynch [18] et les délais qu'elles entraînent à Rome, le Père Fabre, supérieur général des oblats, juge qu'il faut maintenir la demande d'institution canonique, mais laisse la décision finale entre les mains de Duhamel qui est à Rome [19]. Ce dernier, voyant que l'intervention de Taschereau a tout mis au ralenti, demande au pape d'autoriser dans l'immédiat l'Université d'Ottawa d'user de tous ses pouvoirs civils, quitte à attendre l'autorisation romaine d'octroyer des grades en théologie et en droit canonique [20]. Cette dernière demande sera appuyée deux années plus tard par les évêques de la province ecclésiastique de Québec [21], en attendant la nouvelle demande de Duhamel et des oblats adressée à Rome en 1888.

C'est le 5 février 1889 que Rome érige le Collège d'Ottawa en université de droit pontifical. Le décret d'institution vante les nombreux avantages qu'offre la ville d'Ottawa, loue le dévouement des oblats et fait de l'archevêque d'Ottawa le chancelier de cette nouvelle université catholique. Il y est prévu que les autres évêques des provinces ecclésiastiques d'Ottawa et de Toronto voudront affilier leurs séminaires et collèges à l'Université d'Ottawa, laquelle sera dirigée conformément aux saines doctrines de saint Thomas d'Aquin [22].

Louangée dans les dépêches officielles, l'Université d'Ottawa de la fin du dix-neuvième siècle est pourtant secouée par de sérieuses difficultés internes. Le Père Aimé Martinet, o.m.i., visiteur des oblats

---

17. E. Hamel à J. Lynch, Québec, le 7 janvier 1879, fonds Lynch, A.A.T.
18. E.-A. Taschereau au cardinal Simeoni, Québec, le 9 janvier 1879, A.A.O.
19. R.P. Fabre, o.m.i., à J.-T. Duhamel, Paris, le 16 janvier 1879, A.A.O.
20. J.-T. Duhamel à Léon XIII, Rome, le 25 janvier 1879, A.A.O.
21. E.-A. Taschereau *et al.* (7 signatures), Déclaration, Québec, le 26 février 1881, A.A.O. Les signatures sont E.-A. Taschereau, Jean Langevin, Édouard Fabre, Antoine Racine, Joseph-T. Duhamel, L.-Z. Moreau et Dominique Racine.
22. T. Fausti pour le cardinal Ledochowski, Bref du pape Léon XIII, Rome, le 5 février 1889, A.A.O.

de l'Université d'Ottawa, présente un dur réquisitoire suite à sa visite de l'institution en 1891 :

> L'Université n'est ni anglaise ni française, elle est catholique. Il est vrai que l'enseignement s'y donne en anglais, tant pour répondre aux besoins de la province d'Ontario, où l'anglais est généralement parlé, que pour satisfaire au désir des Canadiens eux-mêmes, qui voient dans ce fait un grand avantage pour leurs enfants. Mais si l'anglais est la langue de l'enseignement, l'objet de cet enseignement est aussi varié que le comportent nos moyens : et notamment, nous nous faisons un mérite d'enseigner l'anglais et le français, la littérature anglaise et la littérature française avec une égale perfection. Si cela n'est pas rigoureusement exact au moment où j'écris ces lignes, il faut que cela devienne à l'avenir d'une rigoureuse exactitude. Nous enseignons donc l'anglais et le français avec une égale perfection. C'est ce qui fait notre force. C'est aussi ce qui fait notre faiblesse.
>
> Nonobstant l'intérêt qu'ont les élèves de connaître les deux langues et la volonté expresse des parents qu'elles leur soient enseignées, il existe entre les deux populations, entre les étudiants eux-mêmes, une rivalité regrettable qui les rend extrêmement chatouilleux.
>
> Cette disposition d'esprit fait à nos pères une situation assez difficile (...)
>
> Mais pour guérir radicalement les élèves de cette mesquine passion, qui trouble les plus belles années de leur jeunesse et qui les constitue, pour la vie entière, dans un état de guerre perpétuelle les uns contre les autres, il faut aller plus loin : il faut les réconcilier dans le sentiment religieux et la profession de leur foi catholique ; il faut leur enseigner (...) la charité chrétienne poussée jusqu'à la plus exquise courtoisie.
>
> La courtoisie chrétienne, la courtoisie du gentilhomme, de l'homme bien élevé : voilà l'idéal et la règle qui doivent régir tous les actes dans cette maison [23].

Les remarques du Père Martinet n'allaient pas servir à améliorer la situation. Le Père Adélard Langevin, futur archevêque de Saint-Boniface (1895-1915), est directeur du Grand Séminaire d'Ottawa et membre du bureau de direction de l'Université. Il est tout aussi sévère en jugeant tant son collège que son supérieur et recteur.

> Je suis comme un corbeau de malheur qui croasse tristement et lugubrement mais que faire sur des ruines à moins que l'on ne croasse (...) Les choses vont de mal en pis (...) On ne peut certainement pas imaginer un homme plus incompétent que le cher Père supérieur (McGuckin) [24].

---

23. Aimé MARTINET, « Acte de visite à l'Université d'Ottawa. Année 1891 », Paris, 26 rue St-Petersbourg, 1893, brochure, 37 p.
24. A. Langevin à J. Lefebvre, le 5 janvier 1892, JE 201. C69R 6, A.D.

Qualifiant le malade McGuckin d'insignifiant en fait d'études et de nul pour le gouvernement, il conclut que « c'est l'homme le plus nul qui existe dans la maison. Il est généralement détesté [25] ». Notant que, par mesure d'économie, le collège n'achète plus de livres français, Langevin enchaîne pour dénoncer la clique irlandaise et anglicisatrice qui entoure le recteur.

> La clique mène autant qu'elle le peut. C'est odieux (...) Il faut nous donner une tête et un cœur (...) J'ose croire que le père qui refuserait expressément de demeurer ici l'an prochain avec le même supérieur et sa clique serait dans son droit. Ce n'est plus une maison religieuse, une maison d'oblats (...) Notre famille, Dieu merci, existe en dehors du collège [26].

C'est à cette même époque que le même Langevin fait valoir la candidature oblate du jeune Michael Francis Fallon, étudiant à Ottawa. Le jeune homme donne de « grandes espérances » et pourrait servir plus tard de « trait d'union » [27].

Le rectorat du Père James McGuckin (1889–1898) est donc marqué par d'importantes divisions internes au chapitre du statut des langues française et anglaise au sein de la nouvelle université catholique. En effet, depuis la décision d'adopter l'unilinguisme anglais dans l'enseignement (1874), et la demande conjointe (1879) de Mgr Duhamel et de la direction générale de la Congrégation des missionnaires oblats en faveur de l'institution canonique, l'Université d'Ottawa affichait un visage anglais de plus en plus marqué. Les francophones, tant étudiants que professeurs, s'y sentent de plus en plus mal à l'aise [28] et rêvent d'un retour à une politique plus franchement bilingue dans un collège à l'allure plus canadienne qu'américaine.

Le retour au bilinguisme

Le collège est doté, en août 1896, d'un nouveau vice-recteur en la personne du Père Michael F. Fallon [29]. Le Père McGuckin continue

---

25. A. Langevin à J. Lefebvre, le 3 avril 1893, JE 201. C69R 6, A.D.
26. A. Langevin à J. Lefebvre, le 23 avril 1893, JE 201. C69R 16, A.D.
27. A. Langevin à J. Lefebvre, le 26 mai 1892, JE 201. C69R 6, A.D.
28. 28 des 32 oblats rattachés à la maison en 1888 ont des noms à consonance française.
29. Robert CHOQUETTE, *Langue et religion...*, *op. cit.*, p. 23ss.

cependant de souffrir de sérieux problèmes de santé. Dès avril 1896, l'assistant général Tatin confie à Duhamel qu'il cherche à remplacer McGuckin ;

> On me dit que le Père Constantineau pourrait convenir. Canadien d'origine, mais américain d'éducation, possédant bien les deux langues (...), il aurait me dit-on, le double avantage de donner satisfaction aux deux nationalités (...) On lui reconnaît par ailleurs un caractère aimable et un esprit conciliant (...) Mais il est jeune, 35 ans. Aurait-il assez de prestige et d'autorité ? (...) Verriez-vous dans le Père Constantineau les qualités essentielles d'un recteur [30] ?

Duhamel tient Constantineau en haute estime et s'engage à se renseigner davantage à son sujet. Plus de 18 mois plus tard, l'assistant général des oblats revient à la charge.

> Le Père McGuckin est vraiment à bout de forces et désormais incapable de remplir les fonctions de recteur du collège et de l'université (...) En dehors du Canada nous ne voyons personne qui soit préparé pour succéder au R.P. McGuckin et nous ne savons s'il y a quelqu'un au collège. Nous sommes portés à croire que le R.P. Duvic, mieux que personne, réunit les qualités requises (...) Si (...) Votre Grandeur avait en vue un autre sujet mieux qualifié pour le poste, nous lui serions reconnaissants de vouloir bien nous le signaler (...) Nous attendrons la réponse qu'Elle (Votre Grandeur) daignera nous faire pour prendre une décision [31].

Sur réception de cette demande, Duhamel invite le Père H.-A. Constantineau, o.m.i., à le rencontrer et demande au religieux d'accepter le poste de recteur. Ayant obtenu son consentement dans les jours qui suivent, l'archevêque répond à l'assistant général Tatin. Il commence par faire le portrait du recteur idéal. Ce dernier doit être bien vu par les autres oblats de l'université et ne doit pas être mené par « l'esprit de nationalité ». Il doit être ferme, prudent, plein d'initiative et bien au courant de l'œuvre universitaire. Il est essentiel qu'il maîtrise « également bien les langues française et anglaise ».

Duhamel enchaîne pour dire que les oblats de l'université lui ont laissé entendre à plusieurs reprises que le choix devait porter sur le Père Constantineau.

> Il parle bien l'anglais et le français ; il a une facilité inépuisable à s'exprimer ; ses discours sont soignés au coin du bon sens pratique. Je sais

---

30. L. Soullier à J.-T. Duhamel, Paris, le 27 avril 1896, A.A.O.
31. C. Tatin à J.-T. Duhamel, Paris, le 26 novembre 1897, A.A.O.

> qu'il entend bien les affaires d'argent (...) Je pense que son avis a du poids (...) Puis il a une certaine assurance dans ce qu'il dit et ce qu'il fait (...) Il a un caractère heureux (...) et généralement sympathique (...) Je le crois au-dessus des inexplicables antipathies de nationalité (...)
>
> Vous trouverez exagéré peut-être, ce que j'ai dit du R.P. Constantineau (...) Je n'en trouve pas un autre qui soit plus apte (...)
>
> Si un nouveau recteur doit être nommé, il devrait l'être le plus tôt possible, pour permettre au saint et dévoué Père McGuckin de prendre un repos indispensable à sa santé et même à la prolongation de sa vie [32].

Sur réception de l'avis de Duhamel, la Congrégation des oblats nomme H.-A. Constantineau au poste de recteur de l'université ; ce dernier en est avisé en janvier 1898, moment choisi par Duhamel pour lui obtenir le grade de docteur en théologie de l'Université Laval.

La décennie 1899–1908 sera marquée, à l'Université d'Ottawa, par de sérieux conflits ethno-linguistiques entre, d'une part, les partisans d'une politique de bilinguisme et, d'autre part, les apôtres de l'unilinguisme anglais. Les premiers sont pour la plupart des Canadiens français et les derniers, des Irlandais catholiques. Cette décennie troublée est marquée par le renvoi du Père M.F. Fallon du poste de vice-recteur (1898) et de la cure de la paroisse St. Joseph (1901), ce qui provoque la présentation d'un mémoire contre l'Université signé par 24 Irlandais catholiques d'Ottawa (1901) et la réplique de Mgr Duhamel (1902) ; suivront des discours retentissants du Père M.F. Fallon, des griefs d'oblats d'origine irlandaise, et enfin le *Searchlight* et les *Renseignements confidentiels* (1906), documents qui étalent à nouveau les griefs des catholiques irlandais d'Ottawa contre l'Université d'Ottawa [33].

C'est de justesse que l'Université d'Ottawa évitera de passer sous la juridiction du clan Fallon en 1906. En effet, un Chapitre général des oblats est tenu à Rome en juillet 1906 dans le but d'élire un nouveau supérieur général. On y étudie non seulement le *Searchlight* du Père O'Boyle et les *Renseignements confidentiels* du Père Émery, mais aussi un rapport sur l'Université d'Ottawa signé William Murphy, le nouveau recteur depuis septembre 1905.

> Il y énumère les défauts et les faiblesses du Collège d'Ottawa et il recommande que les oblats passent leur œuvre pédagogique à une autre

---

32. J.-T. Duhamel à C. Tatin, Ottawa, le 9 décembre 1897, Registre de lettres Duhamel, 5, p. 474–479, A.A.O.
33. Cette longue controverse est analysée dans le détail dans notre *Langue et religion, op. cit.*, c. 1., p. 21–53.

congrégation offrant une formation et une discipline religieuse nécessaire à un grand établissement d'enseignement catholique. Il conclut en disant que le terme Université appliquée à Ottawa est « mal approprié »[34].

Le Chapitre blâma, désavoua et ordonna la destruction des écrits susdits des PP. O'Boyle et Émery, mais prit au sérieux le texte du Père Murphy qui s'avérait très pessimiste au sujet de l'Université : il recommandait de rebâtir le corps professoral ou de se défaire de l'institution. Une commission du Chapitre recommande donc de ne pas abandonner l'œuvre, mais de la confier à la première province oblate des États-Unis, celle du Père Fallon, qui est présent au Chapitre. Tout à fait par hasard, ce dernier est armé de toutes les statistiques appropriées au sujet de l'Université, tandis que les membres du Chapitre sont las de cette institution. Les capitulants décident donc à très forte majorité de renvoyer la question à l'administration générale de la Congrégation, qui pourra le régler à sa guise. Celle-ci n'y donnera pas suite[35]. Le calme reviendra lentement à l'Université sous le rectorat du Père William Murphy (1905–1911) qui, en 1907, est toujours d'avis que « cette maison est un foyer de désordre et de confusion, presque désespérant dans les circonstances actuelles[36] ».

L'incendie du 2 décembre 1903 détruisit le pavillon principal de l'Université, c'est-à-dire le pavillon de cinq étages qui s'allongeait le long de la rue Wilbrod et qui était doté de trois ailes s'élançant vers la rue Théodore (Laurier)[37]. Le pavillon des sciences, devenu le musée, érigé en 1901, fut épargné comme le furent le juniorat du Sacré-Cœur construit en 1895, le scolasticat des oblats à Archville (Ottawa-Sud), érigé en 1885, et la maison des religieuses desservant le collège. Les Pères Fulham et McGurty sont mortellement blessés dans le sinistre.

Décidés à rebâtir, les oblats de l'Université dirigés par le Père J.-E. Émery commencent par ériger un abri temporaire dans le jardin de l'église St. Joseph. Ces deux étages en bois, qui recouvrent une superficie de 100 pieds x 60 pieds, seront érigés en une dizaine de jours et seront affectueusement baptisés du vocable de « poulailler ». La « volaille » estudiantine pourra y reprendre ses cours dès janvier 1904,

---

34. Robert CHOQUETTE, *Langue et religion, op. cit.*, p. 40–44.
35. N.-S. Dozois, o.m.i., Déclaration, septembre 1926, JE 595. C69R 16, A.D.
36. W. Murphy à A. Langevin, le 15 février 1907, Registre Murphy, A.U.S.P.
37. Des illustrations des anciens pavillons de l'Université sont dans s.a., « Victoria Day, May 24th 1904 », brochure, 61 p., JE 203. C69R 9, A.D.

en attendant d'occuper, dès le 1er novembre 1904, le sous-sol du nouveau pavillon central en voie de construction, face à la rue Cumberland. Au nouvel édifice on ajoutera en 1904 une aile sur la rue Laurier pour héberger les oblats et, en 1920, un édifice de pierre sur la rue Waller destiné à abriter les Petites Sœurs de la Sainte Famille, une buanderie, une boutique et une infirmerie. En mai 1923, on emménage dans une nouvelle aile de cinq étages reliant le centre du pavillon principal (Tabaret) et la rue Waller ; s'y retrouvent un réfectoire, deux salles d'étude superposées, un étage de chambres et un étage de dortoirs. C'est en 1930 qu'on accorde le contrat pour compléter le pavillon central. L'aile sur la rue Wilbrod abritera un gymnase, une chapelle et deux dortoirs. L'année suivante, on décide de construire une toute nouvelle École Normale, pendant que la Faculté des Arts emménage dans une ancienne école publique de la rue Waller. En mars 1937, les oblats prennent possession du nouveau Séminaire universitaire, rue Main, voué à la formation du clergé séculier. On y installe les bibliothèques et les Facultés de Philosophie, de Théologie et de Droit canonique, laissant par conséquent le Musée de l'Université pour servir à d'autres fins. Ainsi, en 1936, en pleine crise économique, les quelque 1 300 étudiants de l'Université sont exceptionnellement bien logés [38].

La reconstruction de l'Université, amorcée au lendemain de l'incendie du 2 décembre 1903, fut marquée par des cérémonies grandioses entourant la pose de la pierre angulaire, le 24 mai 1904 [39]. Les invités d'honneur sont le cardinal Gibbons de Baltimore, le Premier Ministre Sir Wilfrid Laurier, le Gouverneur Général, le Comte de Minto et le Délégué Apostolique Donatus Sbarretti. L'église St. Joseph est bondée pour la messe pontificale dans la matinée du 24 mai. Le cardinal Gibbons qui préside la cérémonie est assisté du Père M.F. Fallon de Buffalo ; huit autres archevêques et évêques sont présents [40]. La cérémonie de pose de la pierre suit immédiatement la

---

38. Jean-Charles LAFRAMBOISE, o.m.i., « Les oblats et l'Université d'Ottawa... », Ottawa, le 24 septembre 1977, JE 201. C69R 41, A.D. s.a., « 1848–1948. Cent ans d'éducation catholique », cahier spécial, 16 p., *Le Droit*, Ottawa, le 16 octobre 1948., s.a. « Victoria Day, May 24th 1904 », brochure, 61 p., JE 203. C69R 9, A.D.
39. Et non le 26 mai, comme l'auteur le disait dans *Langue et religion..., op. cit.*, p. 36.
40. Les prélats sont P. Bruchési (Montréal), D. O'Connor (Toronto), C.H. Gauthier (Kingston), F.P. McEvay (London), A. Macdonell (Alexandria), J.-M. Émard (Valleyfield), N.-Z. Lorrain (Pembroke), J.-T. Duhamel (Ottawa).

messe, en attendant le déjeuner pour 1 000 convives servi à la Patinoire Rideau. C'est là que Mgr Duhamel présente le Juge Curran qui répond au toast porté par un élève finissant. Ce plus ancien des Anciens de l'Université livre un message de réconciliation :

> Il faudra des années pour réunir les différentes parties du Canada ; pour effacer les opinions préconçues et faire sentir aux hommes de diverses races, langues et croyances qu'il (...) y a de la place pour tous (en ce pays...) Le laboratoire par excellence de l'unité nationale doit nécessairement être l'école, le collège et l'université. Là nos jeunes (...) apprendront à se respecter (...) Ne serait-il pas possible, même désirable, qu'ici sur les rives de l'Outaouais, la frontière entre l'Ontario et le Québec (...), nous ayons une université bilingue? (...) Apprenez le français dans vos propres intérêts [41].

Le Premier Ministre Laurier s'est également adressé aux convives dans la même veine. Répondant au toast porté par le ministre de l'Éducation de l'Ontario, l'Honorable R. Harcourt, Laurier commente un article du journal du même jour voulant que l'Université d'Ottawa devienne unilingue anglaise. Laurier s'oppose à ce que l'Université d'Ottawa soit unilingue anglaise ou unilingue française. Il enchaîne :

> Donc que ce soit une université de langue anglaise, mais si, de plus, ce fût également une université de langue française, ce serait un double avantage pour l'institution (...) L'éducation d'un homme est incomplète si elle est limitée à une seule langue (...) Donc, qu'il n'y ait pas d'exclusion dans cette université ; qu'il y règne un large esprit chrétien et n'oublions jamais que l'Église est assez grande pour deux nations et que le Canada est suffisamment large, non seulement pour les Anglais, mais pour les Français et les Anglais [42].

Les journaux du Canada donnent beaucoup d'importance à ces cérémonies. C'est alors que le Père M.F. Fallon choisit d'y faire un coup de théâtre. Invité à présenter le conférencier d'honneur, le cardinal Gibbons, lors d'un banquet dans la soirée du 25 mai, Fallon choisit d'interpréter les paroles susdites de Laurier comme prônant « une université catholique de langue anglaise ». Les batailles ethnolinguistiques reprennent de plus belle, continuant de secouer la chétive institution bilingue. Le Père Froc, professeur à l'Université, écrit le 10 juin 1904 :

> L'Université d'Ottawa (...) n'est, en réalité, qu'un collège commercial et classique, auquel est adjoint le séminaire diocésain d'Ottawa. Ce séminaire

---

41. Cité dans s.a. « Victoria Day, May 24th, 1904 », *op. cit.*, p. 36. (traduction de l'auteur).
42. Cité *ibid*, p. 36 (traduction de l'auteur).

compte à peine vingt séminaristes aujourd'hui (...) Plusieurs (...) regardent le titre d'Université donné au Collège d'Ottawa comme un titre fastueux mais vain, trop lourd à porter pour nous[43].

La crise provoquée par la restauration d'un programme d'études en langue française à l'Université en 1901 allait connaître une accalmie entre 1908 et 1914. Les quelque 500 élèves de l'institution dirigée par les Recteurs William Murphy (1904–1911), Bruno Roy (1911–1914) et Henri Gervais (1914-1915) ne pouvaient soupçonner la tempête qui allait suivre pendant 17 années bien comptées.

Nouvelles tentatives pour diviser l'université

C'est en pleine crise scolaire et ecclésiastique ontarienne[44] et pendant la première guerre mondiale que les partisans de l'Université unilingue anglaise revenaient à la charge. Dirigés par l'avocat D'Arcy Scott et le curé John O'Gorman de la paroisse Blessed Sacrament d'Ottawa, ils cherchent depuis 1901 à accroître leur influence, mieux, à contrôler l'Université. Scott s'était déjà illustré dans cette campagne pendant la première décennie du siècle, protestant contre le fait que les revenus de la paroisse St. Joseph servaient à la maison oblate de l'Université, demandant instamment la création d'un juniorat distinct pour les recrues oblates anglophones et cherchant à obtenir la nomination de plusieurs laïques au Conseil d'administration de l'Université. Le parti dirigé par Scott juge qu'il est impossible de faire coexister des francophones et des anglophones dans la même institution. Il se fait fort du fait que, dès 1896, les jésuites ont divisé leur collège bilingue Sainte-Marie de Montréal en deux institutions unilingues distinctes, soit le collège français Sainte-Marie et le collège anglais Loyola. On veut une division analogue à Ottawa. Les oblats anglophones de l'Université en font la demande formelle en 1914 et sont surpris de la réponse favorable de leur supérieur provincial.

En effet, le 10 avril 1914, le Père Guillaume Charlebois reconnaît le bien-fondé, voire la nécessité de la séparation des deux éléments linguistiques à Ottawa ; il veut même que cette séparation soit effectuée le plus tôt possible et qu'elle soit complète, la propriété de l'Université existante devant être divisée de façon équitable. Il opine que le collège

---

43. M. Froc à S. Dozois, Hull, le 10 juin 1904, cité in J.-E. Émery, « Renseignements... », p. 20–25, JE 201. C69R 9, A.D.
44. Voir notre *Langue et religion...*, *op. cit.*

anglais proposé devrait être dirigé par l'épiscopat de langue anglaise du Canada, la représentation laïque n'étant pas exclue. Guillaume Charlebois déclare que les oblats céderaient volontiers le contrôle d'une telle institution; il s'engage à faire avancer le dossier auprès de tous les intéressés, les autorités oblates romaines incluses [45]. Le Conseil de la Province du Canada des oblats abonde dans le même sens lors d'une séance du 8 juin, en plus de prôner la création d'une province canadienne distincte pour les oblats anglophones. Celle-ci pourrait comprendre la partie anglaise de l'Université, un juniorat anglais, une maison desservant l'église St. Joseph et d'autres maisons ailleurs au pays [46]. Le Conseil général de la congrégation à Rome prend note de ces vœux dès le 26 juin 1914, mais ajoute : « Ces questions ne peuvent être solutionnées actuellement, vu qu'elles n'ont pas été suffisamment étudiées. L'avenir éclairera l'administration générale et lui dictera ses décisions [47]. » Cette décision sera le refus du changement, signé par le supérieur général Augustin Dontenwill. Il précise le mandat du nouveau recteur Louis Rhéaume qui doit entrer en fonction le 11 avril 1915 :

> Il doit veiller (...) à ce que l'Université ne perde pas le caractère que lui donnèrent ses fondateurs qui voulurent créer un établissement capable de donner à la jeunesse catholique une instruction religieuse solide et une culture intellectuelle très développée, sans distinction de langue et de nationalité. Votre nouveau recteur n'aura pas donc à s'occuper d'une séparation éventuelle de l'Université en deux collèges distincts [48].

Cette fin de non-recevoir n'était pas sans indisposer les séparatistes anglophones d'Ottawa, qui trouvaient la coexistence avec les francophones intolérable. Ainsi, le 6 février 1915, à l'occasion des funérailles du Père William Murphy en l'église St. Joseph, l'abbé L.-C. Raymond, de Bourget, prononçait l'oraison funèbre en français ; une oraison funèbre fut également prononcée en anglais. D'Arcy Scott s'en offusque, jugeant le geste offensant et tracassier. Le Père J.-A. Lajeunesse, recteur par intérim de l'Université, explique qu'il y eut une oraison funèbre française en raison de la longue association du Père Murphy avec l'Université d'Ottawa, où les deux langues sont officielles. Scott

---

45. Guillaume Charlebois, Déclaration, (Montréal), le 10 avril 1914, A.A.T.
46. Id., « Extraits des minutes du Conseil de la Province du Canada », A.D.
47. Id., « Extraits des minutes du Conseil général communiqués par le R.P.S. Dozois, assistant général », A.D.
48. Augustin Dontenwill à la Communauté de l'Université d'Ottawa, Rome, le 30 mars 1915. JE 214. C69R 20, A.D.

répond que le climat d'exploitation des anglophones et l'ascendant dont jouissent les « nationalistes » canadiens-français le forcent à maintenir sa protestation, car les droits des anglophones catholiques sont bafoués par les journaux, un clergé et des institutions soi-disant catholiques[49].

Neuf mois plus tard, la controverse reprend de plus belle, provoquée cette fois par la prétendue fermeture du juniorat oblat pour les jeunes de langue anglaise. Scott et ses disciples convoquent une réunion des paroissiens irlandais-catholiques de la paroisse St. Joseph. Les paroissiens, réunis le 5 novembre 1915, adoptent une résolution voulant soustraire leur paroisse à la juridiction de la province oblate du Canada, pour la soumettre à la province de langue anglaise (américaine) ou à l'archevêque d'Ottawa (C.H. Gauthier). Les pétitionnaires s'insurgent contre le fait que la majorité des oblats à Ottawa sont francophones, même si les prêtres desservant leur propre paroisse sont anglophones. Ils élisent un comité de douze personnes, chargé de donner le suivi nécessaire à leurs revendications[50].

Élu secrétaire du comité, D'Arcy Scott se charge désormais de mener l'affaire. Les contestataires des oblats reprennent tout le dossier des griefs des Irlandais catholiques d'Ottawa, axé principalement sur leur lecture de l'histoire du Collège d'Ottawa, voulant que ce dernier ait été institué surtout au bénéfice des catholiques anglophones. Ce sont les mêmes plaintes que celles du début du siècle[51]. Les pétitionnaires se chargent d'obtenir un avis légal de John S. Ewart ; ce dernier croit que l'archevêque d'Ottawa est autorisé, aux yeux de la loi, à modifier le contrat entre Mgr Guigues et Mgr de Mazenod (1856), lequel interdit l'établissement de tout autre collège catholique dans le diocèse. Ewart croit que la domination française au Collège d'Ottawa change les règles du jeu. L'archevêque serait donc libre d'instituer un autre collège pour les anglophones[52].

Armés de leur mandat paroissial et de l'avis d'Ewart, les séparatistes irlando-catholiques demandent au supérieur provincial des oblats, le

---

49. A.A.O.
50. Les membres du comité sont R.D. Gunn, M.P. Davis, J.J. Lyons, D'Arcy Scott, D'Arcy McGee, F.D. Henderson, J. O'Toole, W. Doran, A.E. Corrigan, Gordon Grant, L.J. Kehoe et T.P. Foran. D'Arcy Scott *et al., Report of Committee of Parishioners of St.-Joseph's Church*, Ottawa, 1915, 38 p.
51. Voir R. CHOQUETTE, *Langue et religion...*, *op. cit.*, c. 1., p. 21–53.
52. John S. Ewart, Legal opinion, Ottawa, 22 décembre, 1915, 6p. A.A.O.

Père Guillaume Charlebois, de rescinder la convention Guigues-Mazenod. prétendant que les circonstances ont radicalement changé depuis 1856, compte tenu de la domination française à Ottawa. Ils affirment que c'est la paroisse St. Joseph qui supporte de ses deniers l'œuvre oblate du collège ; cela doit cesser [53]. Devant le refus de Charlebois d'aller dans le même sens, D'Arcy Scott rend le débat public. Le 10 mars 1916, il publie une lettre au rédacteur du *Citizen* d'Ottawa.

> Depuis quelques mois, les prêtres anglais ont été chassés de l'université et le cours anglais a été sabordé. Le juniorat pour l'éducation des garçons anglais désireux de se faire oblats, lequel était maintenu par des dons privés de laïques anglophones, a été fermé (...) Cette injustice aux anglais fut l'œuvre des pères oblats français, qui depuis un demi-siècle ont vécu en grande partie grâce à la générosité des fidèles anglais de la paroisse St. Joseph (...) La cause de ces injustices à l'égard des anglais est le désir des pères oblats français de répandre et de développer la langue française en Ontario (...)
>
> Le projet visant à chasser les anglais de l'Université d'Ottawa n'est pas nouveau. Il remonte à l'époque du (...) Père M.F. Fallon (...) L'influence du clergé français a été trop grande (...) La province oblate de Québec (...) a banni pratiquement tous les pères anglais de sa juridiction et le Père Guillaume Charlebois a dit qu'il n'accepterait plus de sujets anglais dans sa province (...)
>
> Les oblats ont échoué absolument dans l'établissement d'une véritable université (...) Ils ont fait de l'Université un collège diocésain français (...)
>
> Les présents troubles scolaires sont dus en grande partie aux erreurs des chefs du soi-disant mouvement bilingue (...) Les oblats français comptent parmi les chefs du mouvement bilingue (...) La méthode d'agitation publique a été adoptée par le clergé français comme moyen pour obtenir leurs droits aux écoles françaises (...) Nous (...) adoptons la même méthode [54].

Scott et ses amis choisissaient donc l'agitation publique et le refus d'aide financière pour mettre les oblats au pas. Le contestataire est d'avis que l'université « est absolument morte », si elle reste aux mains des oblats [55].

---

53. R. D. Gunn, *et al.* (onze signatures) à William Charlebois, Ottawa, le 24 novembre 1915, A.A.O.
54. *The Citizen*, Ottawa, le 10 mars 1916 (traduction de l'auteur).
55. D'Arcy Scott à C.H. Gauthier, Ottawa, le 11 mars 1916, A.A.O.

La controverse publique déclenchée par Scott fit craindre le pire au délégué apostolique. Mgr P.F. Stagni, craignant que le fossé s'élargisse entre francophones et anglophones, fit savoir à Scott qu'il désapprouvait ses interventions publiques, tout en condamnant les paroles violentes et amères par lesquelles *Le Droit* remettait à Scott la monnaie de la pièce. Stagni plaide en faveur de la discrétion et de la charité chrétienne [56].

Les oblats irlandais abandonnent l'université

En effet, à l'été de 1915, le Collège d'Ottawa se vidait de son personnel oblat de langue anglaise. Pendant que la crise scolaire ontarienne battait son plein [57], les oblats anglophones rattachés à l'Université apprennent, en avril 1915, qu'ils ont réussi en moins d'un an à se défaire du Recteur Henri Gervais, mais ils apprennent aussi que Mgr Dontenwill, leur supérieur général, refuse de diviser l'Université en collèges linguistiques distincts. Le nouveau recteur est Louis Rhéaume, auparavant directeur du Grand Séminaire d'Ottawa.

Au printemps de 1915, l'Université compte 37 religieux employés à l'enseignement dont 27 francophones et 10 anglophones. Les élèves ont 20 heures de classe par semaine, ceux du cours français suivant sept de ces 20 heures en anglais et ceux du cours anglais suivant trois de leurs 20 heures en français. Dès son installation au rectorat, en avril 1915, Louis Rhéaume apprend, de son supérieur provincial Guillaume Charlebois, que le Père Stephen Murphy a déjà remis sa démission comme préfet des études du cours anglais. Interrogé, ce dernier se dit offusqué de ce que l'Université n'ait pas été réformée. Devant le refus de Rhéaume d'approuver sa conduite, Stephen Murphy obtient un certificat médical qui exige pour lui six mois de repos. Il quitte donc l'Université à la fin d'avril 1915, pour se réfugier dans sa famille. Encore quelques jours et le Père Kennedy se trouve atteint du même mal; il doit également prendre six mois de repos. Le supérieur provincial, avisé par Rhéaume, ayant refusé le congé, Kennedy abandonne ses élèves et s'avoue dégoûté du collège; il se réfugie à l'hôpital et reconnaît que c'est le refus de Mgr Dontenwill de diviser l'Université qui est à l'origine de sa maladie. En cet avril 1915, l'Université a donc perdu deux professeurs anglophones.

---

56. P.F. Stagni à C.H. Gauthier, Ottawa, le 22 mars 1916, A.A.O. Dans *Le Droit* des 18 et 20 mars, le Père J.-A. Lajeunesse et M. L.-E.-O. Payment donnent la réplique à Scott.

57. Voir notre *Langue et religion...*, *op. cit.*, p. 179ss.

Un troisième professeur, le Père McGuire, réclame lui aussi un collège anglais distinct à Ottawa. Au dire de Rhéaume, McGuire « se considère en ce moment comme le chef et le protecteur des Irlandais persécutés (...) Il se figure qu'il gouverne presque l'opinion dans tout l'Ontario [58] ». McGuire a cessé d'obéir à son supérieur et recteur; Rhéaume s'en dit fort embarrassé.

Trois autres oblats irlandais font partie de la coterie de mécontents à l'Université, quoiqu'ils n'affichent pas leur partisanerie de façon aussi flagrante. Ce sont les Pères Michael Murphy, Sherry et Kelly. Michael Murphy, le frère de Stephen, est de tous les conciliabules du parti irlandais; Sherry refuse les ordres de son supérieur de limiter ses sorties nocturnes et Kelly désobéit tout autant; Rhéaume déclare que « chez lui on ne peut découvrir le moindre sentiment religieux [59] ».

Un mois après son entrée en fonction, Louis Rhéaume reconnaît donc que ces six oblats sont la source de tous les troubles à l'Université: « ils se sont concertés pour me rendre la situation intenable au point que je sois obligé de me retirer, comme le P. Gervais [60]. » Il recommande au supérieur général de les éloigner de l'Université. De plus, « les PP. Stanton et Finnegan voudraient s'en aller et être employés au ministère [61] ».

On donnera suite aux recommandations de Rhéaume. Ainsi, à l'été de 1915, trois oblats irlandais reçoivent leur obédience pour d'autres maisons oblates et quatre autres oblats irlandais obtiennent leur départ d'Ottawa. Deux oblats irlandais restent à leur poste à Ottawa, l'un d'eux mourant en juin 1916 et l'autre étant rattaché à la paroisse St. Joseph en septembre 1916. Rhéaume explique au délégué apostolique en 1919:

> Les obédiences données (...) furent motivées uniquement par de très graves raisons d'ordre disciplinaire et nullement à cause de la nationalité et de la langue de ces professeurs oblats [62].

Le personnel oblat anglophone ayant fondu comme neige au soleil, l'Université subit une perte semblable en septembre 1915 au

---

58. L. Rhéaume à A. Dontenwill, Ottawa, le 23 mai 1915, AR 1915. R46L 2, A.U.S.P.
59. *Ibid.*
60. *Ibid.*
61. *Ibid.*
62. L. Rhéaume à Pietro di Maria, Ottawa, le 10 juin 1919, JE 214. C69R 22, A.D.

chapitre de ses étudiants anglophones, dont le nombre chute de 297 à 85. Le recteur explique le phénomène en l'attribuant à la campagne d'opposition menée contre l'Université par les oblats irlandais qui avaient quitté, aidés par des laïques et des ecclésiastiques. Les autorités universitaires décident tout de même de maintenir le cours anglais en embauchant huit professeurs laïques qui coûtent le double des recettes obtenues des étudiants anglophones. Le nombre des élèves anglophones n'augmentera que lentement les années suivantes et l'Université n'embauchera que six professeurs anglophones, dont deux séminaristes, en 1918-1919. Même si Rhéaume se dit confiant que la situation s'améliore, c'est sous son rectorat que l'Université d'Ottawa est perçue comme un *French School* par les anglophones.

À l'automne de 1915, les anglophones se font donc rares à l'Université. Pressé par ses diocésains anglophones, Mgr C.H. Gauthier d'Ottawa demande donc à D'Arcy Scott de rencontrer des bénédictins en Angleterre dans le but de les inviter à venir fonder un collège de langue anglaise à Ottawa. Les moines de l'Abbaye d'Ampleforth se disent prêts à s'y engager, pourvu qu'on leur donne le terrain du collège projeté et un prêt de 100 000 $. Gauthier invite donc le monastère à envoyer un visiteur pour régler la question, mais la guerre suivie du décès de Gauthier remettent le projet *sine die*[63].

La *Catholic University of Canada*

L'impasse à l'Université d'Ottawa suggéra une nouvelle tactique aux séparatistes anglophones. Dès octobre 1915, à l'occasion d'une rencontre avec Mgr Stagni, les membres du Comité d'éducation des évêques de l'Ontario, NN. SS. Neil McNeil (Toronto), M.F. Fallon (London) et R.M.J. O'Brien (Peterborough) entendaient des propos très favorables à l'établissement d'une université catholique au Canada pour les catholiques anglophones. Le Délégué ayant répété les mêmes sentiments devant Mgr Fallon le 5 avril 1916, ce dernier prit sur lui, dès le 25 avril suivant, de s'enquérir auprès de tous les évêques du Canada anglais sur leur attitude à ce sujet.

L'évêque de London situe le projet dans le contexte des canons du Premier concile plénier du Canada portant sur le besoin d'universités

---

63. « The History of the Ottawa University Question », Appendice D à la pétition du *Catholic University Club* adressée à J.-M. Émard, Ottawa, le 25 juin 1924, fonds McNeil, A.A.T.

catholiques, et dans celui des besoins criants de telles universités pour les catholiques de langue anglaise. Il fait valoir que les Américains ont créé leur propre université catholique à Washington en 1889 et que la ville d'Ottawa s'impose comme site de l'institution.

> C'est la capitale du Canada, c'est un centre catholique et c'est le seul site pratique qui n'est pas déjà occupé par une université non-catholique que l'institution catholique projetée devrait concurrencer. C'est le point le plus central qui peut être choisi, non seulement pour la province d'Ontario, mais pour tout le Dominion du Canada [64].

L'université projetée serait sous le contrôle de la hiérarchie de l'Ontario.

Fallon enchaîne pour dire que la très grande majorité des évêques du Canada anglais sont probablement du même avis, Mgr Sinnott, archevêque élu de Winnipeg, s'étant déjà exprimé en ce sens. Il n'y a pas de doute que les laïques endosseront le projet et l'argent nécessaire sera facilement accessible. L'évêque de London, qui a déjà moult soucis scolaires, ecclésiastiques et ethno-linguistiques [65], se dit même prêt à se charger de la cueillette des fonds nécessaires.

Forts de l'appui du député d'État des Chevaliers de Colomb de l'Ontario [66], les archevêques et évêques de l'Ontario, entendons les évêques anglophones seulement, sont réunis à Toronto le 2 mai 1916 [67]. Fallon leur apprend que le gouvernement de l'Ontario serait disposé à accorder une charte à une université catholique de langue anglaise à Ottawa, pourvu qu'on puisse cueillir 500 000 $ à cette fin. Après une longue discussion, il est résolu sur proposition de P.T. Ryan, appuyé de M.F. Fallon, qu'on souhaite « l'établissement d'une université pour les catholiques de langue anglaise dans la ville d'Ottawa [68] ». On enchaîne pour aviser le délégué apostolique de la chose et lui demander son avis sur les procédures à suivre. Stagni répond dans les plus brefs délais, témoignant de sa grande satisfaction devant cette mesure. Il conseille aux évêques de préparer un mémoire au Saint Siège, signé par tous les évêques et faisant état des grands besoins d'une université pour les

---

64. M.F. Fallon à C.H. Gauthier, London, le 25 avril 1916, A.A.O.
65. Voir notre *Langue et religion...*, *op. cit.*, deuxième partie, p. 87–163.
66. J.L. Murray à C.H. Gauthier, Renfrew, le 25 avril 1916, A.A.O.
67. Assistent à cette réunion : Neil McNeil, Michael J. Spratt, D.J. Scollard, M.F. Fallon, P.T. Ryan et R.M.J. O'Brien.
68. R.M.J. O'Brien, « Minutes of the semi-annual meeting... », Toronto, May 2, 1916, A.A.O.

catholiques anglophones, des raisons qui militent en faveur de la ville d'Ottawa et de l'existence d'une charte civile, celle de l'Université d'Ottawa pouvant servir à cette fin. De plus, le mémoire devrait souligner l'importance du contrôle de l'Université par les évêques du Canada anglais, en plus d'expliquer les méthodes de financement prévues. Enfin, il faut décrire les facultés que comprendrait la nouvelle université[69].

Avisé de ces démarches, Mgr Gauthier d'Ottawa se sentit paralysé, coincé entre les camps francophone et anglophone et ne sachant où donner de la tête. Il s'esquiva donc, renvoyant la balle à Rome et demandant conseil dès le 10 mai 1916. Rome temporisa, sachant qu'une décision favorable aux oblats aliénerait davantage le parti anglophone, tandis qu'en favorisant les requérants on ferait violence aux droits historiques et légaux des oblats. Pour sa part, Gauthier refusa de prendre position, préférant laisser l'onéreux de toute décision aux autorités romaines. Dans cette nouvelle flambée de méfiance ethno-linguistique, il s'agissait encore une fois d'une volonté de mainmise sur l'Université d'Ottawa dont le bilinguisme et la direction surtout française étaient inacceptables[70]. Les choses allaient en rester là jusqu'en 1922, moment choisi par le parti séparatiste anglophone pour accoucher d'un nouveau projet.

Devant le refus de l'Université d'Ottawa de céder sa charte, on se propose de fonder une toute nouvelle *Catholic University of Canada* à Ottawa. Unilingue anglaise, elle serait incorporée devant le Parlement du Canada et comprendrait des programmes en théologie, philosophie, sciences naturelles, mathématiques, histoire, belles-lettres, langues anciennes et modernes, droit et médecine[71]. Les premières facultés fondées seraient celles de théologie, des arts et de médecine. Les évêques anglophones du Canada seraient chargés de l'institution à perpétuité et nommeraient les commissaires ou gouverneurs.

Le nouveau campus serait érigé à l'ouest de la ville d'Ottawa, dans le secteur Britannia, sur les rives du lac Deschênes. Vingt-deux évêques anglophones et plusieurs laïques ont déjà approuvé le projet qui doit

---

69. P.F. Stagni à M.J. O'Brien, Ottawa, le 8 mai 1916, A.A.O.
70. C.H. Gauthier à G. de Lai, Ottawa, le 5 février 1917, A.A.O. D'Arcy Scott à C.H. Gauthier, Ottawa, le 4 novembre 1916, A.A.O.
71. Les 37 commissaires proposés sont les évêques des diocèses à majorité anglophone au Canada. Certificate of Incorporation, Ottawa, 1922, A.A.O.

englober quelque 400 acres (164 hectares) disponibles à bon prix et desservis par des voies ferrées du Grand Tronc et du Canadien Pacifique (*CPR*). Ce dernier s'est déjà engagé à y ériger sur demande la gare *University*. Les tramways de l'*Ottawa Electric Railway* desservent déjà le site. Au cœur du campus on érigera une « monumentale église » connue du nom de Sanctuaire du Sacré-Cœur ; ce sera le sanctuaire national du Canada. On estime que les 2 500 000 $ nécessaires pour assurer la réalisation du projet seront souscrits sans la moindre difficulté. On demande donc la bénédiction du Saint Siège[72].

En 1922, les séparatistes catholiques anglophones ont donc décidé de faire cavalier seul et d'oublier l'Université d'Ottawa. Cette dernière continue pourtant de se développer lentement mais sûrement. Aux programmes commercial, classique, philosophique et théologique qui existent depuis nombre de décennies, nous savons que l'Université ajoute en 1923 une École de pédagogie pour la formation des enseignants. Depuis 1911, elle s'est affiliée le pensionnat des dames de la Congrégation et celui des sœurs du Sacré-Cœur d'Ottawa. En 1916, le collège du Sacré-Cœur des jésuites de Sudbury s'ajoute à la liste, suivi en 1917 de l'académie Youville d'Ottawa, en 1919 du couvent Notre-Dame-du-Rosaire et en 1920 du pensionnat Notre-Dame-de-Lourdes. Il semble donc que lors du mouvement sécessionniste de 1922, l'Université d'Ottawa a le vent dans les voiles[73]. En 1930, plus de 15 institutions lui seront affiliées.

Le millier d'étudiants inscrits à l'Université dans la décennie 1920 se préparent à l'immatriculation ou au baccalauréat. L'institution offre un cours préparatoire qui équivaut aux septième et huitième années d'une école élémentaire de l'Ontario. Il est suivi d'un double cours secondaire, l'un dit « commercial » qui équivaut à trois années dans une école secondaire « commerciale », l'autre dit collégial qui correspond à quatre années dans une école secondaire. C'est ce cours collégial qui est dédoublé en programmes français et anglais, le cours « commercial » étant enseigné en anglais exclusivement. En 1924, la majorité des élèves de l'Université d'Ottawa se prépare à l'immatriculation. Le programme d'études post-secondaire est surtout celui de la Faculté des Arts. Une année de belles-lettres et une de rhétorique mènent au diplôme intermédiaire ; enfin, deux années de philosophie,

---

72. Proposal for the creation of a Catholic University of Canada, Ottawa, 1922, A.A.O.
73. *Le Droit*, Ottawa, le 25 septembre 1923.

de sciences et de lettres conduisent au baccalauréat ès arts. Les scolastiques oblats et les séminaristes suivent des cours de théologie distincts[74].

Le projet de la *Catholic University of Canada* ne vit jamais le jour, vraisemblablement en raison de l'impossibilité de recueillir l'argent nécessaire. Les mécontents revinrent donc à leur projet préféré, celui de s'emparer de l'Université d'Ottawa.

Un collège anglais à Ottawa

Des lettres conjointes des 19 février et 17 août 1923, signées par 22 des 26 prêtres anglophones du diocèse d'Ottawa, demandent au nouvel Archevêque et Chancelier Joseph-Médard Émard l'érection d'un collège catholique de langue anglaise à Ottawa. Il serait dirigé soit par les prêtres anglophones du diocèse, soit par une communauté religieuse de langue anglaise et serait affilié à l'Université d'Ottawa pour fins de diplômes universitaires. Émard juge la demande raisonnable[75]. Quelques mois plus tard, apprenant que Mgr Émard doit se rendre à Rome rencontrer le Saint Père, l'évêque de Pembroke et le clergé anglophone des diocèses de Pembroke et d'Ottawa envoient une nouvelle pétition à l'archevêque, demandant la modification de la charte pontificale de l'Université, afin de permettre deux collèges distincts au plan linguistique, chacun partageant la même charte. Le collège anglais devrait être sous l'égide de tous les évêques anglophones de l'Ontario et le recteur nommé par le Saint Siège. Les demandeurs reprennent la liste habituelle des griefs et soulignent la domination française à l'Université; celle-ci serait responsable de l'absence d'un grand nombre d'étudiants catholiques anglophones. Ces derniers fréquentent donc des collèges neutres, au grand détriment de leur foi catholique[76].

Les réponses d'Émard et du Saint Siège se font attendre, de sorte que les chefs du mouvement séparatiste anglophone donnent un nouveau coup. Vingt-deux prêtres anglophones, réunis au presbytère

---

74. The Catholic University Club, Pétition à J.-M. Émard, Ottawa, le 25 juin 1924, fonds McNeil, A.A.T.
75. P.T. Ryan et *al.*, Pétition à J.-M. Émard, Ottawa, le 14 janvier 1924, JE 298/C69R 12, A.D.
76. *Ibid.* La pétition est signée les 10 et 14 janvier 1924 par Mgr Ryan et 41 prêtres du diocèse de Pembroke et 25 des 30 prêtres anglophones du diocèse d'Ottawa.

de l'église St. Brigid d'Ottawa, élisent un comité présidé par le curé John J. O'Gorman de la paroisse Blessed Sacrament, lequel convoque une réunion de catholiques anglophones, clercs et laïques. La réunion du 26 mai 1924 donne naissance au *Catholic University Club*, lequel propose sur le champ la modification de la charte de l'Université d'Ottawa pour rendre cette dernière unilingue française. Les anglophones seraient alors habilités à former un collège distinct unilingue anglais, dirigé par des anglophones. Les pétitionnaires étalent en public leur lecture habituelle de l'histoire de l'Université d'Ottawa [77], qui aurait été fondée exclusivement pour les anglophones, et remettent en question la compétence de son corps professoral [78]. Le Recteur F.-X. Marcotte réagit vivement à ces « allégations insultantes [79] ». La bataille a repris de plus belle [80].

Le mémoire du *Catholic University Club*, signé le 25 juin 1924, n'innove que par son insistance sur la domination française de l'Université. Ce monopole canadien-français serait en contradiction avec la charte pontificale, qui plaçait les deux partis linguistiques sur un pied d'égalité. On demande à nouveau un collège anglais « contrôlé et dirigé par des personnes dont la langue maternelle est l'anglais [81] ». Le nouveau collège comprendrait le cours anglais de l'Université, serait sur un pied d'égalité avec le collège français et serait tout à fait autonome dans sa gestion, son personnel et ses examens. Émard est invité à confier l'œuvre à une communauté religieuse autre que celle des oblats.

---

77. *The Citizen*, Ottawa, le 27 mai 1924. Toute la question universitaire est étalée dans *The Catholic Record*, London, le 14 juin 1924, dans un long mémoire du Chanoine Cavanagh, curé d'Almonte.
78. The Catholic University Club, Pétition à J.-M. Émard, Ottawa, le 25 juin 1924, 87p., fonds McNeil, A.A.T.
79. F.-X Marcotte au rédacteur du *Citizen*, reproduit dans *Le Droit*, le 28 mai 1924.
80. Les officiers élus de cette nouvelle corporation du *Catholic University Club* sont l'abbé D.R. Macdonnell de Glen Nevis, Ont. (président), le Juge F.A. Anglin de la Cour Suprême du Canada (1er vice-président), l'abbé F.L. French de Renfrew (2e vice-président), M.T. D'Arcy McGee d'Ottawa et le Dr. B.G. Connolly d'Ottawa. Ces officiers autorisent les directeurs du club à présenter un long mémoire à Mgr Émard dans le but d'obtenir un collège anglais à Ottawa.
    Ces directeurs, au nombre de 24, comprennent douze prêtres anglophones et 12 laïques, dont le Juge Anglin et l'avocat D'Arcy Scott. Le mémoire signé par les 24 directeurs est surtout l'œuvre de l'abbé John J. O'Gorman.
81. Pétition, *op. cit.*, p. 11.

Le collège St. Patrick

Ce barrage roulant de la part des catholiques irlandais d'Ottawa ne pouvait que porter fruit. Le Saint Siège en a assez de ces jérémiades continuelles.

Dès le 15 mai 1924, le cardinal Bisleti, préfet de la Sacrée Congrégation des Séminaires et Études universitaires, demande l'avis du délégué apostolique au sujet de la création d'un collège anglais à Ottawa. Le 23 août, Mgr Pietro di Maria dit au supérieur provincial des oblats qu'une action quelconque s'impose. Le 7 novembre, les deux hommes discutent de l'opportunité de fonder une maison anglaise dans la paroisse St. Joseph et d'ériger une province oblate de langue anglaise au Canada. Tout en faisant l'éloge de l'œuvre universitaire des oblats, Pietro di Maria répète que

> les Irlandais ne veulent plus recevoir l'enseignement de professeurs français (...) et (...) le bien des âmes exige que les anglais catholiques aient leur collège anglais à eux et dirigé par des gens de leur sang et de leur formation [82].

Si les oblats refusent d'accéder à cette demande, d'autres s'en chargeront. Il appert, en effet, que plusieurs autres communautés religieuses n'attendent que le feu vert des autorités de l'Église pour venir fonder un collège anglais à Ottawa.

Les Conseils général et provincial des oblats acceptent donc d'accéder aux vœux de Rome. Mgr Dontenwill envoie un représentant au Canada en 1925, le T.R.P. Belle, dans le but de régler les projets du collège anglais et d'une province de langue anglaise. Le Chapitre général de la congrégation, tenu en 1926, admet le bien-fondé des deux projets. La province anglaise est créée la même année avec le siège social à New-Westminster, en Colombie-Britannique. Son supérieur doit se concerter avec son homologue de la Province du Canada pour la création d'un collège anglais à Ottawa. Les exigences financières de la province anglaise et le décès de Mgr Émard retardent l'aboutissement du projet. L'arrivée du nouveau délégué apostolique en 1927 remet la question en tête de liste, car Mgr A. Cassulo déclare que le Pape le veut. Les dirigeants des oblats, avec l'assentiment de Mgr Forbes, procèdent donc en 1929 à la mise sur pied des institutions oblates anglaises d'Ottawa [83].

---

82. G.-E. Villeneuve supérieur provincial à U. Robert, Montréal, le 25 janvier 1929, AR 1927. R36Z 67, A.U.S.P.

83. *Ibid.*

Devant la directive du Saint Siège de 1924, la direction générale des oblats avait créé une commission d'étude des questions canadiennes. Il en résulte non seulement la fondation de la Province St. Peter de New Westminster [84], mais aussi l'achat, en 1925, d'un terrain de neuf acres en bordure du canal Rideau, devant servir à l'érection d'un collège anglais.

Pressés par Rome, les oblats ont donc résolu de créer un collège anglais à Ottawa [85]. Pour ce faire, on juge bon de mettre sur pied une ou des maisons oblates anglaises dans la Capitale. Ainsi est née la maison St. Joseph ; les pères qui y sont rattachés devront desservir la paroisse et aider à mettre sur pied le collège anglais. Nous sommes au 6 février 1929 [86]. Les Pères Edmund Cornell, Dennis Finnegan et Edward Killian sont nommés à la nouvelle maison St. Joseph, Finnegan étant chargé d'obtenir l'incorporation civile d'une nouvelle personne morale connue du nom de *The English Oblates of Eastern Canada*, laquelle aura comme fin la mise sur pied du collège. Les tractations entre Finnegan et la Province du Canada vont bon train à compter de février 1929, de sorte qu'en juillet de la même année, l'incorporation légale est faite, la propriété Patterson (le bloc de neuf acres) est cédée au prix coûtant par la Province du Canada à la corporation des *English Oblates* et on a même amorcé la construction du nouveau collège. Ainsi, lors de la bénédiction de la pierre angulaire du nouveau collège, le 25 août 1929, Mgr Forbes et tous les intéressés peuvent se réjouir de la solution d'une question épineuse [87].

Si tout paraît au beau fixe à l'été de 1929, il y a tout de même des remous dans les coulisses ecclésiastiques. Le Père Welch, supérieur de la Province St. Peter depuis 1926, est remplacé, en juin 1929, par le Père Byrne-Grant. Ce dernier est d'avis que les deux nouvelles maisons

---

84. H.A. MACDOUGALL, « St. Patrick's College (Ottawa), 1929-1979 », in C.C.H.A., *Study Sessions 1982*, vol. 49, p. 53-71.
85. Le projet de fondation est formellement approuvé par Mgr Forbes le 27 décembre 1928 et par Mgr Dontenwill et son Conseil général le 18 janvier 1929. La décision est prise par le supérieur provincial, le Père G.-F. Villeneuve, et promulguée à l'Université d'Ottawa le 6 février suivant.
86. G.-E. Villeneuve aux RR. PP. et FF. d'Ottawa, Montréal, le 25 janvier 1929, JE 214 .C69R 32, A.D.
87. G.-E. Villeneuve à U. Robert, Montréal, les 16 avril et 15 mai 1929, AR 1927. R362 71, 74 A.U.S.P. Eugène Guérin à U. Robert, Montréal, le 23 juillet 1929, AR 1927. R36Z 75, A.U.S.P.

anglaises oblates à Ottawa portent préjudice aux droits de sa Province[88]. Byrne-Grant, présent à Rome lors de sa nomination en juin 1929, obtient en août 1929[89] que ces nouvelles œuvres de langue anglaise relèvent de sa province plutôt que de celle de Montréal. Les Provinces du Canada et de St. Peter conviennent donc des conditions du transfert de responsabilités, « conditions rédigées et proposées par le R.P. Grant lui-même[90] » lors d'une rencontre du 19 juillet. Il est réglé que le collège anglais est une toute nouvelle entreprise qui ne pourra rien réclamer de la Province du Canada, sauf les bourses données à l'Université pour les étudiants de langue anglaise. Le collège sera tout à fait indépendant de l'Université, mais aura le droit de s'y affilier. Le terrain Patterson sur Echo Drive avec le collège qui s'y élève est cédé à la Province St. Peter pour la somme de 30 000 $, le prix payé lors de l'achat du terrain en 1925. Le nouveau propriétaire n'a donc pas à acquitter les intérêts accumulés ou les taxes payées sur celui-ci entre 1925 et 1929[91], pas plus que la plus-value du terrain[92]. Le contrat entre en vigueur le 9 septembre 1929.

En septembre 1929, pendant que le nouvel édifice du St. Patrick's College s'élève en bordure du canal Rideau, la Province St. Peter's déplace son siège social de New-Westminster à Ottawa, y fonde son scolasticat Holy Rosary et commence à faire la classe à 140 élèves inscrits au nouveau collège qui occupe temporairement le « poulailler » à l'arrière de l'église St. Joseph. L'ouverture officielle du nouveau pavillon sur Echo Drive aura lieu le 29 octobre 1930[93], consacrant les souhaits persistants des chefs catholiques anglophones d'Ottawa. Tout le clergé de langue anglaise ne tarira pas d'éloges devant la nouvelle œuvre qui saura sans doute satisfaire toutes les aspirations des

---

88. G.-E. Villeneuve à U. Robert, Montréal, le 6 mai 1929, JE 215 .C69R 25, A.D.
89. W. Byrne-Grant à U. Robert, New Westminster, le 16 août 1927, AR 1927. R 362 77, A.U.S.P.
90. Conseil de la Province du Canada, Extraits du rapport du 9 septembre 1929, JE 595 .C69R 2, A.D.
91. La Province du Canada estime qu'il s'agit là d'un cadeau d'environ 10 000 $.
92. Au moment de la vente, les courtiers en immeubles évaluent le terrain en question à envron 100 000 $, en raison du développement domiciliaire accru.
93. (U. Robert et R.P. Finnegan au cardinal Bisleti), Ottawa, le 28 mars 1930, JE 595. C69R 21, A.U.S.P. Jean-Charles Laframboise, *op. cit.*

catholiques de langue anglaise, car l'œuvre constitue une corporation distincte, est dirigée par des religieux anglophones « pure laine » et le tout conformément à une entente dont les clauses furent dictées par le Père Byrne-Grant [94]. De plus, les oblats francophones sont tout aussi satisfaits, croyant avoir enfin réussi à satisfaire leurs coreligionnaires irlandais. C'était se leurrer.

En cette fin de la décennie 1920, l'Église catholique réalignait donc ses structures ecclésiastiques pour se conformer aux allégeances ethno-culturelles. La scission des oblats du Canada en deux provinces distinctes au plan linguistique, en 1926, est accompagnée la même année de la division analogue des sœurs Grises de la Croix [95], en attendant celle de l'Université d'Ottawa qui donne naissance au collège St. Patrick en 1929. L'année précédente, on avait ouvert l'école secondaire Immaculata pour les filles catholiques anglophones.

L'agitation continue

La corporation des *English Oblates of Eastern Canada* relève donc de la Province St. Peter à compter de septembre 1929. En plus du collège, les nouvelles possessions comprennent les paroisses St. Joseph et *Canadian Martyrs*; le territoire de cette dernière est amputé de la paroisse oblate de la Sainte-Famille qui entoure le site du nouveau collège. Le tout est réglé avec la bénédiction de Mgr Forbes.

Mais voilà que six mois après cette séparation, le parti irlandais-catholique revient à la charge, demandant à la direction générale des oblats d'obliger la Province du Canada à lui verser 300 000 $, en guise de compensation pour ses prétendues contributions financières à l'Université ; on demande en plus un nouveau partage de la charte universitaire. La demande est logée par le Père Byrne-Grant au nom des catholiques anglophones de la vallée de l'Outaouais. Byrne-Grant

---

94. On trouve de nombreux reportages en ce sens dans les journaux de l'époque, en particulier *The Evening Journal*, Ottawa, les 23 mai 1929, 7 janvier et 17 octobre 1930, 16 janvier, 18 et 20 août 1931 ; *The Ottawa Citizen*, les 18 mai 1929, 7 janvier et 20 novembre 1930, les 27 janvier, 3 et 11 et 19 août 1931 et le 13 août 1932. Le *Ottawa Catholic Times*, feuille fondée par la Province St. Peter (janvier 1930–1932), traite abondamment du collège.

95. Robert CHOQUETTE, *Langue et religion...*, *op. cit.*, p. 240ss.

prétend que les anglophones sont d'avis qu'ils ont été lésés dans leurs droits :

> Il est absolument certain qu'un grand nombre de catholiques irlandais s'offensent de l'idée que tout l'argent contribué par les catholiques anglophones de la vallée de l'Outaouais (...) est maintenant aux mains des Canadiens français [96].

Ces catholiques anglophones refusent de contribuer à la campagne de souscription du nouveau collège, campagne lancée en 1929.

Au moment de réclamer de l'argent supplémentaire de l'Université d'Ottawa, le collège St. Patrick cherche à tout créer de rien. La première aile du nouveau collège, érigée en 1929 et occupée en janvier 1930, a coûté 200 000 $. On décide d'ériger immédiatement la partie centrale du nouveau pavillon au coût de 250 000 $; on y emménage dès septembre 1930, alors que le collège compte 350 élèves qui sont préparés à l'immatriculation par 18 professeurs [97]. Encore une année et le collège offrira tous les cours jusqu'au baccalauréat, soit huit années de scolarité, à 450 élèves (1931-1932) dirigés par 20 oblats et 20 professeurs laïques. Pour défrayer ces coûts, en plus de ceux d'un tout nouveau scolasticat érigé au prix de 100 000 $, la Province St. Peter a emprunté 650 000 $ [98].

La deuxième demande de Byrne-Grant, adressée à Rome en février 1930, vise la division de la charte universitaire. Six mois plus tôt, le même Père s'était réservé le droit d'affiliation à l'Université d'Ottawa, mais en avril 1930, il ne tient pas le même discours. Un oblat du collège St. Patrick, qui a ouï dire qu'on pourrait songer à l'affiliation, sert l'avertissement suivant au supérieur général des oblats :

> Aucun Père de langue anglaise n'acceptera de se soumettre à l'autorité universitaire. Nous devons jouir de l'indépendance absolue ou notre travail ici est terminé. S'il y avait affiliation, les évêques, les prêtres et les fidèles de langue anglaise boycotteraient le collège [99].

---

96. W. Byrne-Grant à P. Bourassa, (Ottawa), le 28 février 1930, JE 595 .C69R 11, A.D.
97. W. Byrne-Grant, Rapport au Saint Siège, (Ottawa), le 28 février 1930, JE 595 .C69R 12, A.D.
98. Commission des finances du Chapitre général des oblats de 1932, Rapport sur la Province St. Peter, JE 595 .C69R 31, A.D.
99. R.P. Kennedy à A. Dontenwill, (Ottawa), le 12 avril 1930, JE 595 .C69R 23, A.D.

> J'ai la conviction ferme que les Canadiens anglais ou irlandais ne peuvent travailler avec les français. Nous ne pouvons collaborer dans la paix et l'harmonie que si nous sommes séparés (...), car leurs manières ne sont pas les nôtres [100].

Ce n'est que deux mois après la présentation de ces demandes à Rome que le Père Byrne-Grant en fait part au Père Philémon Bourassa, son homologue de la Province du Canada [101]. Ce dernier réagit sur-le-champ :

> Le Père Grant n'est pas gêné : s'emparer d'une partie des biens de l'Université au point de ruiner cette institution (...)
>
> Au sujet de l'affiliation de St. Patrick, ce pauvre Grant lui-même, en plein conseil provincial à Lachine, a exigé qu'on le laisse libre d'affilier son collège où bon lui semblera. Depuis lors aucune demande officielle d'affiliation n'a été faite à l'Université ou au Conseil provincial. Donc il se plaint, il fait des projets à sa façon sans consulter qui de droit. Nous serions prêts à accorder, je pense, une affiliation aussi large que possible. Mais vous voyez bien que les Irlandais n'en veulent pas (...)
>
> Grant est un illuminé qui ne pèse pas ses actes. Il n'est pas même d'accord avec ses gens. Le Père Finnegan me l'a dit encore dernièrement en revenant de chez le Délégué (...)
>
> Grant n'est pas administrateur (...) Même si on lui donnait 200 000 $ il ne réussirait pas à financer son collège. Il parle de souscription irlandaise (...) Comment se fait-il que la souscription irlandaise des sœurs Grises d'Immaculata à été un fiasco, à Ottawa, l'an dernier [102] ?

Bourassa renvoie la question à la Maison générale des oblats à Rome.

Le Conseil général des oblats se prononce le 28 juin 1930 sur la demande de compensation financière. Il déclare que le Père Byrne-Grant n'est pas fondé à recevoir davantage, car la Province du Canada a rempli tout son devoir envers la Province St. Peter. Si la première devait donner plus d'argent, l'Université d'Ottawa serait paralysée. Le 8 juillet suivant, il rejette également la revendication relative à la charte, notant que la charte civile de l'Université ne relève pas de lui, mais bien du Parlement de l'Ontario. Le Conseil opine que le collège

---

100. R.P. Kennedy à A. Dontenwill, Ottawa, le 12 avril 1930, JE 595 .C69R 22, A.D.
101. W. Byrne-Grant à P. Bourassa, Ottawa, le 25 avril 1930, JE 595 .C69R 10a, A.D.
102. P. Bourassa à N.-S. Dozois, (Montréal), le 27 avril 1930, JE 595 .C69R 19, A.D.

St. Patrick devrait essayer loyalement l'affiliation à l'Université. Il n'autorise pas le recours à l'autorité civile en vue de modifier la charte civile, à moins que l'archevêque d'Ottawa ne soit de l'avis contraire. Enfin, il accepterait, si le collège le juge à propos, l'affiliation à une autre université [103].

Byrne-Grant ne digère pas bien la pilule, se disant très sensible à l'opinion des Irlandais et convaincu que « l'attitude des Français n'est pas raisonnable [104] ». Il cherche par tous les moyens à obtenir un avis contraire, afin de pouvoir demander à la législature de l'Ontario des modifications à la charte civile de l'Université. Le Recteur Gilles Marchand et le Père Bourassa sont résolus à s'en tenir à la décision du Conseil général [105], comme l'est également le Sénat de l'Université [106].

Byrne-Grant s'était engagé à obéir à la décision du Conseil général des oblats, mais voilà qu'en septembre et octobre 1930, il porte sa cause en appel devant la Sacrée Congrégation des Religieux et la Sacrée Congrégation des Séminaires et des Études universitaires. Il cherche toujours à obtenir une compensation de la Province du Canada des oblats, en plus d'une modification des chartes civile et pontificale qui permettrait le plein affranchissement de son collège, car l'affiliation correspond à la subordination: « Les Français refusent de nous accorder des droits égaux; les Anglais refusent d'accepter l'affiliation [107]. »

Tout le dossier est à l'étude à Rome depuis deux ans quand, en août 1932, le collège St. Patrick annonce par la voie des journaux son affiliation à l'Université St. Francis Xavier d'Antigonish, Nouvelle-Écosse. Des cardinaux romains, préposés au dossier, se disent profondément affligés de voir des oblats préférer une autre université à celle de leur propre congrégation. Puisqu'un Chapitre général oblat est

---

103. N.-S. Dozois, Extraits des registres des procès-verbaux du Conseil général, JE 595 .C69R 25, A.D.
104. W. Byrne-Grant à A. Dontenwill, (Ottawa), le 19 août 1930, JE 595 .C69R 26, A.D.
105. N.-S. Dozois à G. Marchand, Rome, le 8 septembre 1930, AR 1930 .M312 23, A.U.S.P. P. Bourassa à G. Marchand, Montréal, le 23 septembre 1930, AR 1930 .M312 25, A.U.S.P.
106. « Extrait du registre... du Sénat » Ottawa, le 30 septembre 1930, JE 595 .C69R 28, A.D.
107. W. Byrne-Grant au cardinal G. Bisleti, (Ottawa), le 8 septembre 1930, JE 595 .C69R 15a, A.D. W. Byrne-Grant au cardinal A. Lépicier, Ottawa, le 6 octobre 1930, JE 595 .C69R 15a, A.D.

prévu pour septembre 1932, les prélats de la curie romaine demandent aux oblats de régler le cas « St. Patrick » en famille [108]. Sur ces entrefaites, l'Archevêque et Chancelier Forbes intervient auprès du cardinal Bisleti, pour qu'on ne donne pas satisfaction à Byrne-Grant [109]. Le Chapitre général met donc sur pied une commission pour régler l'affaire, mais une entente entre les parties intervient avant que la commission ne se mette à l'œuvre.

L'arrangement conclu veut que le Père Byrne-Grant renonce tout simplement aux biens réclamés de l'Université. Quant à la charte, le *St. Patrick's College of Ottawa University* sera agrégé à l'Université d'Ottawa, mais jouira d'une grande autonomie dans son programme des Arts, lequel constitue une division de la Faculté des Arts de l'Université d'Ottawa. Celle-ci se trouve donc à tripler son programme des Arts, soit les cours anglais et français sur le campus principal et le cours agrégé du *St. Patrick' College* [110]. Le Chapitre général entérine l'entente avant que le Saint Siège fasse de même [111].

Cette longue querelle entre oblats anglophones et francophones faisait voir la méfiance des uns pour les autres et surtout le refus catégorique des Irlandais catholiques de travailler dans une institution dirigée surtout par des Canadiens français. La mauvaise gestion financière du Père Byrne-Grant y était pour quelque chose, car le religieux endetta sa Province de St. Peter au point qu'elle frisait la banqueroute. Aux dettes énormes encourues pour les nouveaux édifices entre 1929 et 1932, Byrne-Grant ajouta celle de la fondation d'un nouveau journal, *The Ottawa Catholic Times*, qui dut fermer ses portes en 1932. Ajoutons qu'en 1932, le Canada est en pleine crise économique, les valeurs mobilières et immobilières à Ottawa ayant chuté de 50% et de 75% respectivement. La Commission des finances du Chapitre général de 1932 constate donc que la gestion imprudente de Byrne-Grant a donné à sa Province un déficit annuel de 65 000 $. La situation

---

108. J. Rousseau à G. Marchand, Rome, le 24 août 1932, AR 1930 .M312 162, A.U.S.P.
109. G. Forbes à G. Bisleti, Ottawa, le 1er septembre 1932, JE 298 .C69R 15, A.D.
110. (J. Rousseau) à G. Marchand, Rome (septembre 1932), AR 1930 .M312 168, A.U.S.P.
111. A. Cassulo à G. Marchand, Ottawa, le 23 novembre 1932, AR 1930 .M312 185, A.U.S.P. G. Bisleti, Décret, Rome, le 26 octobre 1932, JE 595 .C69R 35, A.D.

est jugée « très grave mais non pas désespérée [112] ». Même l'abbé John J. O'Gorman, un ferme partisan du collège St. Patrick, parle des « folles entreprises financières » du Père Byrne-Grant [113].

Le règlement de la question St. Patrick permet à l'Université d'Ottawa de mettre de l'ordre dans ses statuts. La Constitution apostolique *Deus Scientiarum Dominus*, émise par Pie XI le 24 mai 1931, entraîne la même année la révision des cours et la refonte des statuts de l'Université ; cela donne lieu à des Facultés réorganisées de Théologie (1932), de Philosophie (1932) et de Droit canonique (1933). Simultanément, on juge opportun d'obtenir un amendement à la charte civile. Un projet de loi privé, soumis à l'Assemblée législative de l'Ontario le 30 mars 1933, reçoit la sanction royale le 7 avril suivant. La corporation connue du nom de *College of Ottawa*, depuis l'adoption de la charte civile en 1866, est désormais baptisée *University of Ottawa* [114]. L'institution outaouaise qui a perdu le gros de ses effectifs étudiants anglophones [115] reste, en 1933, le port d'attache de 18 maisons d'enseignement affiliées [116].

Le collège St. Patrick allait exister pendant 50 ans. Entre 1932 et 1967, il est agrégé à l'Université, comme noté ci-dessus, mais en 1967 il choisira de s'intégrer à la *Carleton University* d'Ottawa, avec le rang de faculté offrant des cours de premier cycle. Il allait ainsi survivre jusqu'à sa fermeture en 1979 [117].

---

112. JE 595 .C69R 31, A.D.
113. John J. O'Gorman au R.P. Labouré, Ottawa, le 3 mars 1933, JE 595 .C69R 36, A.D.
114. Jean-Charles LAFRAMBOISE, *op. cit.*, p. 16-17. G. Forbes, Pastoral letter, Ottawa, le 29 janvier 1933, JE 201 .C69R 40, A.D.
115. « Comme question de fait, la presque totalité des élèves de langue anglaise de la ville venant des écoles séparées, va à St. Patrick où le courant est établi. Nous ne recevons ici que quelques élèves, juste assez pour former une classe, c'est-à-dire ceux que les parents nous confient parce qu'ils sont d'origine française ou parce qu'ils veulent qu'ils apprennent le français » G. Marchand à R.P. Labouré, Ottawa, le 21 février 1933, AR 1930 .M31L 139, A.U.S.P.
116. G. Marchand au R.P. Provincial, (Ottawa, 1933), AR 1930 .M31 RT 3, A.U.S.P.
117. H.A. MACDOUGALL, *op. cit.*, p. 53-71.

Les Canadiens français divisés

Le départ des Irlandais catholiques en 1929 ne rétablira pas nécessairement l'harmonie dans l'institution, car les Canadiens français sont eux-mêmes divisés sur la question des droits de la langue française en Ontario et sur celle de leur allégeance politique. Les amendements apportés au règlement 17 en 1927, suivis de la crise économique déclenchée en octobre 1929, font que bon nombre de Canadiens français jugent que l'heure est à la collaboration et à la bonne entente avec les anglophones. Ils se démarquent des Samuel Genest et des Charles Charlebois [118], entre autres ; ces derniers continuent leur guerre de tranchées au Conseil des écoles séparées d'Ottawa, à l'A.C.F.E.O. et au journal *Le Droit*.

À l'Université, le catalyseur de cette division dans les rangs des Canadiens français est le Père Charles Charlebois [119]. Lors de l'entrée en fonction du Recteur Gilles Marchand, en avril 1930, le Père Charles est à la fois chef du secrétariat de l'A.C.F.E.O. et directeur du journal *Le Droit*. À ce dernier titre, il ne cesse d'attiser le zèle de ses troupes franco-ontariennes, tendant un barrage roulant contre les ennemis des siens. L'Assistant Général des oblats, N.-S. Dozois, explique :

> D'après *Le Droit*, vous avez à Ottawa un tas d'âmes de vaincus, de lâcheurs, de lâches, qui sont en train de ruiner l'œuvre de l'Association. Ils veulent la paix, la paix enfin, la paix à tout prix. Quelle paix attendent-ils donc d'ennemis irréconciliables ? Ça ne peut être que la paix de la défaite évidemment. C'est-à-dire l'anglicisation, l'abandon de tout ce qui fait notre entité. Ah ! les lâches [120].

Au Nouvel An de 1931, c'est le parti conservateur qui dirige la Province de l'Ontario et qui vient de renverser le parti libéral de MacKenzie King dans l'arène fédérale. Ce sont des conseillers scolaires de la même couleur politique qui raflent la majorité des sièges au C.E.S.O., lors des élections de décembre 1930. Ces gens sont moins frondeurs et plus conciliants que les Genest et les Charlebois ; ces derniers seront tôt identifiés comme les coryphées du parti libéral. En effet, en 1930, ce sont les libéraux Napoléon Belcourt et Aurélien Bélanger qui sont le plus clairement associés à « la cause » [121].

---

118. Voir le chapitre 7.
119. Voir le chapitre 7.
120. N.-S. Dozois à G. Marchand, Rome, le 18 octobre 1930, AR 1930 .M312 35, A.U.S.P.
121. Voir le chapitre 7.

Le 24 janvier 1931, le Délégué Apostolique Andrea Cassulo convoque le Père Marchand à son bureau pour se plaindre du *Droit* et de l'influence malsaine des PP. Charlebois et Sarrazin dans la direction du journal [122]. Il y a déjà un an que Cassulo s'était plaint de la même chose. Le supérieur provincial des oblats explique :

> Son Excellence semble croire que le Père Charles Charlebois est l'auteur de toutes les difficultés à Ottawa. Je crois qu'on exagère son influence (...) Pour faire plaisir à son Excellence, le Père Charlebois a été relevé de ses fonctions de directeur du *Droit* par le Conseil provincial. Cette décision de notre part a été très sensible au Père Charlebois et a contrarié ses amis. J'ai reçu des protestations (...) Le Ministre de France, lui-même, m'a exprimé sa surprise (...) L'éloignement du Père Charlebois (d'Ottawa) aurait le don d'exaspérer les Canadiens français d'Ottawa et serait loin de pacifier les esprits. On saurait d'où vient le coup.
>
> Si son Excellence commande l'éloignement du Père Charlebois de la Capitale, les ordres seront exécutés avec regret mais sans délai ; elle devra porter l'odieux de cette mesure, car le public le saura d'une façon ou d'une autre [123].

Ainsi, depuis juin 1930, le Père Charles n'est plus officiellement directeur du *Droit*. Il habite tout de même la région et dirige l'A.C.F.E.O. *Le Droit* ne réaligne pas son tir, car le Père Sarrazin, qui continue d'y œuvrer, est un disciple du Père Charles. Mgr Cassulo n'est donc pas au bout de ses ennuis.

Le Recteur Marchand se montre, à l'occasion, un fervent apôtre canadien-français. Ainsi, il reproche à Mgr Cassulo de ne pas avoir prononcé un seul mot de français lors de son homélie au service funèbre de Mgr Fallon. Il lui fait aussi remarquer que « tout le monde sait que le règlement 17 a été demandé au gouvernement par les autorités religieuses de langue anglaise [124] ». L'Assistant Général des oblats est sur la même longueur d'ondes :

> Il y a certainement, à Toronto, à l'égard du français, un changement de front merveilleux ; un vrai miracle. Vous l'attribuez à la Providence, au bon Dieu. Vous avez bien raison. Mais, en ce cas comme en bien d'autres, veuillez considérer que le bon Dieu s'est servi de causes secondes, c'est à

---

122. G. Marchand à P.Bourassa, Ottawa, le 26 janvier 1931, AR 1930 .M31L 39, A.U.S.P.
123. P. Bourassa à G. Marchand, Montréal, le 29 janvier 1931, AR 1930 .M312 70, A.U.S.P.
124. (G. Marchand à A. Cassulo, Ottawa, février 1931), AR 1930 .M31L 37, A.U.S.P.

dire de certains hommes de son choix ; de son choix parce qu'ils étaient selon son cœur. Et ces hommes là, ils ne les a pas trouvés en grand nombre (...) Il se peut (...) que les hommes qui (...) ont fait reculer le monstre de l'Orangisme (...soient obligés de se retirer) un peu. Mais il faudrait que ceux qui vont maintenant récolter en triomphateurs ce que les autres ont semé dans la misère, ne s'imaginent pas que ce sont leurs sourires à eux et leurs mamours qui ont dompté la bête ; ni, soit dit en passant, qu'elle est morte. Que le P. Lamoureux (...) comprenne bien tout ce qu'il doit au P. Charles (...) C'est l'Association, dont le grand ressort, l'âme, a été vous savez qui, qui a FORCÉ Ferguson à être raisonnable [125].

Toutefois, au cours de l'année 1931, le Père Marchand se transforme en farouche adversaire du Père Charles Charlebois et de ses amis. La métamorphose est causée par divers gestes du clan Charlebois, gestes inacceptables aux yeux du recteur et supérieur des oblats à Ottawa. Ainsi, six jours avant les élections au C.E.S.O. du 7 décembre 1931, le Père Guertin de l'Université prononce une conférence publique à Hull sur la question scolaire ontarienne. Au dire du recteur, ce fut « un abatage en règle » contre tous ceux qui ne partagent pas les opinions du conférencier sur des questions de programme, de méthodes d'enseignement, etc. ; ces adversaires seraient des invertébrés, des eunuques, des lâcheurs et des rampants. Marchand publie donc une mise au point dans *Le Droit*, mais voilà que le journal commente le geste pour dire que le Recteur Marchand appuie les mêmes candidats que le journal dans l'élection du surlendemain. Le Père Marchand enchaîne :

> Je ne condamne pas le journal de soutenir Monsieur un tel, mais de nous faire intervenir alors que nous ne le voulons pas dans une querelle que tout le monde reconnaît maintenant comme une pure querelle politique [126].

Autre incident. Le 8 décembre 1931, le Père Charles aurait tourné le dos à Mgr Cassulo plutôt que de le saluer à l'occasion d'une rencontre. Le Délégué s'en dit furieux, accusant Charlebois d'être un sectaire. Dans la rédaction du *Droit*, Cassulo regrette « l'étalage

---

125. N.-S. Dozois à G. Marchand, Rome, le 25 juin 1931, AR 1930 .M312 93, A.U.S.P.
126. G. Marchand à P. Bourassa, Ottawa, le 23 décembre 1931, AR 1930 .M31L 77, A.U.S.P.

perpétuel des divisions et des querelles entre catholiques [127] ». Marchand continue :

> (Les PP. Charlebois et Sarrazin) en sont venus à un point de se croire les seuls à posséder la vérité et on ne les voit jamais démordre de leurs tactiques (...) Actuellement ils ont réussi à nous aliéner la plupart des gens pondérés qui sont aussi patriotes que qui que ce soit, mais ont le tort de croire que pour être patriote il n'est pas nécessaire d'être perpétuellement en guerre et avoir constamment une question irritante à agiter devant l'opinion publique (...) On dit (...) à leur défense qu'ils ont rendu d'immenses services, qu'ils ont par leur action continue contribué à obtenir de précieux résultats. Personne, je pense, ne conteste cela, mais il me semble que ce n'est pas une raison pour les laisser maintenant détruire l'union qu'ils ont contribué à faire (...) Dans la question actuelle, tout le monde reconnaît une simple querelle politique entre les deux clans. Or le journal en prenant fait et cause pour les hommes d'un parti s'est nécessairement aliéné les autres (...) Maintenant que les dernières élections scolaires ont montré que l'autre parti avait l'avantage du nombre il se fait que l'influence du journal s'en est trouvé diminuée de beaucoup (...) *Le Droit* ce sont les oblats et pour plusieurs, les oblats c'est l'Université [128].

Les choses en restent là pendant un an, l'intervention conjointe du Délégué et de l'archevêque d'Ottawa forçant *Le Droit* à modérer son tir sur les catholiques anglophones. Mais voilà qu'en janvier 1933, le Père Marchand revient à la charge. Il écrit au supérieur général des oblats :

> Les affaires de la rue George (...) ne me paraissent pas s'améliorer (...) Au Conseil provincial je ne puis plus parler de cette question sans que ce soit une tempête et naturellement la discussion tourne en personnalités (...) Pour ma part je trouve intolérable que la direction d'un quotidien, dont nous passons à juste titre pour avoir la responsabilité, repose sur deux oblats sur lesquels aucune espèce de contrôle ne peut être exercé.
>
> J'ai longtemps partagé un bon nombre d'idées des pères en question (...) Mais je crois que les tactiques actuelles et surtout les principes qui les inspirent ne sont plus de mise [129].

Le Chapitre général des oblats, tenu en septembre 1932, avait élu un nouveau supérieur général en la personne de Théodore Labouré. Il se donne le Père Anthime Desnoyers comme assistant général. La nouvelle équipe cherche moins à protéger les oblats « nationalistes » que ne le faisait le Père Dozois, par exemple.

---

127. *Ibid.*
128. *Ibid.*
129. G. Marchand à T. Labouré, Ottawa, le 19 mars 1933, AR 1930 . M31L 142, A.U.S.P.

Tout au long de 1933, la pression augmente pour déloger Charlebois d'Ottawa, car il faut soustraire le journal à son influence. Marchand prétend toujours que le Père Charles « n'a pas su s'adapter aux nouvelles conditions [130] » ; ce dernier ferait campagne tant contre le système des écoles bilingues, telles qu'elles existent, que contre le Père Lamoureux, directeur de l'École Normale [131]. Le recteur obtient satisfaction partielle en juillet 1933, quand la direction générale des oblats décide de chasser le Père Charles de sa résidence de Hull et ce, dans le but de répondre aux demandes répétées du délégué apostolique [132]. Mais voilà que des pressions en sens contraire de la part de plusieurs hommes d'Église, comme NN. SS. Forbes, Rhéaume et Hallé, font hésiter les dirigeants oblats [133]. Pour sa part, le Père Marchand insiste à temps et à contretemps pour obtenir l'exil de Charlebois [134], et le supérieur général de répondre :

> Il faut à la tête de l'Association un homme qui travaille avec vous, qui s'entende avec vous (...) Pour défendre les intérêts de nos catholiques canadiens-français il n'est plus nécessaire de manger de l'Irlandais continuellement. Ceux qui mettent la guerre à l'anglais en première ligne de défense ne sont plus à la page et doivent céder la place à d'autres. Voilà pourquoi il reste entendu que le Père Charlebois (...) doit rentrer dans la coulisse [135].

En cette fin de 1933 et jusqu'en 1934, la direction générale des oblats tente de prendre le pouls de l'opinion canadienne-française au sujet du renvoi projeté du Père Charles. Ayant conclu que ce renvoi ne déclencherait pas de guerre, ordre est donné au Père Charles de

---

130. G. Marchand à T. Labouré, Ottawa, le 13 juin 1933, AR 1930 .M31L 167, A.U.S.P.
131. G. Marchand à A. Desnoyers, Ottawa, les 2 avril et 14 juin 1933, AR 930 .M31L 168, A.U.S.P. G. Marchand à T. Labouré, Ottawa, les 18 avril et 23 juillet 1933, AR 1930 .M31L 153, 176, A.U.S.P.
132. T. Labouré à G. Marchand, Paris, les 24 mai et 26 juillet 1933, AR 1930 .M312 233, 250, A.U.S.P. A. Desnoyers à G. Marchand, Notre-Dame-de-l'Osier, le 10 juillet 1933, AR 1930 .M312 245, A.U.S.P.
133. T. Labouré à G. Marchand, Naples, le 23 septembre 1933, AR 1930 .M312 262, A.U.S.P. A. Desnoyers à G. Marchand, Rome, le 23 octobre 1933, AR 1930 .M312 268, A.U.S.P.
134. G. Marchand à T. Labouré, Ottawa, le 25 octobre 1933, AR 1930 .M31L 194, A.U.S.P. G. Marchand à A. Desnoyers, Ottawa, le 27 octobre 1933, AR 1930 .M31L 195, A.U.S.P.
135. Rome, le 29 novembre 1933, AR 1930 .M312 280, A.U.S.P.

soumettre sa démission de l'A.C.F.E.O. ; il doit quitter la région de la Capitale avant le 13 avril 1934 [136]. Les oblats nomment le Père Arthur Joyal pour lui succéder, religieux de la même école que Charlebois, mais dont le Père Marchand n'a pas su bloquer la candidature [137].

La fin d'une époque

La décennie 1930 fut plutôt mouvementée à l'Université, comme les précédentes, d'ailleurs. Les oblats irlandais du collège St. Patrick continuent à se plaindre, les frères des Écoles chrétiennes font de leur académie De La Salle une autre rivale du cours d'immatriculation de l'Université et on se dispute chez les oblats sur la meilleure stratégie apte à promouvoir la langue française en Ontario. De temps à autre, Canadiens français ou Canadiens anglais critiquent vertement la politique de bilinguisme à sens unique pratiquée par l'Université d'Ottawa [138].

C'est au lendemain de la Deuxième Guerre mondiale que l'Université d'Ottawa tourne la page sur son premier siècle d'existence comme collège classique. En 1945 est fondée la Faculté de Médecine, suivie en 1946 de l'ouverture de l'École des Sciences appliquées qui sera promue au rang de faculté en 1953, année de fondation de la Faculté de Droit. Les baccalauréats spécialisés se multiplient, pendant que l'archidiocèse d'Ottawa recueille, en 1948, plus d'un million de dollars, lors d'une campagne de souscription en faveur de l'Université.

La langue d'enseignement dans ces nouveaux programmes d'études scientifiques est l'anglais, ce qui provoque la parution d'une série de cinq articles, signés Pierre Vigeant, dans *Le Devoir* de Montréal ; l'auteur y dénonce l'Université d'Ottawa comme foyer d'anglicisation pour les Canadiens français.

> L'Université d'Ottawa n'est pas française (...) Elle n'est même pas bilingue (...) Elle devient de plus en plus anglaise (...) Ce bilinguisme n'est plus qu'une façade (...) Non seulement les Canadiens français se trouvent-ils à subventionner presque complètement l'instruction des catholiques de

---

136. A. Desnoyers à G. Marchand, Rome, le 27 mars 1934, AR 1930 .M312 297, A.U.S.P.
137. G. Marchand à A. Desnoyers, Ottawa, le 19 février 1934, AR 1930 .M31L 219, A.U.S.P.
138. Voir, par exemple, « Injustice, mensonge, lâcheté », dans *L'Ordre*, Montréal, le 11 mai 1934.

langue anglaise (...) mais ils font les frais d'un enseignement qui donnera une formation anglaise à leurs propres enfants (...) Les Canadiens français paient pour se faire angliciser [139].

Les autorités universitaires, dont le Recteur Jean-Charles Laframboise, se défendent en arguant de l'impossibilité « pour le moment » d'établir un véritable bilinguisme dans les secteurs de la médecine et des sciences. Nous savons qu'en 1950, l'Université accueille 3 900 étudiants, contre les quelque 1 300 de 1936.

L'Université d'Ottawa a choisi d'être le cobaye d'une politique de bilinguisme au Canada. Dès sa fondation en 1848, l'institution se voulait bilingue tant par nécessité que par idéal. Ses vingt-six premières années de régime bilingue s'avérèrent un franc succès ; on y trouve peu de traces de conflits linguistiques.

Le période d'unilinguisme anglais (1874–1901) fut le reflet de l'ascendant de toute chose anglaise dans la société de l'époque, période d'apogée de l'empire britannique et de l'impérialisme britannique qui en découle au Canada anglais. L'impérialisme économique et politique américain fait aussi des siennes. Dans une telle conjoncture, le groupe anglophone au Collège d'Ottawa réussit à se convaincre que l'institution lui appartient et que les Canadiens français n'y sont que pour s'angliciser. Ainsi, on s'enorgueillit d'un recteur anglophone à compter de 1889 ; la correspondance officielle n'affiche que des en-têtes anglais.

Cette paisible barque unilingue anglaise chavire en 1901, quand l'Université d'Ottawa retourne à une politique de bilinguisme, c'est-à-dire de cours parallèles. Pendant les trente années suivantes, le parti irlando-catholique ne voudra pas démordre dans ses tentatives visant à ramener l'institution à l'unilinguisme anglais, car ils tolèrent mal ou pas du tout le bilinguisme. Le problème est réglé par la séparation des partisans de l'unilinguisme anglais après 1929.

Les nombreux conflits ethno-linguistiques à l'Université d'Ottawa font voir les projets sociaux différents des anglophones et des francophones. Pour les oblats francophones, surtout canadiens-français, le bilinguisme fut nécessaire dès 1848, tant comme condition *sine qua non* de la survivance des Canadiens français que comme élément indispensable dans une institution destinée à servir une clientèle des deux

---

139. Pierre VIGEANT, « L'anglicisation à l'Université d'Ottawa », Montréal, Éditions de *l'Action Nationale*, (1948), brochure, 31 p. C'est ici la réédition des cinq articles parus dans *Le Devoir*, les 2, 3, 4, 5 et 6 novembre 1948.

langues. Ils acceptèrent de préférer l'anglais en 1874, mais eurent tôt fait par la suite de revenir sur leur décision. Ils s'accrocheront désormais au bilinguisme, sans jamais flancher.

L'attitude des Irlandais catholiques est tout autre. Au tournant du siècle, à l'instar de la grande majorité de la population anglophone, ils estimaient que ce serait s'amoindrir, s'abaisser, se dévaloriser que d'apprendre le français. À plus forte raison, ils n'acceptent pas d'être gouvernés par des francophones. À cette attitude plutôt typique du Canadien anglais de l'époque, s'ajoutent les traits culturels particuliers aux Irlandais catholiques. Ils ont abandonné leur langue pour s'angliciser et souffrent, dans leur pays d'origine, d'une longue histoire d'agression par la Grande-Bretagne. Se pourrait-il que ces deux faits mènent les Irlandais catholiques à plus d'intolérance qu'on serait en droit de s'attendre ? Ajoutons qu'ils se retrouvent dans la même Église que les Canadiens français et ces derniers dominent l'Église catholique du Canada par le nombre de fidèles et de clercs.

Ainsi, un important contingent de catholiques d'origine irlandaise ne voulut rien savoir du bilinguisme à l'Université d'Ottawa au vingtième siècle. Leur cheminement séparé, après 1929, laissera tout de même un autre groupe de catholiques anglophones qui choisira de cheminer avec les Canadiens français dans l'aventure bilingue de l'Université. Cette gageure oblate en faveur du bilinguisme, maintenue avec ténacité et persévérance, ne sera reconnue à ses justes mérites qu'au lendemain de la révolution sociale et culturelle canadienne, après 1960.

Tenue pendant longtemps par ses adversaires comme négligeable au chapitre linguistique, l'Université d'Ottawa bilingue devenait pour plusieurs, après 1960, le modèle canadien par excellence d'une institution post-secondaire. Cependant, pendant le premier siècle de son existence, l'Université d'Ottawa fut maintenue dans la voie du bilinguisme par son clergé canadien-français.

En pleine crise sociale et culturelle canadienne dans la décennie 1960, les autorités de l'Université d'Ottawa déclareront :

> Bilinguisme et biculturalisme inspirent toute notre existence et pèsent sur elle de tout leur poids. La vie même de l'Université d'Ottawa dépendra de l'acceptation ou du rejet par la population canadienne du fait le plus important de notre histoire : la rencontre sur un même sol de la culture française et de la culture anglo-saxonne (...)
>
> L'Université d'Ottawa (...) comme institution bilingue (...) a été à peu près exclusivement l'œuvre de Canadiens français (...) Les Canadiens français ont été pratiquement les seuls artisans de notre bilinguisme (...)

En règle générale « bilingue » a été chez-nous synonyme de « canadien-français » (..) Ce sont les Canadiens français (étudiants et professeurs) qui ont exigé et maintenu le bilinguisme, contre vents et marées (...) Pour les Canadiens français le bilinguisme était une arme, il s'intégrait presque toujours à la mystique de la survivance [140].

---

140. Université d'Ottawa, « Mémoire... à la Commission royale d'enquête sur le bilinguisme et le biculturalisme », Ottawa, 1964, p. 2, 28, 31.

3

« LA CAUSE » FRANCO-ONTARIENNE

CHAPITRE 7

LES CHEFS DE « LA CAUSE »

Le demi-siècle qui fut témoin d'une sérieuse dépression économique, de deux guerres mondiales et de l'extermination de millions de Juifs mena à l'éclatement de l'univers idéologique d'où il était issu. Les questionnements se feront plus radicaux par la suite.

La lutte pour la reconnaissance des droits du français en Ontario est menée par des chefs profondément convaincus de la justice et du bien-fondé de leurs revendications. Leur cause est bénie par Dieu, en passant par la Vierge Marie et les saints Martyrs canadiens. Il faut donc persévérer jusqu'à la victoire finale, car Dieu le veut.

Cette lutte franco-ontarienne jouira toujours de l'appui moral du Québec et parfois de son appui politique et financier. Les chefs de la belle province dirigent toujours les destinées du peuple « canadien-français » et non du peuple « québécois ». La bataille en Ontario est ainsi celle de frères qui mènent le bon combat pour la défense du Canada français. Nous savons que le rétrécissement de cette vision canadienne en vision québécoise ne se manifeste pas avant 1950.

Le nationalisme canadien-français est en effet en plein essor dans le Québec de la première moitié du vingtième siècle. À l'œuvre d'Olivar Asselin, d'Henri Bourassa et du *Devoir* (1910ss) avant 1920, ajoutons l'œuvre de *l'Action Française* et de Lionel Groulx, en attendant l'Ordre de Jacques Cartier, le Bloc populaire et Maurice Duplessis[1]. Ce

---

1. À ce sujet, voir entre autres Susan M. TROFIMENKOFF, *The Dream of Nation: A Social and Intellectual History of Quebec*, Toronto, Macmillan

nationalisme est même en voie de passer de « canadien-français » à « québécois », reposant toujours, cependant, sur le messianisme et la foi en la survivance prêchés par l'Église catholique.

Entre 1900 et 1950, le gouvernement et l'opinion publique de l'Ontario ne sont pas disposés à faire de leurs francophones des citoyens à part entière. Ce sera donc de haute lutte que les Franco-Ontariens devront marquer des points ; la qualité de leur leadership y sera pour quelque chose.

Charles Charlebois, o.m.i.

Pendant un quart de siècle, c'est l'oblat Charles Charlebois qui sera la cheville ouvrière de la résistance franco-ontarienne. Né le 4 novembre 1871 dans une famille de 14 enfants, à Sainte-Marguerite du Lac-Masson, Québec, Charles étudie au collège de L'Assomption (1883-1886) et au juniorat du Sacré-Cœur d'Ottawa (1886-1889) avant d'entrer au noviciat des oblats, à Lachine (1889). Il fait profession perpétuelle en 1891 et est ordonné prêtre par Mgr Duhamel le 8 juin 1895. Le Père Charles occupera diverses fonctions pastorales (1896-1901) avant sa nomination comme curé-fondateur de la paroisse Sainte-Famille d'Ottawa (1901), avec résidence au scolasticat Saint-Joseph. Il quittera tant le scolasticat que la paroisse en 1913, année de sa mutation à la direction du journal *Le Droit*. C'est alors qu'il élit domicile à Hull[2], la ville sœur d'Ottawa qu'il ne quittera qu'en 1934. Le Père Charles dirigera *Le Droit* pendant les dix-sept premières années de son existence (1913-1930). L'homme qui en avait le premier conçu l'existence incarnera la devise de ce nouveau journal des Franco-Ontariens aux prises avec le règlement 17 : « L'avenir est à ceux qui luttent ».

---

of Canada, 1982, 344p. *Id., Action Française : French Canadian nationalism in the twenties*, Toronto, U.T.P., 1975, 157p. Joseph LEVITT, *Henri Bourassa and the Golden Calf. The Social Program of the Nationalists of Quebec (1900-1914)*, Ottawa, E.U.O., 1969, 190 pages.

2. Gaston CARRIÈRE, *Dictionnaire biographique des Oblats de Marie-Immaculée au Canada*, 3 tomes, Éditions de l'Université d'Ottawa, 1976, 1977, 1979, 350, 429, 485p. Carrière écrit que Charlebois est curé de la paroisse Sainte-Famille jusqu'en 1917, tandis que l'intéressé écrit que cette nomination prit fin le 30 mars 1913. Charles Charlebois à A. Joyal, Hull, le 20 mai 1930, fonds A.C.F.O., C2/167/1, A.C.R.C.C.F.

Cette nouvelle feuille de combat qui sort des presses en 1913 est fondée par un groupe de Canadiens français d'Ottawa, forts de l'appui de l'archevêque C.H. Gauthier[3]. Le Père Charlebois y mènera une lutte si vigoureuse contre les adversaires de l'école bilingue qu'il fera continuellement l'objet d'accusations et de calomnies. En 1930, on prétend que le religieux est « l'adversaire irréductible des Irlandais et (...) l'animateur des désaccords profonds qui existent entre eux et les Canadiens français, surtout à Ottawa[4] ». Charlebois s'en défend bien, déclarant à son confrère, le Père Arthur Joyal que, dès 1913, il donnait

> aux rédacteurs l'ordre de ne faire aucune attaque contre les Irlandais. Vour répondrez aux attaques, leur ai-je dit, en rétablissant la vérité. Voilà tout. Ce programme a été si fidèlement observé qu'aucun Ordinaire sur le siège d'Ottawa n'a rappelé le journal à l'ordre depuis qu'on m'en a confié la direction[5].

En 1930, on cherche cependant à oublier le passé. Nous savons comment Charlebois est relevé de ses fonctions au *Droit*.

La lutte du Père Charles en faveur des Franco-Ontariens se déroule également sur une autre scène. Non seulement avait-il préconisé dès 1909 « la fondation d'un journal quotidien bien établi, bien catholique, bien français, bien patriotique, bien combatif[6] », mais aussi « la fondation d'une grande association patriotique, religieuse et financière (...) avec ramifications dans toutes les paroisses canadiennes françaises[7] ». L'Association canadienne-française d'éducation de l'Ontario (l'A.C.F.E.O.), issue du congrès de 1910, se donnait aussitôt un comité exécutif dont fera toujours partie le Père Charlebois. En 1933, les adversaires qui ont réussi à le limoger du *Droit* entreprennent de l'écarter également de l'A.C.F.E.O. Il en résulte que le délégué apostolique presse le supérieur général des oblats à Rome de muter le Père Charles ailleurs. Son frère, Mgr Ovide Charlebois, affirme en effet que le supérieur provincial des oblats, le Père P. Bourassa,

> n'est pas libre de laisser ou de retirer le P. Charles. Il est forcé par le supérieur général et ce dernier est forcé par le délégué (...) Si celui-ci retire

---

3. L.-C. Raymond à C.-S.-O. Boudreault, Bourget, le 11 octobre 1912, MG 4/1, A.A.O.
4. C. Charlebois à A. Joyal, Hull, le 20 mai 1930, fonds A.C.F.O., C2/167/1, A.C.R.C.C.F.
5. *Ibid.*
6. *Id.* à J.-B.-T. Caron, Ottawa, le 25 mars 1909, fonds A.C.F.O., A.C.R.C.C.F.
7. *Ibid.*

son ordre, le supérieur général retirera volontiers le sien et pareillement le R.P. Bourassa (...) Le Père Charles (...) a été calomnié on ne peut plus par la clique irlandaise et canadienne (...) Les oblats ne tiennent pas à le retirer ; mais ils y sont forcés [8].

Les chefs de l'Ontario français se porteront à la défense de cet ouvrier de la première heure [9], mais ne réussiront pas à faire révoquer la décision et le Père Charles de commenter :

> Aujourd'hui ils me demandent d'abandonner l'Association. Déjà je leur ai répondu que ma soumission à leur désir était complète et que je donnerais ce jour ma démission au comité exécutif et à l'Association d'Éducation. Je vous prie de l'accepter.
>
> Ma tâche à vos côtés est finie. Ce n'est certes pas sans un serrement très sensible au cœur que je dis ces paroles [10].

Dégagé de ses responsabilités outaouaises et ontariennes, Charles Charlebois deviendra supérieur du scolasticat de Sainte-Agathe-des-Monts (1934-1945). Lors de son décès à Montréal, le 5 octobre 1945, l'A.C.F.E.O. lui rendra le témoignage suivant :

> Le Père Charlebois s'est donné sans compter au service de l'Association (...) pendant un quart de siècle (...) Il fut l'un des fondateurs du *Droit* dont il a été, 18 ans durant l'âme dirigeante, et l'inspirateur de notre École Normale de l'Université d'Ottawa (...) C'est sur sa suggestion que, dès le début de l'Association, les membres de son comité exécutif se sont engagés à tenir allumée, nuit et jour et à perpétuité, en leur bureau-chef, une lampe votive au Sacré-Cœur, qu'ils sont allés confier l'issue de leur cause aux soins de la T.S. Vierge en son sanctuaire national du Cap-de-la-Madeleine et, qu'ils ont organisé, au sein des écoles et de certaines communautés religieuses, leurs croisades de rosaires, de communions et de pénitence.
>
> Il a été la cheville ouvrière, la puissance occulte, l'animateur de notre victorieuse résistance (...) Son nom vivra dans toutes les mémoires franco-ontariennes [11].

---

8. O. Charlebois à A. Séguin, Montréal, le 13 octobre 1933, fonds A.C.F.O., C2/167/1, A.C.R.C.C.F.
9. A. Séguin à J.-E. Chevrier, Ottawa le 11 octobre 1933, fonds A.C.F.O., C2/167/1, A.C.R.C.C.F. L.-C. Raymond à P. Bourassa, Ottawa, le 4 octobre 1933, fonds A.C.F.O. C2/167/1, A.C.R.C.C.F. Joseph Hallé à Edmond Cloutier, Hearst, le 18 octobre 1933, fonds A.C.F.O., C2/167/1, A.C.R.C.C.F.
10. C. Charlebois à L.-C. Raymond, Hull, le 20 mars 1934, fonds A.C.F.O., C2/167/2, A.C.R.C.C.F.
11. Octobre 1945, fonds fonds A.C.F.O., C2/167/2, A.C.R.C.C.F.

Le départ de Charlebois incite le comité exécutif de l'A.C.F.E.O. à demander au supérieur provincial des oblats de lui désigner un successeur. C'est le Père Arthur Joyal qui est élu pour succéder au géant de « la cause »[12]. Né le 28 février 1883, à Sainte-Agathe de Provencher au Manitoba, le Père Joyal avait œuvré au scolasticat Saint-Joseph d'Ottawa (1909-1914) et au sanctuaire Notre-Dame du Cap-de-la-Madeleine (1914-1932). Logé à la paroisse Notre-Dame de Hull, il dirigera le secrétariat de l'A.C.F.E.O. pendant dix ans (1934-1944), jusqu'à ce que son état de santé impose sa retraite[13]. Le Père Gustave Sauvé, professeur à l'Université d'Ottawa, lui succédera de 1944 à sa mort, en 1961. Ni l'un ni l'autre n'aura l'envergure de Charlebois.

Napoléon-Antoine Belcourt

Tandis que Charles Charlebois est la cheville ouvrière de l'A.C.F.E.O. pendant 25 années ininterrompues, le chef de ce mouvement d'émancipation des Franco-Ontariens est Napoléon-Antoine Belcourt. Né à Toronto le 15 septembre 1860 de Ferdinand-Napoléon Belcourt et de Marie-Anne Clair, il fait ses études élémentaires et secondaires au séminaire Saint-Joseph de Trois-Rivières. Appelé au barreau du Québec en 1882 et à celui de l'Ontario en 1884, il peut s'enorgueillir du titre de docteur en droit que lui accordent l'Université d'Ottawa (1895) et l'Université Laval (1909). Belcourt exerce sa profession à Ottawa depuis 1884.

Les ambitions politiques du jeune avocat eurent tôt fait de s'afficher quand, au lendemain de la pendaison de Louis Riel, le 16 novembre 1885, « Le club national » fut fondé à Ottawa, présidé par Belcourt. Cette cellule canadienne-française fut aussitôt identifiée comme d'allégeance politique libérale, car les Canadiens français tenaient le gouvernement conservateur de John A. Macdonald responsable de la mise à mort de Riel. Le club national mène Belcourt à l'investiture libérale pour une circonscription électorale d'Ottawa, lors de l'élection fédérale de 1891. Il est défait, mais raflera le même siège aux Communes, en 1896. Réélu lors des élections générales de 1900 et de 1904, il devient président de la Chambre des Communes

---

12. P. Bourassa à E. Cloutier, Montréal, le 29 mars 1934, fonds A.C.F.O., C2/167/2, A.C.R.C.C.F.
13. Joyal souffre de la maladie de Parkinson. Il meurt en 1962.

(1904-1906), en attendant d'être nommé sénateur (1907). L'homme politique reste très en vue dans la capitale du Canada : il est membre de plus d'une douzaine de clubs politiques et sociaux, en plus d'être reconnu comme un ami du premier ministre Wilfrid Laurier.

L'étude légale de N.-A. Belcourt, P. Leduc et J. Genest est le conseiller juridique du Conseil des écoles séparées d'Ottawa, Leduc étant le gendre de Belcourt, tandis que Genest est le fils de Samuel Genest, président du C.E.S.O. depuis 1913. En plus d'être propriétaire et rédacteur du quotidien *Le Temps* d'Ottawa pendant bon nombre d'années, Napoléon Belcourt est élu premier président de l'A.C.F.E.O. (1910-1912), poste qu'il occupera de nouveau à compter de 1921 à la suite des demandes pressantes de l'épiscopat canadien-français [14]. Dans la décennie 1920 il est reconnu comme la voix éminente des Franco-Ontariens.

Belcourt est en effet un conciliateur qui se mérite la confiance non seulement du C.E.S.O., de l'A.C.F.E.O., de Lionel Groulx et de l'épiscopat canadien-français, mais aussi de ses collègues dans la vie publique et de chefs anglo-protestants tels que S.D. Chown, le surintendant général de l'Église méthodiste, James L. Hughes, chef orangiste, C.B. Sissons, *et al.* Les Franco-Ontariens n'auraient pu souhaiter avoir un meilleur chef. Belcourt se mérite l'appui et l'amitié de ces divers personnages en prêchant la doctrine du Canada « bilingue » et celle d'une meilleure connaissance réciproque entre Canadiens anglais et français. Il déclare à Mgr J.-M. Émard d'Ottawa :

> Il n'y a pas de doute pour moi que la création de la *Unity League*, le travail qui se fait, ou par elle ou en son nom auprès de la majorité protestante, d'un côté, et la persévérance de nos compatriotes dans leur ferme attitude de ne pas accepter le règlement 17 de l'autre, assurent, dans un avenir rapproché, la solution équitable de la question des écoles bilingues ontariennes et de la langue française dans les provinces anglaises [15].

Quel que soit son auditoire, le Sénat du Canada ou une assemblée d'étudiants, Napoléon Belcourt fait valoir les droits de la langue française en Ontario, la vocation bilingue du Canada et le riche héritage français hors du Québec [16].

---

14. Robert CHOQUETTE, *Langue et religion...*, *op. cit.*, p. 233-234.
15. Le 31 janvier 1923, fonds C.E.S.O., A.A.O.
16. *The Debates of the Senate*, Ottawa, mercredi le 20 mars 1918. N.-A. Belcourt, « Canada a bilingual nation ? » dans *Le Droit*, Ottawa, le 4 janvier 1923. N.-A. Belcourt à J.-M. Émard, Ottawa, le 6 février 1924, fonds A.C.F.O., A.A.O.

L'Action Française de Lionel Groulx [17] décide d'honorer Belcourt de son « grand prix » à l'occasion de fêtes le 24 mai 1924, au parc Lafontaine de Montréal. Tous s'en réjouissent, Ovide Charlebois déclarant que « nul plus que lui ne le méritait [18] », tandis que Lionel Groulx s'évertue à inviter toute une série de personnages importants, car « nous voudrions que la fête eût un grand cachet officiel, afin d'embarquer tout le monde dans l'affaire ontarienne et les fêtes de Dollard [19] ». Pour sa part, Mgr Joseph Hallé de Hearst fait l'éloge du chef franco-ontarien :

> Son œuvre comme président de cette Association mérite certes un « grand prix d'Action Française » et en le lui décernant vous avez fait ce qui était en votre pouvoir pour mettre en plus grande lumière le chef aimé, le défenseur habile et intrépide des Canadiens français d'Ontario (...) Belcourt mérite non seulement un « grand prix d'Action française » mais un « très grand prix d'Action canadienne » (...)
>
> Qu'on le mette bien en relief dans votre fête ; qu'il paraisse debout, éclairant nos compatriotes, dissipant leurs préjugés, montrant d'un grand geste la belle, la lumineuse route de la justice, la seule qui soit assez large et assez vénérable pour permettre à la nation canadienne de cheminer en paix vers ses immortelles destinées (...) La véritable grandeur, celle qui dure et que l'histoire est forcée de reconnaître c'est l'ensemble des qualités qui font d'un homme l'instrument de Dieu, le défenseur humain de quelque vertu divine, l'unissant ainsi à la source même de toute grandeur, à Dieu lui-même (...) Je lui souhaite courage, persévérance, santé, longue vie [20].

Dans son discours du 24 mai, le sénateur Belcourt tient les propos qu'on lui connaît :

> Le pacte fédéral a été établi et doit demeurer sur le principe de la mise en commun des efforts de deux nationalités, de deux civilisations, de deux cultures distinctes et différentes, progressant côte à côte, sans la fusion des individus formant l'un ou l'autre groupe, pour la création et le maintien d'un État prospère, stable et heureux.

---

17. Sur l'Action Française voir Susan M. TROFIMENKOFF, *Action Française*, *op. cit.*
18. O. Charlebois à Edmond Cloutier, Montréal, le 10 mai 1924, fonds A.C.F.O., C2/173/1, C.R.C.C.F.
19. L. Groulx à E. Cloutier, Montréal, le 12 mai 1924, fonds A.C.F.O., C2/173/1, C.R.C.C.F.
20. J. Hallé à MM. les directeurs de l'Action française, Hearst, le 21 mai 1924, fonds A.C.F.O., C2/173/1, A.C.R.C.C.F.

> Le pacte fédéral comportait nécessairement, de droit et de fait, l'égalité des deux races fondatrices, le libre et complet développement de leurs qualités et de leurs dispositions particulières. On ne peut concevoir la réalisation de l'œuvre fédérale autrement que dans l'émulation harmonieuse des deux éléments vers le but commun, tout en laissant à chacun la liberté la plus complète dans l'exercice de ses aptitudes et de ses moyens propres, avec une tolérance généreuse et un respect réciproque, pour assurer l'avenir de la patrie commune.
>
> Il n'est nullement entré dans le dessein des auteurs du pacte fédéral que l'un ou l'autre groupe dût faire le sacrifice d'aucun principe, d'aucun droit essentiel ou primordial; que l'un ou l'autre pût exercer d'autre domination que celle à laquelle donnent droit la culture intellectuelle et morale, le véritable civisme, le patriotisme éclairé et constant [21].

Belcourt devait s'emballer davantage au sujet de la confédération canadienne, mais il avait succombé aux instances de Lionel Groulx, qui lui fit biffer quelques lignes de son discours. Groulx écrit :

> J'ai fait voir le discours de M. Belcourt à quelques-uns de nos amis et de nos directeurs (...) Vous dirai-je (...) qu'un passage du discours inquiète un peu nos amis? Vous n'ignorez point qu'à force de dénaturer notre attitude sur notre avenir politique, l'on a fini par nous représenter comme des anti-fédéralistes acharnés, armés de pics et de pelles. Au vrai, nous ne partageons pas l'optimisme de M. Belcourt; mais cette opinion est trop honorable pour nous peiner (...) Le public intelligent connaît notre attitude: nous croyons inévitable la chute plus ou moins prochaine de la Confédération; en face de cet inévitable, nous estimons que c'est pour nous un devoir strict de préparer l'avenir. Cet avenir nous devons le préparer, non pas seulement entre les frontières du Québec, *mais dans l'Est du Canada* [22] (...)
>
> Nous sommes d'avis que la Confédération est entraînée vers sa ruine par des forces formidables, bien supérieures à la volonté des hommes. Nous avons cru, qu'en face d'une aussi grave aventure, il fallait remettre un espoir, une formule d'avenir devant les yeux de nos compatriotes de l'Est — mais notre intention n'a jamais été de faire campagne ouverte pour la fondation immédiate d'un État français. Notre attitude peut se définir ainsi: puisque la maison doit tomber, faut-il attendre qu'elle nous soit croulée sur la tête, avant de chercher où nous loger de nouveau [23]?

---

21. *Le Droit*, Ottawa, le 26 mai 1924.
22. L. Groulx à E. Cloutier, Montréal, le 19 mai 1924, fonds A.C.F.O., C2/173/1, C.R.C.C.F.
23. *Id.* à Charles Charlebois, Montréal, le 11 juin 1924, fonds A.C.F.O., C2/173/1, C.R.C.C.F.

Comme tous les Franco-Ontariens, le sénateur Belcourt est fédéraliste par nécessité. Il n'ira jamais, cependant, aussi loin qu'Henri Bourassa qui déclare, lors d'une conférence à Ottawa en 1937, au sujet de « la république laurentienne » :

> Nous sommes solidaires les uns des autres comme français et comme catholiques. Nous n'avons pas le droit d'affaiblir le groupe catholique du Canada. Comme Canadiens nous ne pouvons souscrire à cette idée du séparatisme (...) Que l'on fonde une colonie française. Après trois ans de ce régime il restera peut-être des orignaux et des castors, mais il n'y aura plus de Laurentiens pour la bonne raison qu'ils se seront tous mangés les uns les autres [24].

Belcourt, ce héros des Franco-Ontariens, devait cependant connaître des déboires semblables, dans leurs résultats, à ceux de Charles Charlebois. Ses difficultés commencent par son renvoi comme conseiller juridique du Conseil des écoles séparées d'Ottawa en janvier 1931, au lendemain de l'élection d'un nouveau conseil scolaire. Ce dernier est en effet sur un pied de guerre contre les chefs de « la cause ». À l'instar de Charlebois, Samuel Genest, Aurélien Bélanger et Napoléon Belcourt en prendront pour leur rhume, car on navigue désormais sous la belle étoile de la bonne entente. Les chefs de la résistance, réputés frondeurs, seront écartés.

La goutte qui fera déborder le verre pour Belcourt est un procès en Cour Suprême de l'Ontario au printemps de 1931. Le sénateur avait intenté des poursuites judiciaires contre le *Canada Newspaper Company Limited* de Londres, Angleterre, éditeurs du magazine *Canada*. En 1927, cette compagnie avait convenu de verser des honoraires de 5 000 $ à Belcourt en échange de l'obtention par le magazine d'une souscription, par le gouvernement canadien, à 3 000 exemplaires du *Canada* pendant trois ans. Le sénateur joue de son influence auprès du gouvernement de MacKenzie King, n'obtient qu'une souscription de 2 200 exemplaires pendant une année, mais exige que le magazine londonien lui verse les 5 000 $ prévus. Ce dernier refuse. Le juge McEvoy ayant adjugé à Belcourt la jolie somme de 4 000 $, des journaux s'en disent offusqués. L'*Ottawa Journal*, d'allégeance conservatrice, semonce ouvertement le sénateur pour abus de confiance ; il n'a pas le droit d'exiger des honoraires pour jouer de son influence politique. Le journal profite de l'occasion pour rappeler une autre

---

24. Résumé des propos de Henri Bourassa à Ottawa, le 18 octobre 1937, fonds A.C.F.O., C2/174/4, A.C.R.C.C.F.

cause semblable en 1906-1907, alors que Belcourt aurait reçu un pot de vin de 100 000 $ en valeurs mobilières en retour de l'obtention du gouvernement du Canada de la continuation d'un permis d'exploitation minière au Yukon en faveur de la compagnie intéressée. Belcourt sut obtenir tant la faveur que la compensation, en dépit d'une enquête parlementaire subséquente. Le *Journal* s'interroge donc, en 1931, sur l'honnêteté de Belcourt ; ce dernier est accusé de conduite immorale et condamnable, car il aurait dans les deux cas abusé d'un poste public pour son propre gain. En effet, le *Canada Newspaper Company* en appellera de la décision du juge McEvoy, en 1931. Pour sa part le Sénat n'attend que la décision du tribunal d'appel, pour se pencher lui aussi sur la question.

Les adversaires de Belcourt s'en donnent donc à cœur joie à l'été de 1931. On rappelle discrètement les déboires maritaux du sénateur. Il avait marié en 1889 Hectorine Shehyn, de Québec, qui lui donna trois filles (Béatrice, Gabrielle et Jeanne) avant de mourir en 1901. Le 19 janvier 1903, Belcourt s'unit en seconde noces à Mary Margaret Haycock, une célibataire de 29 ans. Trois fils et une fille sont issus de cette union (Jean-Wilfrid-Ferdinand, Paul-Lafontaine, Victor-Philippe, Mary-Dolores), la fillette ne survivant que quelques mois après sa naissance, en 1912.

En mai 1914, Mme Belcourt, en compagnie de ses trois fils, laisse son mari et intente des procédures judiciaires en vue du divorce. Elle accuse son mari de faire preuve d'un tempérament violent et ingouvernable, d'être violent à son égard et de maintenir une persécution systématique de son épouse. Il serait même coupable de parler français à la maison, sachant bien que son épouse est unilingue anglaise. Le juge Lennox[25] autorise le divorce, cède la garde des trois garçons à leur mère et accorde 22 500 $ en dommages à la plaignante ; le sénateur était de plus tenu de défrayer les coûts de l'éducation de ses enfants.

Échaudé dans sa vie personnelle et politique, Belcourt sera par surcroît accusé, en 1931, de corruption et de manipulation malhonnête des fonds du C.E.S.O. Le sénateur est en effet le conseiller juridique du C.E.S.O. pendant toutes les années de la présidence de Samuel Genest. Le nouveau conseil scolaire élu en décembre 1930 rend public les états

---

25. C'est le même juge Lennox de la Cour Suprême de l'Ontario qui allait se prononcer, quelques mois plus tard, en faveur de l'injonction Mackell si dommageables aux écoles bilingues d'Ottawa. Voir Robert CHOQUETTE, *Langue et religion, op. cit.*, p. 188.

financiers du C.E.S.O. On y lit que Belcourt a reçu plus de 57 000 $ du C.E.S.O., et des honoraires de plus de 16 000 $ de l'A.C.F.E.O. avant 1921. Ses adversaires prétendent que 12 000 $ de la première de ces sommes n'étaient pas autorisés par le C.E.S.O. ; c'est Samuel Genest qui aurait glissé cet argent à Belcourt, son ami et le patron de son fils. On affirme également qu'une forte proportion de ces honoraires reçus du C.E.S.O. n'étaient pas justifiés.

À l'été de 1931, les nuages s'amoncellent donc à l'horizon pour Napoléon Belcourt. Aux accusations notées ci-dessus, ajoutons que ses adversaires conservateurs se promettent bien de passer le sénateur au crible dès la réouverture des chambres, au début de 1932. On allègue cette fois que Belcourt a contrevenu à la loi sur l'indépendance du Parlement en louant un édifice au gouvernement fédéral, utilisant le prête-nom de la *Vimy Realty Company*[26]. Découragé et abreuvé d'amertume, le chef des Franco-Ontariens meurt à son chalet du lac Blue Sea, le 7 août 1932. Les adversaires du français en Ontario pouvaient respirer plus à l'aise.

Samuel Genest

Par ordre d'importance, Samuel Genest est le troisième chef de la résistance franco-ontarienne pendant les trois premières décennies du vingtième siècle. Élu au C.E.S.O. le 25 mai 1909, il en devient président en 1913, poste qu'il ne quittera qu'en janvier 1931, lors de la révolution de palais qui désigne D.-T. Robichaud comme son successeur. La nouvelle équipe du C.E.S.O. a en effet résolu de se défaire des frondeurs invétérés comme Belcourt, Charlebois, Genest et Aurélien Bélanger. Le Samuel Genest qui avait tenu tête au gouvernement de l'Ontario et aux tribunaux lors de la bataille du règlement 17[27], à titre de président tant du C.E.S.O. (1913–1930) que de l'A.C.F.E.O. (1919–1921), est écarté de la présidence du C.E.S.O. lors de la première réunion du nouveau conseil, en janvier 1931. À l'instar de Charlebois, on l'accuse d'antipathie à l'égard de ses frères catholiques d'origine irlandaise ; on se permet même de l'accuser d'athéisme et de franc-maçonnerie, l'obligeant à obtenir des lettres d'appui de certains

---

26. A.C.F.E.O., Notice biographique... Belcourt, fonds Belcourt, HH 6024. B42R 1-, A.D. *Le Droit*, Ottawa, le 26 mai 1924. « Napoléon Antoine Belcourt », Ottawa, le 26 août 1931, 21p., A.A.K. *The Ottawa Journal*, Ottawa, le 18 juin 1931.
27. Voir notre *Langue et religion, op. cit.*, troisième partie, p. 164–250.

évêques qui attestent qu'il est bon catholique. Ces derniers s'exécutaient avec empressement, ayant même demandé quelques années plus tôt sa nomination au Sénat en remplacement de Napoléon Belcourt qu'on songeait à nommer ambassadeur canadien à Washington en 1924[28]. Ce projet n'aura pas de suite. Au lendemain de sa retraite du C.E.S.O. à la fin de 1932, les Franco-Ontariens reconnaissants sauront honorer le vieux guerrier par une fête éclatante en son honneur au printemps de 1933. Celui qui « pour un principe a tout risqué : sa carrière de fonctionnaire, son honneur, sa liberté personnelle[29] » se voyait donc à son tour remercié par une communauté franco-ontarienne qui, lors de l'avènement de la paix ethno-linguistique, tournait le dos sur ses soldats qui lui avaient valu la victoire.

Aurélien Bélanger

Il en sera de même d'Aurélien Bélanger. Né à Sainte-Scholastique, Québec, le 18 mars 1878, Bélanger suit ses parents vers Ottawa en 1879, où son père devient traducteur au Conseil privé. Au fil des ans, il se méritera des diplômes en lettres (M.A., 1902), en comptabilité (C.P.A., 1926) et en droit (conseiller du roi en 1945). En cours de route, il occupe les fonctions de professeur à l'Université d'Ottawa (1896-1902), directeur de la comptabilité pour la construction du musée Victoria (1904-1908), inspecteur des écoles bilingues de l'est de l'Ontario (1908-1912), directeur des écoles bilingues d'Ottawa (1919-1930) et député libéral du comté de Russell à l'Assemblée législative de l'Ontario (1923-1929, 1934-1948). Son épouse Alida est la fille de Télésphore Rochon, un des premiers inspecteurs des écoles bilingues de l'Ontario.

Aurélien est un combattant de la première heure dans la lutte en faveur du français en Ontario. De concert avec son beau-père, il a convoqué des réunions en 1907 et 1908, lesquelles menèrent au congrès

---

28. D.-T. ROBICHAUD, « Une réponse à M. Genest », Circulaire, 5 décembre 1931, MG 27/2, A.A.O. F.-X. Ross, Attestation, Trois-Rivières, s.d., fonds A.C.F.O., C2/181/2, A.C.R.C.C.F. L.-N. Bégin à Rodolphe Lemieux, Québec, le 27 novembre 1924, fonds A.C.F.O., C2/181/3, A.C.R.C.C.F.
29. Ces paroles du *Toronto Star* énoncées au lendemain de l'abandon du Règlement 17 en septembre 1927, sont citées en traduction dans *Le Droit*, Ottawa, le 10 janvier 1929.

de fondation de l'A.C.F.E.O. en 1910[30]. Sans être directeur de l'A.C.F.E.O., il organise de 1912 à 1925, en collaboration avec le Père Charlebois, plus d'une centaine de congrès régionaux de l'A.C.F.E.O. dans divers coins de la province.

> Ces congrès régionaux se tenaient généralement dans l'église après la messe. L'auditoire préparé par un sermon du Père Charlebois durant la messe, recevait la doctrine de l'enseignement bilingue après la messe, ainsi que des exhortations à la résistance, à tenir ferme, à faire les sacrifices voulus jusqu'au triomphe[31].

Aurélien Bélanger sera honoré à plusieurs reprises par ses concitoyens canadiens-français. L'Université Laval lui ayant décerné un doctorat en pédagogie en 1937, c'est au tour de l'Université d'Ottawa de le créer docteur en droit *honoris causa* en 1948. Il serait en partie responsable de la création de la Commission Scott-Merchant-Côté en 1925, laquelle mena au rappel du règlement 17[32]. C'est de lui que James L. Hughes écrivait, en 1924 :

> J'ai rarement rencontré dans un autre pays un éducateur d'une compétence plus particulière, d'une formation théorique et professionnelle plus complète, d'une puissance d'inspiration plus grande ou d'un idéal plus moderne de la vraie signification de l'éducation[33].

Il sera tout de même congédié comme directeur des écoles bilingues d'Ottawa, en janvier 1931. Les militants n'étaient plus les bienvenus, et Bélanger était, par surcroît, adonné à la boisson.

Au soir de sa vie, Aurélien Bélanger se méritera les éloges de ses compatriotes. Lors du Congrès de la langue française tenu à Québec en juin 1952, le Conseil de la Vie française lui remet la médaille de la Fidélité française en déclarant :

> La cause franco-ontarienne n'a jamais connu de défenseur plus intrépide ni d'ambassadeur de la pensée française plus convaincu. Le nom d'Aurélien Bélanger ira rejoindre dans l'histoire des revendications scolaires,

---

30. Voir notre *Langue et religion, op. cit.*, p. 78.
31. A. BÉLANGER, « Quelques notes biographiques », Ottawa, 1948, fonds A.C.F.O., C2/178/13, A.C.R.C.C.F.
32. Bélanger a prononcé un discours remarqué d'une durée de cinq heures devant l'Assemblée législative de l'Ontario pendant la session de 1925.
33. Cité dans notre *Langue et religion, op. cit.*, p. 237.

religieuses et nationales de nos minorités, ceux des plus vénérés chefs de notre histoire [34].

Il meurt le 12 février 1953, âgé de 74 ans [35].

Gustave Lacasse

Le décès d'Aurélien Bélanger suit de trois semaines celui de Gustave Lacasse. Né à Sainte-Élisabeth de Joliette en 1890, Joseph-Henri-Gustave Lacasse étudie au Séminaire de Montréal et à l'Université Laval de Montréal, dont il se mérite un diplôme en médecine. Établi à Tecumseh, près de Windsor, en 1914, il épouse l'année suivante Marie-Anne Saint-Pierre, originaire de Moose Creek, Ontario [36] ; elle lui donne quatre filles [37] et sept fils [38] avant de mourir le 23 novembre 1944, âgée de 54 ans. Quatre années plus tard, Gustave épouse en deuxième noces Rose Odine, de Saint-Hyacinthe.

En plus de pratiquer la médecine et d'élever une nombreuse famille, Gustave Lacasse s'engage à fond dans la vie de sa communauté. Actif dans l'A.C.F.E.O., il en deviendra directeur et vice-président ; il est élu maire de Tecumseh en 1927 et 1928, année de sa promotion au Sénat du Canada. Encore trois ans et il fonde le journal *La Feuille d'Érable*, voix française hebdomadaire qui veut promouvoir la cause française dans la péninsule sud-ouest de l'Ontario. La tâche est pourtant souvent ingrate tant au plan financier qu'au plan culturel, le sénateur faisant allusion, en 1941, à sa « bataille plus désespérément isolée que jamais. Je vous avoue franchement que je me demande parfois si cela vaut bien la peine que je « me désâme » plus longtemps [39]. »

---

34. Cité dans Omer HÉROUX, « Aurélien Bélanger », éd. dans *Le Devoir*, Montréal, le 16 février 1953.
35. Les renseignements sur Bélanger sont surtout tirés de ses « Quelques notes biographiques », *op. cit.*, et de divers articles du journal *Le Droit*, le 13 mai 1948, les 16, 27 et 28 février 1953.
36. Le frère de Marie-Anne, le médecin Damien Saint-Pierre (né en 1887), exercera sa profession à Ford City pendant 19 ans (1914–1933) avant de transporter ses pénates à Ottawa en 1933. Il sera un des chefs de file franco-ontariens de la péninsule sud-ouest.
37. Hélène, Aline, Georgette et Annette.
38. Fernand, Hubert, Maurice, Yvon, Hector, Jean-Louis et Lucien.
39. G. Lacasse à A. Joyal, Tecumseh, le 12 janvier 1941, fonds A.C.F.O., C2/183/9, A.C.R.C.C.F.

Le sénateur mourra le 19 janvier 1953, témoin d'une péninsule qui s'anglicise à vue d'œil[40].

J.-Raoul Hurtubise

À l'instar de Lacasse dans le Sud-Ouest de l'Ontario, c'est un autre médecin, J.-Raoul Hurtubise, qui est le chef attitré des Franco-Ontariens du Nord-Est de la province. Né le 1er juillet 1882 à Sainte-Anne de Prescott, Ontario, dans une famille de 12 enfants, Hurtubise mènera à terme des études collégiales au collège Bourget à Rigaud, Québec (B.A., 1904), et des études de médecine à l'Université Queen's de Kingston. Il pratique la médecine pendant quelques mois à Wilbur, Ontario, en 1908, à Verner, Ontario de 1908 à 1910 et enfin à Sudbury, à compter de 1910.

Membre du Conseil des écoles séparées de Sudbury de 1913 à 1930, et son président pendant 15 ans (1915-1930), Hurtubise n'a pas réussi à se faire élire à l'Assemblée législative de l'Ontario, en 1923. En 1930, cependant, il est élu député libéral de Nipissing à la Chambre des Communes, poste qu'il occupera sans interruption jusqu'en 1945, alors qu'il choisit de ne pas briguer les suffrages à nouveau. En revanche, il est nommé sénateur.

Hurtubise est un ouvrier de la première heure à l'A.C.F.E.O. et membre de son comité exécutif depuis 1910, avant d'en devenir le vice-président pour l'Ontario-Nord. Il servira de coordonnateur des diverses campagnes en faveur du français dans le Moyen-Nord. Il meurt à Ottawa en fin janvier 1955, après plus de deux années d'hospitalisation[41].

J.-Marie-Rodrigue Villeneuve

Versons enfin à ce dossier des chefs le nom de Jean-Marie-Rodrigue Villeneuve, o.m.i., appelé à devenir cardinal archevêque de Québec.

---

40. Sur Gustave Lacasse voir divers documents dans le fonds A.C.F.O., C2/183/9, A.C.R.C.C.F. ; le journal *La Feuille d'Érable* dont on retrouve la série complète aux A.C.R.C.C.F. ; divers reportages dans *Le Droit*. Maurice LACASSE, *Le lion de la péninsule. Biographie et poèmes du Sénateur Gustave Lacasse*, Hull, chez l'Auteur, 1979, 178p.
41. Guy COURTEAU, s.j., *Le docteur J.-Raoul Hurtubise...*, Montréal et Sudbury, Bellarmin et Société historique du Nouvel Ontario, 1971, 135p. *Le Droit*, Ottawa 1945. Fonds A.C.F.O., C2/182/13, A.C.R.C.C.F.

Né à Montréal le 2 novembre 1883, il fait profession religieuse chez les oblats le 15 août 1902 et est ordonné prêtre par Mgr Duhamel, le 25 mai 1907. Il est professeur au scolasticat Saint-Joseph d'Ottawa pendant 23 ans, en devenant le supérieur dès 1920. Promu premier évêque de Gravelbourg, Saskatchewan, le 3 juillet 1930, il est sacré par Mgr Forbes le 11 septembre suivant, avant d'être élu archevêque de Québec le 11 décembre 1930 et cardinal le 13 mars 1933. Détenteur de doctorats de l'Université d'Ottawa en philosophie (1919), théologie (1922) et droit canonique (1930), il se méritera des doctorats honorifiques des Universités Laval (1930), McGill (1933), de Toronto (1934), de l'Alberta (1936) et Queen's (1942)[42].

C'est de son poste de supérieur du scolasticat Saint-Joseph à Ottawa (1920-1930) que Rodrigue Villeneuve s'affiche comme partisan de « la cause » franco-ontarienne. Tout en voulant la justice pour tous, il reconnaît qu'à l'Université d'Ottawa, par exemple, « l'unique solution (aux troubles franco-irlandais) est dans la séparation (...) Dussions-nous le payer en dollars, ce serait là un avantage sans prix[43] ». Ami de Lionel Groulx, Villeneuve est invité par celui-ci à lire et à évaluer le manuscrit de *L'Appel de la race* (1922) avant sa parution. L'oblat le juge « un bel et bon livre (...) Il n'y aura à le juger mauvais que des étrangers d'origine et d'esprit et qui sont incurables[44]. » En effet, Villeneuve partage tout à fait les opinions politiques de Groulx. Il publie régulièrement dans son *Action Française* des propos comme les suivants :

> Qu'un État catholique et français puisse, au cours du siècle qui s'annonce prendre place dans la vallée du Saint-Laurent, voilà qui n'est plus, au sentiment de plusieurs, une pure utopie, mais un idéal digne d'ambition, un espoir solidement fondé. Et que la vocation surnaturelle de la race française en Amérique acquière de ce chef son plein épanouissement[45] (...) Quand le cerveau anglais concevra-t-il l'idée d'un pays effectivement bilingue avec le respect mutuel des deux races dont l'une ne soit ni mâtinée ni domestiquée au profit de la première[46] ?

---

42. Gaston CARRIÈRE, *Dictionnaire biographique..., op. cit.*
43. R. Villeneuve à S. Dozois, Ottawa, le 5 juin 1930, cité dans Gaston CARRIÈRE, *Docteur du Christ. Le Cardinal Jean-Marie-Rodrigue Villeneuve, o.m.i., Archevêque de Québec, 1882-1947*, manuscrit dactylographié, 13 volumes, vol. V., p. 1339, A.D.
44. Cité *ibid.*, vol. VI, p. 1522.
45. Dans *l'Action Française*, juillet 1922, cité *ibid.*, vol VI, p. 1529.
46. Cité *ibid.*, vol. VI, p. 1537.

Villeneuve croit, en effet, que le Canada finira par se désintégrer « par l'évolution régulière et juridique des finalités sociales [47] ».

Le Père Villeneuve ne s'aventure pas en politique active ou dans la contestation ouverte des politiques anti-françaises de l'Église ou de l'État. Il est tôt devenu, cependant, un conseiller très écouté des militants franco-ontariens. À l'instar de la plupart des hommes d'Église de l'époque, il s'avère très conservateur, voire réactionnaire dans son idéologie politique et sociale. Il juge la société de son époque

> neurasthénique, capricieuse, maussade, injuste et, peu à peu, elle s'use de ses irritations et de ses spasmes [48] (...) La société a pour fin d'abord de protéger les droits et l'existence de la famille (...) [49]

En 1928, le Père Villeneuve explique les rapports qui doivent exister entre l'Église et l'État :

> Il y a nécessité de collaboration entre les deux pouvoirs. L'Église a (...) le droit et le devoir de faire servir l'État à ses fins propres, essentiellement supérieures et auxquelles tout est subordonné comme les biens d'ici-bas le sont au bien de l'éternité. D'où nécessité de l'union, de la collaboration entre les deux pouvoirs. L'Église apporte à l'État l'autorité morale de sa doctrine essentiellement protectrice de l'autorité et celui de son influence qui saisit les hommes au cœur d'eux-mêmes ; elle donne à l'ordre social le concours de ses œuvres qui lui servent de pilotis sur le terrain mouvant et précaire des institutions humaines. En retour, elle attend des institutions politiques l'aide qui convient à ses fins.

> Le régime appelé la *séparation* de l'Église et de l'État, qui entraîne d'abord le rejet de toute religion d'État, ou selon les termes de la jurisprudence anglaise de toute Église établie ne peut être soutenu, car l'Église séparée de l'État, c'est la vraie religion mise au rang de l'erreur, c'est le naturalisme érigé en culte, c'est bientôt l'incroyance générale.

> La faveur des lois, la protection des pouvoirs publics, tel est pour l'Église de Jésus-Christ le régime qui lui convient de par sa nature et de par sa dignité. En d'autres termes, c'est l'union de l'Église et de l'État (...) Jamais la séparation de l'Église et de l'État ne saurait être approuvée ; tout au plus, en des circonstances particulières, peut-elle être tolérée jusqu'à meilleur compte et à titre d'expédient [50].

Villeneuve n'est pas plus friand du suffrage féminin.

> Nous voudrions que nos femmes chrétiennes ne concluent point trop vite qu'elles ont le droit et surtout le devoir d'aller voter. Nous voudrions

---

47. Cité *ibid.*, vol. VI, p. 1539.
48. Cité *ibid.*, vol. V, p. 1435-1436.
49. Cité *ibid.*, vol. V, p. 1437.
50. Cité *ibid.*, vol. V, p. 1445-1446.

qu'elles sachent que de graves esprits doutent de leur droit et redoutent ce devoir. Et des esprits qui ne sont point chagrins et qui ne les rabaissent point dans leur nature humaine, mais qui veulent aimer en elles des mères, des femmes, et non des viragos. Nous voudrions, du moins, qu'entraînées par la poussée des faits à aller déposer dans l'urne publique le bulletin de leur suffrage, elles s'y rendent avec la digne pudeur des vieilles moniales du cloître que l'autorité ou la violence mettent parfois en procession dans la rue (...) Le tout est moins de savoir, à notre sens, si les citoyens comme tels ont droit au vote, que si les femmes comme individus ont une part directe au gouvernement de la société et même à la désignation de celui qui en sera l'instrument et le dépositaire (...) Le suffrage universel est absurde. Et les principes par lesquels on l'établit nous conduiraient peut-être à conclure que la femme n'a point son rôle à exercer comme l'homme dans la vie sociale (...) Disons avec *l'Ami du Clergé* que le suffrage féminin n'a rien qui répugne absolument au droit naturel. Continuons de croire qu'il répugne relativement. D'autres soutiendront qu'il est inopportun. Tous nous travaillerons quand même à garder les femmes parfaites épouses, mères fécondes, reines du foyer. Dieu en sera béni [51].

Cet esprit conservateur ou même réactionnaire de Villeneuve est typique de celui du clergé de son époque. Ces hommes sont des croisés et non des révolutionnaires. Les Franco-Ontariens, entre autres catholiques, acceptent cette idéologie de leurs dirigeants, idéologie qui fusionne « la cause » franco-ontarienne aux doctrines et au conservatisme social de l'Église catholique. Ce n'est pas pour rien que Jean-Marie-Rodrigue Villeneuve sera hissé au sommet de la hiérarchie catholique du Canada. Au moment de sa mort à Alhambra, Californie, le 17 janvier 1947, il aura mené le bon combat en faveur de la bonne presse, des bonnes mœurs et du patriotisme canadien, tout en dirigeant une croisade soutenue contre le communisme. Il sera le chef moral des campagnes franco-ontariennes pendant les décennies 1930 et 1940.

Si l'espace le permettait, il faudrait sans doute ajouter plusieurs autres noms à ces notices des chefs franco-ontariens de la première moitié du vingtième siècle, les Edmond Cloutier (1893–1977), les Esdras Terrien (1876–1960) [52] et les Léon-Calixte Raymond (1871–1944), entre autres. Ils ont tous, de concert avec plusieurs compatriotes, travaillé de pied ferme pour la sauvegarde du verbe français dans une province qui cherchait par divers moyens à le faire disparaître.

---

51. Cité *ibid.*, vol. V, p. 1473–1479.
52. Voir *Le Droit*, Ottawa, le 3 mars 1950.

La cause de Dieu

En 1911, Mgr Latulippe, vicaire apostolique de Témiskaming, faisait approuver par le pape Pie X une prière à sainte Jeanne d'Arc, dans le but de venir en aide aux écoles bilingues de l'Ontario. La prière est approuvée à nouveau en 1915 par Benoît XV et reste présente à l'esprit des chefs franco-ontariens, l'éditorialiste Charles Gauthier opinant en 1938 que Jeanne d'Arc « aimait beaucoup les Anglais, ses ennemis, mais à condition qu'ils restent chez-eux [53] ». Résolus à protéger leur langue, les Franco-Ontariens vont s'arc-bouter sur leur foi chrétienne par l'entremise de diverses dévotions. Leur foi et leur nationalisme ne font qu'un.

Les 15 et 16 juin 1912, dans le sanctuaire du Cap-de-la-Madeleine, Alphonse Charron lisait pour l'A.C.F.E.O. une consécration publique et solennelle des écoles bilingues. La Vierge est présentée comme « le rempart de nos croyances et le gage d'union de notre nationalité [54] ». Le geste de consécration sera renouvelé au nom de l'A.C.F.E.O. le 15 août 1923 par Esdras Terrien, en attendant un geste plus solennel. En effet, on songeait depuis bon nombre d'années à l'érection, dans le même sanctuaire, d'un *ex-voto* en l'honneur des écoles franco-ontariennes [55]. Le rappel du règlement 17 en septembre 1927 est l'occasion toute indiquée. Charles Charlebois, Napoléon Belcourt, Samuel Genest et Edmond Cloutier sont donc au Cap-de-la-Madeleine le 20 novembre suivant, pour y laisser l'*ex-voto* des Franco-Ontariens reconnaissants.

> Cet *ex-voto* dira à tous les pèlerins et aux générations futures, les sentiments de profonde reconnaissance qui montent des âmes des parents, des instituteurs et des enfants vers Vous, insigne protectrice de nos écoles bilingues (...)
>
> Mère très bonne, protectrice officiellement reconnue de notre patrie, bénissez nos familles, nos écoles, nos instituteurs, notre université et son école normale, nos institutions d'enseignement secondaire, notre journal *Le Droit*, notre Association d'Éducation [56].

Diverses dévotions sont en effet l'expression normale et habituelle des chefs franco-ontariens de la première moitié du vingtième siècle. En 1917, Joseph Hallé, futur évêque de Hearst, avait fait inscrire sur le

---

53. *Le Droit*, le 9 mars 1938.
54. *Le Droit*, le 29 avril 1947.
55. L'abbé A. Beausoleil le recommande avec ferveur dès 1916.
56. N.-A. Belcourt et E. Cloutier, Déclaration, Cap de-la-Madeleine, le 20 novembre 1927, fonds A.C.F.O., C2/265/2, A.C.R.C.C.F.

mur de la chapelle au sanctuaire du Sacré-Cœur de Paray-le-Monial en France, une prière à l'intention des Franco-Ontariens. Dès 1910, Charles Charlebois avait, pour sa part, allumé une lampe votive qui brûlait jour et nuit au siège social de l'A.C.F.E.O. ; c'était pour attirer les bénédictions du ciel sur « la cause ».

Lors du congrès de l'A.C.F.E.O. de 1934, les saints Martyrs canadiens, canonisés quatre années plus tôt, sont choisis patrons de l'A.C.F.E.O., en attendant d'être reconnus par le Saint Siège, en 1940, comme seconds patrons du Canada. L'A.C.F.E.O. organise, de 1950 à 1953, un pèlerinage annuel au sanctuaire des Martyrs à Midland, Ontario. Le pèlerinage de 1950, qui marque le 40ᵉ anniversaire de fondation de l'A.C.F.E.O., est l'occasion de la lecture d'un acte de consécration et de la déposition d'un *ex-voto* de reconnaissance franco-ontarienne [57]. Pour leur part, les évêques de la province ecclésiastique d'Ottawa ont déjà défrayé les coûts de la construction d'une chapelle à la Vierge dans la Basilique de Sainte-Anne de Beaupré [58].

La dévotion principale des Franco-Ontariens reste celle de la Vierge et connaîtra son apogée lors du congrès marial d'Ottawa, en 1947. Tenu du 18 au 22 juin 1947, ce grand rassemblement est à la fois le plus grand geste d'éclat et le chant du cygne de l'Église franco-ontarienne d'antan. Il s'agit de commémorer le centenaire de l'érection du diocèse d'Ottawa, tout en préparant la proclamation du dogme de l'Assomption de la Vierge (1950). Tout un régiment de personnalités nationales et internationales y font acte de présence, dont le premier ministre du Canada William Lyon MacKenzie King, le ministre de la justice et futur premier ministre Louis Saint-Laurent, le juge en chef de la Cour suprême du Canada Thibaudeau Rinfret et le gouverneur général, le Très honorable vicomte Alexandre de Tunis. Au nombre des personnalités ecclésiastiques, signalons la présence du légat pontifical, le cardinal James Charles McGuigan, archevêque de Toronto, du délégué apostolique Mgr Ildebrando Antoniutti, en plus des cardinaux Frings (Allemagne), Mooney (Détroit), Gerlier (Lyon), Spellman (New York), Tisserant (France), Stritch (Chicago), Bécancourt (Cuba) et Mindszenty (Hongrie). Une centaine d'autres évêques et vicaires apostoliques sont également du nombre, sans parler de milliers de clercs, de religieux et de religieuses. Un gigantesque reposoir central est

---

57. Les paragraphes ci-dessus sont en bonne partie fondés sur divers documents dans le fonds A.C.F.O., C2/265/3, A.C.R.C.C.F., Le sénateur Gustave Lacasse paye le coût de cet *ex-voto*.
58. A. Vachon à L. Rhéaume, Ottawa, le 12 septembre 1949, A.A.O.

érigé au parc Lansdowne, où Mgr Antoniutti préside une messe pontificale, le soir du jeudi 19 juin. De 60 000 à 80 000 fidèles y sont et reçoivent la communion des mains d'une centaine de prêtres. Le célèbre chanteur Raoul Jobin s'y rend de New York pour chanter des cantiques.

La messe est précédée d'un déjeuner chez le gouverneur qui reçoit les dignitaires de l'Église et de l'État. Elle est suivie, à minuit, d'une grande procession au reposoir, tandis que l'Université d'Ottawa reçoit solennellement le légat McGuigan. Le lendemain, dans la matinée du vendredi 20 juin, c'est Maurice Duplessis, premier ministre du Québec, qui présente le cardinal Pierre Gerlier à la foule rassemblée pour l'entendre au théâtre Capitol. Le juge en chef Thibaudeau Rinfret remercie le conférencier. En soirée, l'ambassadeur de France remet à l'archevêque Alexandre Vachon d'Ottawa la médaille de la Légion d'honneur. Le samedi 21 juin, c'est au tour de l'évêque américain O'Hara d'entretenir les gens sur les secrets des apparitions de Fatima, pendant que l'Université d'Ottawa remet des doctorats honorifiques à neuf personnages, dont deux archevêques, trois évêques, un premier ministre, un médecin, un avocat et un « Acadien ».

La clôture du congrès a lieu le dimanche 22 juin. Un concert de musique sacrée met en scène Raoul Jobin et les jumelles Dionne comme solistes, avant la cérémonie de consécration à la Vierge. Il est suivi en soirée d'une procession du centre ville au parc Lansdowne, où les chars allégoriques sont illuminés de flambeaux pour égayer et édifier les 200 000 personnes qui accourent au défilé. Suit un spectacle féerique de feux d'artifices, le plus imposant jamais vu dans la capitale, après que la messe pontificale du matin eut attiré 125 000 personnes.

Ces faits saillants du congrès marial font voir l'envergure du spectacle monté par Mgr Vachon d'Ottawa, en cet été 1947. C'est vraiment un *super-show*, où toutes les ressources sont mobilisées et qui attire des foules sans précédent. L'Église franco-ontarienne a atteint l'apogée du triomphe et de la gloire. Le diocèse qui avait commencé si pauvre un siècle plus tôt est maintenant au faîte des grandeurs [59].

La « cause » pour laquelle luttent ces chefs franco-ontariens repose sans aucun doute sur des assises de foi chrétienne catholique. Le théologien dominicain Richard Mignault aborde la question de front, à

---

59. *Livre d'Or du Congrès Marial*, microfilm, A.A.O. *The Ottawa Journal*, les 20 et 23 juin 1947 ; *La Presse*, Montréal, les 21 et 23 juin 1947 ; *Le Devoir*, Montréal, le 20 juin 1947.

l'occasion d'une conférence donnée à la Ligue des retraitants du diocèse de London en 1955. Il y énonce certains principes suivis de corollaires pratiques :

> Le catholicisme ne contredit pas le souci pratique de sa nationalité ; l'action nationaliste peut et doit être sanctifiée ; enfin un catholicisme authentique commande l'amour effectif de sa nationalité et une attitude nettement nationaliste (...) Il faut rester ou au besoin redevenir canadien-français (...) Nous devons être catholiques en Canadiens français (...) Nous devons nous affirmer en Canadiens français aux divers plans temporels (...) Nous devons appuyer les Canadiens français qui occupent des positions-clef et inversement ceux-ci doivent favoriser leurs clients canadiens-français [60].

C'est dans la même ville de Windsor, lors d'un grand rassemblement à l'occasion des fêtes de la Saint-Jean-Baptiste de 1953, que Mgr Rosario Brodeur sermonne la foule sur les liens entre la foi et la nationalité.

> La divine Providence (...) enrichit certains peuples de dons privilégiés et leur demande de jouer certains rôles dans le monde : le peuple canadien-français est un de ces peuples heureux (...) Notre langue est une des grandes protections de notre foi (...) On ne saurait pas plus faire un bon Anglais d'un Français que l'on saurait faire un bon Français d'un Anglais (...) Le devoir de demeurer français d'esprit et de cœur, de parler notre belle langue, de transmettre ce trésor précieux à nos enfants est un devoir qui s'impose [61].

Dieu veut donc qu'on parle français en Ontario. Cette conviction étant acquise, il est permis de prendre les moyens voulus pour y arriver, que ces moyens soient politiques, religieux, scolaires ou idéologiques. Ainsi, le Père René Lamoureux, o.m.i. (1890-1958), fondateur et directeur (1923-1955) de l'École Normale de l'Université d'Ottawa déclarait en 1936 :

> Après de multiples expériences, nous en sommes venus à la conclusion qu'un écolier qui a reçu l'instruction à l'école primaire dans une autre langue que sa langue maternelle était intellectuellement inférieur à celui qui n'avait pas eu à changer de langue (...) L'intelligence des étudiants éduqués dans une langue autre que leur langue maternelle était de moitié

---

60. Richard MIGNAULT, « Le catholicisme et les Canadiens français », Windsor, le 30 janvier 1955, fonds A.C.F.O., C2/168/17, A.C.R.C.C.F.
61. *Le Droit*, Ottawa, le 4 juillet 1953.

moins ouverte et assouplie que chez leurs camarades qui avaient l'avantage de n'avoir usé que d'une seule langue [62].

Il fallait protéger l'école française par tous les moyens.

Pour terminer ce chapitre sur le leadership franco-ontarien de « la cause », il convient de signaler le rôle du journal *Le Droit*. Fondé en 1913 pour lutter contre le règlement 17, il ne déviera jamais de la voie qui lui est tracée. Il ajoute à « la cause » franco-ontarienne le poids de son autorité et Mgr Latulippe, entre autres, le reconnaît :

> Ce journal a été l'âme de l'héroïque résistance que les Canadiens français ont opposée aux empiètements de l'État sur les droits des parents en matière d'éducation et sans lui, j'en ai l'intime conviction, déjà on n'entendrait plus résonner dans nos écoles le doux verbe de France (...) C'est *Le Droit* surtout qui a tenu en éveil les Canadiens français de l'Ontario (...) Il faut qu'il vive et prospère (...) jusqu'à ce que la justice et la paix se rencontrent dans un fraternel baiser [63].

« La cause » franco-ontarienne est donc aux mains de leaders laïques et cléricaux qui sont sur la même longueur d'onde au chapitre des relations entre la langue et la foi [64]. Les dévotions ne sont que l'expression d'une foi authentique qui constitue la fondation inébranlable sur laquelle reposent toutes les campagnes politico-sociales. Ces chefs franco-ontariens ressemblaient à leur collègue Genest, duquel le *Toronto Star* écrivait qu'il avait tout risqué pour un principe. C'était un principe de justice sociale, d'égalité pour les Franco-Ontariens, qui reposait sur une foi chrétienne inébranlable.

---

62. René Lamoureux, Propos résumés dans *La Voix Populaire*, Sudbury, le 16 octobre 1936. Voir aussi *Le Droit*, Ottawa, le 10 octobre 1936. Gaston CARRIÈRE, *Un grand éducateur. Le R.P. René Lamoureux, o.m.i., (1890–1958)*, Ottawa, E.U.O., 1958, 137p.
63. E.-A. Latulippe à N.-A. Belcourt et P. Landry, Haileybury, le 21 décembre 1918, A.D.H.
64. Ces chefs condamneront sans détours les quelques voix francophones discordantes. Voir, par exemple, l'éditorialiste Charles Gauthier qui, en 1937, tire à boulets rouges sur Henri Bourassa. Ce dernier accuse les Canadiens français de pratiques ou de nationalisme outrancier. *Le Droit*, mardi, le 19 octobre 1937.

CHAPITRE 8

L'ORDRE DE JACQUES CARTIER

Nous savons que l'amendement apporté au règlement 17 en 1927, suivi, deux années plus tard, du déclenchement de la dépression économique, fait que plusieurs Franco-Ontariens deviennent plus conciliants, moins frondeurs. On cherche la bonne entente et on tient les chefs plus militants responsables des déboires de la langue française au Canada. Les rangs de la minorité franco-ontarienne sont donc divisés, au C.E.S.O. et à l'Université d'Ottawa, par exemple. L'aile marchante de l'Ontario français choisit donc de prendre le maquis.

La guérilla quasi continuelle que devaient mener les Franco-Ontariens dans presque toutes les sphères de leur vie collective ne pouvait faire autrement que de convaincre bon nombre de leurs chefs que la survivance devait se faire en dépit et à l'encontre de la majorité anglophone. Prévoyant l'aube de jours meilleurs sur la scène scolaire, en 1926 une poignée de francophones d'Ottawa jette les bases d'une nouvelle société secrète vouée aux intérêts des Canadiens français. Leur œuvre sera telle que pendant près de quarante ans ce seront ces chefs franco-ontariens, à Ottawa, qui coordonneront la plupart des démarches collectives du Canada français pour la défense et l'illustration de la langue française, de l'Atlantique au Pacifique. Ceux qui ont fait leurs armes sur la scène ontarienne élargissent leur champ d'activités au Canada tout entier.

L'Ordre de Jacques Cartier (1926–1965) avait comme devise « religion, discrétion et fraternité ». Tout en se voulant une société secrète, il a tout de même réussi à faire parler de lui au cours de ses quelque quarante années d'existence. Les dénonciations du journaliste Jean-Charles Harvey dans le journal *Le Jour* de Montréal, entre novembre 1941 et janvier 1942, furent suivies, le 21 mars 1944, de celles de T.-D. Bouchard au Sénat canadien, puis de celles de Roger Cyr dans *La Patrie* et aux Éditions du Jour en 1964[1]. D'autres révélations parurent dans des articles de Charles-Henri Dubé et de Jean David dans le Magazine *Maclean* en mai et juin 1963, sans parler d'un procès retentissant en 1939, mettant aux prises le futur secrétaire de la Province de Québec, Hector Perrier, et Arthur Laurendeau de la revue *L'Action Nationale*. Ce dernier était accusé de libelle diffamatoire pour des propos tenus en assemblée de l'Ordre[2].

Après un quart de siècle d'existence, l'Ordre de Jacques Cartier définissait son but comme suit :

> L'O. est une association à caractère national qui vise à former et grouper une élite militante, en vue d'atteindre dans la discrétion, le bien commun spirituel et temporel des catholiques de langue française[3].

Les origines

La naissance de l'Ordre à l'automne de 1926 doit se comprendre dans le contexte des seize années de luttes ecclésiastique et scolaire menées par les Franco-Ontariens depuis 1910[4]. Cette longue guerre sociale à caractère ethno-linguistique tire à sa fin, quand le curé François-Xavier Barrette de la paroisse Saint-Charles d'Ottawa, de concert avec C.-A. Ménard, convoque une réunion à son presbytère. L'assemblée du 22 octobre 1926 compte 19 participants qui discutent de l'opportunité de fonder une société secrète canadienne-française[5].

---

1. Roger CYR, *La Patente (Tous les secrets de la « maçonnerie canadienne-française : l'Ordre de Jacques Cartier)*, Montréal, Éditions du Jour, 1964, 127p.
2. G.-Raymond LALIBERTÉ, *Une société secrète : l'Ordre de Jacques Cartier*, Montréal, Éditions Hurtubise HMH, 1983, p. 46. G.-Raymond LALIBERTÉ, *L'Ordre de Jacques Cartier ou l'utopie d'un césarisme laurentien*, thèse inédite de doctorat, Université Laval, 1980, 3 vols.
3. Conseil de la CX, « Statuts des C.O.J.C. », Ottawa, le 20 septembre 1952, fonds C.O.J.C., MG 28, I 98, archives publiques du Canada (désormais A.P.C.).
4. Voir Robert CHOQUETTE, *Langue et religion...*, *op. cit.*
5. L.-J. Chatelain, Procès-verbal de la CX n° 1, Ottawa, le 22 octobre 1926, fonds C.O.J.C., MG 28, I 98, vol. 8, A.P.C.

Lors d'une deuxième réunion en novembre, on décide que la société sera connue sous le nom de l'Ordre des commandeurs d'Amérique. Un comité est formé pour préparer une constitution[6], en attendant la réunion suivante qui a lieu au sous-sol de l'église Saint-François d'Assise ; on s'engage à préparer un Rituel[7]. Lors de leur quatrième réunion, tenue dans la salle communautaire de la paroisse Saint-Charles, les fondateurs enthousiastes élisent leur premier bureau de direction, lequel est coiffé du titre de Commanderie suprême. On décide que tous les membres fondateurs feront partie de cette Commanderie suprême[8], devenant par le fait même des dirigeants inamovibles.

Le nom Ordre des commandeurs d'Amérique ne fait pourtant pas l'unanimité[9]. Parmi les autres noms à l'étude, on trouve Légion française d'Amérique, Légion Jacques Cartier, Les pionniers d'Amérique, Les chevaliers de Cartier, La commanderie d'Amérique, Les fils de Cartier et L'Ordre de Jacques Cartier[10]. Enfin, sur division des voix à la réunion du 8 mars 1927, on opte pour Commandeurs de l'ordre de Jacques Cartier[11], nom qui ne changera jamais par la suite. C'est à la

---

6. Le comité est composé de J.-M. Lavoie, J.-U. Bray, C.-A. Ménard, F.-X. Barrette, E. Terrien et O. Barrette. L.-J. Chatelain, Procès-verbal de la CX n° 2, Ottawa, les 25 novembre 1926, fonds C.O.J.C., MG 28, I 98, vol. 8, A.P.C.

7. L.-J. Chatelain, Procès-verbal de la CX n° 3, Ottawa, le 5 décembre 1926, fonds C.O.J.C., MG 28, I 98, vol. 8, A.P.C.

8. Sont élus à ce premier bureau de direction de l'Ordre des commandeurs d'Amérique C.-A. Ménard (grand commandeur), Joachim Sauvé (1er grand commandeur adjoint), Philippe Dubois (2e grand commandeur adjoint). Émile Lavoie (chancelier), Albert Campeau (cérémoniaire), L.-J. Chatelain (secrétaire-archiviste), L.-J. Chagnon (secrétaire correspondant), Adélard Chartrand (trésorier), Esdras Terrien et J.-U. Bray (commandeurs conseils), D.-T. Robichaud et A.-J. Pelletier (fidéicommissaires), et F.-X. Barrette (chapelain). C.-A. Ménard et L.-J. Chagnon, Procès-verbal de la CX n° 4, Ottawa, le 29 décembre 1926, fonds C.O.J.C., MG 28, I 98, vol. 8, A.P.C.

9. C.-A. Ménard et L.-J. Chagnon, Procès-verbal de la CX n° 5, Ottawa, le 11 janvier 1927, fonds C.O.J.C., MG 28, I 98, vol. 8, A.P.C.

10. L.-J. Chagnon, Procès-verbal de la CX, n° 6 Ottawa, le 27 janvier 1927, fonds C.O.J.C., MG 28, I 98, vol. 8, A.P.C.

11. Les 18 participants à cette réunion sont: C.-A. Ménard, F.-X. Barrette, Louis Lea, R. Glaude, M. Rollin, E. Terrien, E. Lavoie, P. Dubois, J.-U. Bray, A. Chartrand, A. Campeau, O.-A. Barrette, Moise Lavoie, A.-F. Pelletier, J. Sauvé, O. Lafrance, M. Lachaine, et L.-J. Chagnon. L.-J. Chagnon, Procès-verbal de la CX n° 9, Ottawa, le 8 mars 1927, fonds C.O.J.C., MG 28, I 98, vol. 8, A.P.C.

même époque que le Conseil suprême prend le nom de Chancellerie et qu'est fondée la première cellule locale de l'Ordre, la commanderie d'Ottawa qui prenait le nom de Dollard. L'Ordre s'incorpore auprès du Secrétaire d'État du Canada et reçoit ses lettres patentes en octobre 1927[12].

Les structures

La chancellerie nationale (CX) et la commanderie locale (XC) constituent les deux piliers sur lesquels repose la structure de l'Ordre, la chancellerie étant dépositaire de tous les pouvoirs et contrôlant toute la vie de l'Ordre. Ainsi, le Grand chancelier Esdras Terrien déclarera qu'elle « gouverne avec un pouvoir suprême et décide de toute question litigieuse importante en dernier ressort[13] », tandis que les Statuts des C.O.J.C. (1952) diront que « la CX est l'autorité suprême qui dirige l'O. par elle-même ou par délégation de pouvoirs[14] ».

De 1926 à 1931, tous les fondateurs font partie de la chancellerie, mais à compter de 1931, on modifie les structures pour créer trois catégories de chanceliers. Les « permanents » sont au nombre de 18 et correspondent surtout aux fondateurs dont le statut est « intangible ». Les « élus » sont au nombre de dix et sont élus par les congrès triennaux de l'Ordre. Les « adjoints » sont au nombre de trois ou moins et sont nommés au bon plaisir de la CX. Quand on ajoute l'aumônier général et son adjoint qui sont membres permanents, on obtient la somme de 33 chanceliers. Une bonne vingtaine de ces derniers échappent au contrôle des membres. Cette structure sera modifiée en 1949, pour faire en sorte que tous les chanceliers, exception faite des fondateurs et de l'aumônier général et son adjoint, soient élus par la réunion annuelle de la chancellerie et non par le congrès triennal et ce, sur recommandation d'un comité des nominations[15]. Le mandat des chanceliers élus varie de un à sept ans au fil des ans.

La commanderie locale, ou XC, est l'autre pilier fondamental de l'Ordre. La CX ayant décidé de fonder une XC, elle lui octroie une charte qui inclut son nom, son numéro d'affiliation et sa devise. Les

---

12. J.-U. Bray, Procès-verbal de la CX n° 21, Ottawa, le 11 octobre 1927, fonds C.O.J.C., MG 28, I 98, vol. 8, A.P.C.
13. Cité in G.-Raymond LALIBERTÉ, *op. cit.*, p. 82.
14. « Statuts des C.O.J.C. », *op. cit.*, art. 12.
15. G.-Raymond LALIBERTÉ, *op. cit.*, p. 87-88.

officiers de la XC sont le grand commandeur, l'aumônier d'office, le grand chevalier, le grand porte-étendard, le cérémoniaire, le secrétaire, le trésorier, le vérificateur, le premier surveillant, le second surveillant, le premier intendant, le second intendant, le garde intérieur et la sentinelle. Les sept premiers postes nommés ci-dessus composent le comité permanent, ou CP, qui dirige la XC. Le candidat proposé pour devenir membre d'une XC et donc de l'Ordre, doit être francophone, catholique romain pratiquant, âgé d'au moins 18 ans [16] et domicilié dans le territoire de la XC. Il doit de plus être disposé à prendre les engagements prescrits au Rituel, à payer la taxe d'admission, la contribution et les cotisations éventuelles. Une fois proposée à la XC, toute candidature doit être acceptée au scrutin secret avant que le candidat soit invité à faire partie de l'Ordre [17]. De temps à autre, la CX créera des XC spéciales regroupant des clientèles particulières tels que des médecins, des hauts fonctionnaires, des députés, etc. Ces cellules ne seront pas des réussites éclatantes.

L'Ordre compte sept degrés. Le nouvel initié devient membre au 1er degré en passant par la cérémonie du VAPDA (Voyage Au Pays Des Ancêtres) [18]. À l'intérieur de sa commanderie, il peut accéder aux 2e et 3e degrés, le 4e degré étant réservé le plus souvent à ceux qui ont atteint le rang de grand commandeur. Seuls les commandeurs du 4e degré ou plus participent aux congrès de l'Ordre. Le 5e degré est conféré au mérite, aux commandeurs qui se sont particulièrement distingués et aux membres des XC spéciales créées à l'occasion [19]. Le 6e degré est celui des dignitaires ecclésiastiques faisant partie de l'Ordre, tandis que le 7e degré est celui des bienfaiteurs et des membres

---

16. À compter de 1953, l'âge minimal d'admission baisse de 18 à 16 ans. Rapport n° 809 du Conseil de la CX, Ottawa, le 18 décembre 1953, fonds C.O.J.C., MG 28, I 98, vol. 2, A.P.C.
17. « Statuts des C.O.J.C., *op. cit.*, chapitre IV.
18. Les rites d'initiation et de passage dans l'Ordre sont consignés dans le Rituel. Ce dernier sera revisé par le Père Laurent Tremblay, o.m.i., entre 1946 et 1954, le nouveau Rituel entrant en vigueur en 1955. Rapports n° 807, 811 et 837 du Conseil de la CX, Ottawa, 1953 à 1955, fonds C.O.J.C., MG 28, I 98, vol. 2, A.P.C.
19. Annexe au Rapport n° 747 du Conseil de la CX, Ottawa, le 12 janvier 1951, fonds C.O.J.C., MG 28, I 98, A.P.C. Rapport du comité de l'organisation au Conseil de la CX, Ottawa, le 5 janvier 1954, fonds C.O.J.C., MG 28, I 98, vol. 2, A.P.C.

à vie, chacun de ces derniers s'étant vu décerner un certificat et une carte d'identité spéciale [20].

Entre ces deux unités fondamentales de l'Ordre que sont la chancellerie et la commanderie, tout un chapelet d'organismes intermédiaires sont apparus au fil des ans. Les commanderies d'une région donnée sont ainsi regroupées en conseils régionaux ou CR, lesquels sont gouvernés par des comités permanents régionaux (CPR). À compter de 1938, on y ajoute des conseils provinciaux en Acadie, au Québec et en Ontario. La CX ne veut pourtant pas perdre le pouvoir absolu qu'elle détient. Elle nomme donc un visiteur régional ou VR, pour chaque CR. Ce VR est « le représentant officiel de la CX (...) et fait de droit partie du CPR [21] ». Il a droit de veto sur toute décision régionale ou locale, a droit d'accès à tous les livres, documents ou réunions et peut remplacer des officiers, s'il le juge à propos. « Ses directives sont des ordres [22]. » La CX se dotera également de directorats permanents et d'un secrétariat permanent (à compter de 1936), lequel sera appelé à jouer un rôle clef dans le développement de l'Ordre.

C'est en effet depuis 1936 que l'Ordre s'est doté d'un employé permanent (sous-secrétaire) qui dirige un bureau à Ottawa [23]. Avant 1947, les réunions ordinaires de l'Ordre seront tenues dans le pavillon de l'Union Saint-Joseph du Canada, mutuelle d'assurance-vie, au 325 rue Dalhousie. À l'automne de 1947, on emménage dans un nouvel immeuble acheté par l'Ordre au 192 rue Daly, angle Nelson [24]. Cette propriété, en plus d'une autre au 141 Stewart, seront vendues en 1952 [25], quand on amorcera la construction d'un nouveau siège social au 259 rue King Edward, angle Murray. Le secrétariat général y sera

---

20. (E. Tissot), Rapport du secrétaire-archiviste à la CX n° 182, Ottawa, les 8 et 9 septembre 1951, fonds C.O.J.C., MG 28, I 98, vol. 11, A.P.C.
21. J.-U. Bray, Procès-verbal de la 158ᵉ réunion de la CX, Ottawa le 29 mai 1938, fonds C.O.J.C., MG 28, I 98, vol. 8, A.P.C.
22. « Statuts des C.O.J.C. », *op. cit.*, chapitre iii.
23. J.-U. Bray, Rapport annuel du Conseil de la CX, Ottawa, octobre 1937, annexe au procès-verbal de la CX, Ottawa, le 31 octobre 1937, fonds C.O.J.C., MG 28, I 98, vol. 8, A.P.C.
24. (E. Tissot), Rapport n° 176 de la CX, Ottawa, les 8 et 9 novembre 1947, fonds C.O.J.C., MG 28, I 98, vol. 10, A.P.C. E. Tissot, Rapport du secrétaire-archiviste à la CX, Ottawa, le 8 et 9 novembre 1947, fonds C.O.J.C., MG 28, I 98, A.P.C.
25. Roger Séguin, Rapport du secrétaire-archiviste à la CX n° 184, Ottawa, les 26 et 27 septembre 1953, fonds C.O.J.C., MG 28, I 98, vol. 12, A.P.C.

logé dès 1954[26]. Un an plus tard, on y construit une voûte[27]. Dans le but de mieux masquer son existence, l'Ordre enregistre ses propriétés d'abord au nom des chanceliers Boyer et Terrien (1947 à 1949) et ensuite au nom de l'Association culturelle outaouaise (1949 à 1957)[28] ; celle-ci devient en 1957 l'Association culturelle canadienne[29]. Incorporée auprès du gouvernement de l'Ontario, l'Association est dirigée par un Conseil suprême composé des membres de la CX.

TABLEAU 13

Effectifs de l'Ordre *

Année	Effectif	Nombre de XC et noyaux actifs	Année	Effectif	Nombre de XC et noyaux actifs
1927		1	1947	9 169	228
1928		7	1948	9 249	231
1929	540	12	1949	9 950	
1930		16	1950	9 533	240
1931		25	1951	9 560	250
1932		33	1952	9 393	257
1933	1 295	45	1953	9 973	267
1934		59	1954	10 689	332
1935		80	1955	10 842	355
1936		94	1956	11 300	404
1937			1957	11 207	411
1938	3 388		1958	11 257	414
1939	3 404	116	1959	11 221	423
1940	3 349		1960	11 247	462
1941			1961	11 207	542
1942		145	1962	10 730	501
1943	4 307		1963	—	—
1944	5 985	200	1964	—	—
1945	7 185				
1946	9 700	254			

* Tableau compilé à partir de divers documents dans le fonds C.O.J.C., MG 28, I 98, APC.

---

26. Pierre Vigeant et Roger Séguin, Rapport n° 185 de la CX, Ottawa, les 2 et 3 octobre 1954, fonds C.O.J.C., MG 28, I 98, vol. 12, A.P.C.
27. Rapport n° 842 du Conseil de la CX, Ottawa, le 9 septembre 1955, fonds C.O.J.C., MG 28, I 98, A.P.C.
28. Rodolphe Tanguay, Rapport n° 179, de la CX, Ottawa, le 10 juillet 1949, fonds C.O.J.C., MG 28, I 98, vol. 10, A.P.C.
29. Rapport n° 873 du Conseil de la CX, Ottawa, le 3 mai 1957, fonds C.O.J.C., MG 28, I 98, vol. 3, A.P.C.

Les effectifs et la direction

Les effectifs de l'Ordre passent de la vingtaine de fondateurs en 1926 à plus de 11 000 en 1956, année d'une certaine stabilisation en attendant le mouvement à la baisse qui s'amorce en 1961.

La CX qui détient tous les pouvoirs dans l'Ordre de Jacques Cartier, saura, dès 1931, les déléguer tous, sauf celui de nommer ou de destituer les chanceliers ; c'est le Conseil d'administration qui gouverne l'Ordre entre les réunions annuelles de la chancellerie. Ce Conseil de la CX est élu d'une année à l'autre par l'ensemble des chanceliers. Il comprend les postes de grand chancelier, vice-grand chancelier, secrétaire correspondant, secrétaire-archiviste, directeur de l'orientation, directeur de l'organisation, directeur du bien de l'Ordre et directeur des finances. Y accèdent plus tard le rédacteur de la revue *L'Émerillon*, le directeur des relations et le directeur des congrès.

TABLEAU 14

Les grands chanceliers de l'Ordre *

1927	C.-A. Ménard	1947	Horace Viau
1928	C.-A. Ménard	1948	Rodolphe Tanguay
1929	Joachim Sauvé	1949	Rodolphe Tanguay
1930	Joachim Sauvé	1950	Adélard Gascon
1931	Joachim Sauvé	1951	Jean-Jacques Tremblay
1932	Joachim Sauvé	1952	Jean-Jacques Tremblay
1933	Joachim Sauvé	1953	Jean-Jacques Tremblay
1934	Joachim Sauvé	1954	Pierre Vigeant
1935	Joachim Sauvé	1955	Pierre Vigeant
1936	Henri Desrosiers	1956	Pierre Vigeant
1937	Esdras Terrien	1957	Pierre Vigeant
1938	Esdras Terrien	1958	Pierre Vigeant
1939	Esdras Terrien	1959	Adélard Gascon
1940	Esdras Terrien	1960	Roger N. Séguin
1941	Esdras Terrien	1961	Roger N. Séguin
1942	Esdras Terrien	1962	Edgar Tissot
1943	Esdras Terrien	1963	Edgar Tissot
1944	Esdras Terrien	1964	Edgar Tissot
1945	Esdras Terrien	1965	Edgar Tissot
1946	Horace Viau		

* Tableau compilé à partir de documents divers dans le fonds C.O.J.C., MG 28, I 98, APC. Les élections ont habituellement lieu à l'automne.

Le Conseil de la CX sera toujours dominé par des gens d'Ottawa et de ses environs. Pour s'en convaincre, il suffit de regarder le tableau 14 et d'y noter le poids démesuré des Sauvé, des Terrien et des Tissot, sans oublier que ces hommes, entre autres, siégeaient à la CX, quand ils n'étaient pas grands chanceliers. Pour ce qui est d'Edgar Tissot, ce fils d'un policier d'Ottawa devient le premier employé permanent de l'Ordre en 1936, à l'âge de 26 ans ; c'est l'année d'ouverture du secrétariat permanent sous le couvert de l'Association canadienne-française d'éducation de l'Ontario. À compter du 5 novembre 1944, Tissot devient visiteur général de l'Ordre, à temps complet [30], en attendant d'être promu organisateur général huit années plus tard [31], au salaire de 6 000 $ l'an [32]. Quatre ans plus tard, il quitte pour aller rejoindre la Société des artisans à titre d'organisateur général. Nous sommes au 30 avril 1956 [33]. L'Ordre qui avait bénéficié de ses services ininterrompus pendant 20 ans l'élit chancelier (1956), en attendant d'en faire son grand chancelier (1962).

D'autres piliers de la chancellerie sont les fondateurs Esdras Terrien (d.1960) et Joachim Sauvé qui, en plus de diriger l'Ordre à titre de grands chanceliers, se méritent des honneurs tant au Canada qu'à l'étranger. Léopold Allard remplace Tissot comme secrétaire général à compter du 1er novembre 1952 ; il sera au poste jusqu'à son décès, le 25 janvier 1964. D'autres dirigeants dynamiques et influents seront Pierre Vigeant (d.1961), Gaston Vincent (d.1960), Aimé Arvisais, Gilbert Finn, Gérard Filion, François-Albert Angers, Adélard Gascon et, bien sûr, le fondateur l'abbé F.-X. Barrette. En effet, les listes de membres de l'Ordre apparaissent comme un *Who's Who* des dirigeants du Canada français de l'époque.

Fondé à Ottawa, l'Ordre sera pendant près de quarante ans le point de ralliement et le lieu de concertation des chefs de file franco-ontariens. Aux Esdras Terrien, aux Aimé Arvisais, aux Roger Séguin, aux Gaston Vincent et aux Joachim Sauvé déjà signalés, ajoutons les noms de Conrad Lavigne, Maurice Lacasse, Léopold Lacroix, Louis

---

30. (Chéri Laplante), Rapport du directeur de l'organisation à la CX, Ottawa, les 3 et 4 novembre 1949, fonds C.O.J.C., MG 28, I 98, vol. 9, A.P.C.
31. Roger Séguin, Rapport du secrétaire-archiviste à la CX n° 184, Ottawa, les 26 et 27 septembre 1953, fonds C.O.J.C., MG 28, I 98, vol. 12, A.P.C.
32. Aimé Arvisais, Rapport du directeur des finances à la CX, n° 184, Ottawa, les 26 et 27 septembre 1953, fonds C.O.J.C., MG 28, I 98, vol. 12, A.P.C.
33. Rapport n° 854 du Conseil de la CX, Ottawa, le 4 mai 1956, fonds C.O.J.C., MG 28, I 98, vol. 3, A.P.C.

Charbonneau, Laurier Carrière, Roland Bériault, Horace Racine, Fernand Guindon, J.-A.-S. Plouffe et Gaston Brisson. Tous et chacun s'illustreront dans la promotion de la langue française dans un secteur ou l'autre, de la politique aux écoles, en passant par les médias d'information. Leur rôle de dirigeants de l'Ordre, aux plans national, régional ou local, était le résultat de l'ascendant dont ils jouissaient dans leurs milieux respectifs.

Le rayonnement

Le rayonnement de l'Ordre était assuré par un journal interne et par une stratégie soutenue de noyautage des diverses associations canadiennes-françaises, dans le but de pouvoir contrôler leur orientation et leurs politiques.

Après deux années d'existence (1928), la chancellerie accepte de publier une circulaire mensuelle de deux à quatre pages pour distribution interne dans l'Ordre [34]. Le premier bulletin est prêt dès décembre 1928 ; il est rédigé par Esdras Terrien surtout [35]. Huit mois plus tard, il est décidé d'imprimer plutôt que de miméographier le bulletin qui aura Fulgence Charpentier comme chef de rédaction et Charles Gauthier comme censeur [36]. La publication ayant comme sous-titre « Dieu et Patrie », la chancellerie doit lui choisir un nom parmi les suivants : Le Veilleur, L'Alarme, Le Clairon, L'Écoute, Le Nautonier et L'Émerillon. On opte pour ce dernier, sur proposition du frère Charpentier, qui fit valoir que c'était le nom d'un des navires de Jacques Cartier [37]. *L'Émerillon* paraîtra régulièrement, le plus souvent dix mois par année pendant toute la durée de l'Ordre, exception faite des trois années entre novembre 1944 et novembre 1947 [38]. Aux Charpentier et aux Tissot qui y ont contribué, ajoutons les noms de Camille Hudon, qui dirige le bulletin pendant 14 ans, de Léopold Allard et enfin, après 1963, de

---

34. C.-A. Ménard et J.-U. Bray, Procès-verbal de la 53e réunion de la CX, Ottawa, le 22 novembre 1928, fonds C.O.J.C., MG 28, I 98, vol. 8, A.P.C.
35. J.-U. Bray, Procès-verbal de la 56e réunion de la CX, Ottawa, le 27 décembre 1928, fonds C.O.J.C., MG 28, I 98, vol. 8, A.P.C.
36. J.-U. Bray, Procès-verbal de la 33e réunion de la CX, Ottawa, le 29 août 1929, fonds C.O.J.C., MG 28, I 98, vol. 8, A.P.C.
37. J.-U. Bray, Procès-verbal de la 79e réunion de la CX, Ottawa, le 25 octobre 1929, fonds C.O.J.C., MG 28, I 98, vol. 8, A.P.C.
38. (E. Tissot), Procès-verbal de la 176e réunion de la CX, Ottawa, les 8 et 9 novembre 1947, fonds C.O.J.C., MG 28, I 98, vol. 10, A.P.C.

Raymond Saint-Cyr et de Marcel Gingras. Ces deux derniers sont des journalistes de métier. *L'Émerillon* servira à diffuser les éditoriaux et les mots d'ordre qui reflètent la pensée de la CX sur diverses questions de l'heure.

On a tout dit sur le rayonnement et le prétendu pouvoir tentaculaire de l'Ordre. Il serait responsable de la création de la Ligue pour la défense du Canada et ainsi du NON retentissant des Canadiens français au plébiscite de 1942 ; il serait à l'origine du Comité de moralité publique à Montréal (1950) qui mène à la Ligue d'action civique (1951) et à l'élection de la même équipe au Conseil municipal de Montréal, sous la direction de Jean Drapeau ; l'Ordre aurait décidé de la fondation d'un réseau de caisses populaires et de coopératives agricoles et aurait obtenu la nationalisation de l'électricité au Québec [39].

Les dossiers de la CX et du Conseil de la CX ne permettent pas d'être aussi catégorique. L'Ordre se voit comme une société superposée à ses sociétés sœurs et se donne pour mission de rallier et de coordonner les forces canadiennes-françaises. Il cherche à influencer les autres sociétés, souvent par le noyautage de leur bureau de direction et par le contrôle de leurs élections. La CX n'est pas satisfaite avant que la société sœur en question soit rentrée dans le rang. Ainsi, les relations entre l'Ordre et la Société Saint-Jean-Baptiste de Montréal sont parfois chaleureuses, parfois tendues, quand les frères de l'Ordre qui dirigent la S.S.J.B. de Montréal refusent tout net d'obéir aux directives de la chancellerie [40]. Les choses tournent plus rondement avec la Fédération des sociétés Saint-Jean-Baptiste du Québec, dont 21 des 25 directeurs généraux sont membres de l'Ordre en 1958 [41].

L'Ordre travaille en étroite collaboration avec le Conseil de la Vie française, dont les dirigeants sont souvent membres de l'Ordre. Il en va de même de l'Association canadienne des éducateurs de langue française (A.C.E.L.F.), société fondée en 1948 par le Conseil de la Vie française « dans le but d'influencer tous les organes d'éducation dans un sens patriotique intense [42] ». Le délégué du Conseil de la CX au huitième

---

39. G.-Raymond LALIBERTÉ, *L'Ordre de Jacques Cartier...*, *op. cit.*, p. 2 à 6.
40. Rapport du Conseil n° 752, Ottawa, le 6 avril 1951, fonds C.O.J.C., MG 28, I 98, A.P.C.
41. Léopold Allard, Compte-rendu d'un congrès, le 3 juin 1958, fonds C.O.J.C., MG 28, I 98, vol. 3, A.P.C.
42. Jean-Jacques Tremblay et Roger Séguin, Rapport n° 184 de la CX, Ottawa, les 26 et 27 septembre 1953, fonds C.O.J.C., MG 28, I 98, vol. 12, A.P.C.

congrès de l'A.C.E.L.F., en 1956, juge que « c'est un des organismes extérieurs d'importance nationale le plus authentiquement marqué de l'esprit de notre O. [43] ». Le comité exécutif de l'A.C.E.L.F. comprendra souvent des membres influents de l'Ordre.

C'est pratiquement depuis les origines de l'Ordre que certains chanceliers rêvaient de fonder un réseau de clubs sociaux canadiens-français. En 1939, Joachim Sauvé en parle :

> Nous devrions avoir du nouveau dans l'O. pour maintenir l'intérêt et l'enthousiasme ; il faudrait tôt ou tard avoir une espèce d'expansion publique par le moyen de clubs sociaux avec une charte et sous la direction de l'O. où l'on entrerait tous les Canadiens français. Il s'agirait d'affaires sociales, banquets, invitations, causeries, représentations au besoin pour défendre nos droits, de littérature, récréation, aide aux jeunes, etc. [44]

Sans le savoir, Sauvé avait en tous points défini l'orientation de la société Richelieu qui sera créée en 1943. Les dix membres du Conseil central de cette nouvelle société sont pour la plupart membres de l'Ordre. Ils se réunissent une fois par mois, obtiennent une charte du gouvernement du Canada en 1944 et soumettent leurs règlements et la composition de leur Conseil central à la CX qui accorde son approbation. Après avoir fondé un premier club à Ottawa et un second à Hawkesbury, les clubs se propagent dès 1944-1945 à Buckingham, Sudbury, Timmins, Mont-Joli et Chicoutimi[45]. C'est un réseau qui allait s'étendre partout au Canada français et même en Nouvelle-Angleterre et outre-mer.

L'Ordre s'intéresse également aux mouvements de jeunes. En 1952, la défunte Association catholique de la jeunesse canadienne-française (A.C.J.C.) est réorganisée sous le nom d'Association de la jeunesse canadienne-française (A.J.C.). Cette résurrection résulte des

---

43. François Lafleur, Délégation, Ottawa, le 15 août 1956, fonds C.O.J.C., MG 28, I 98, A.P.C.
44. (J.-U. Bray), Procès-verbal de la 160e réunion de la CX, Ottawa, le 19 février 1939, fonds C.O.J.C., MG 28, I 98, vol. 8, A.P.C.
45. (E. Tissot), Procès-verbal de la 170e réunion de la CX, Ottawa, le 10 octobre 1943, fonds C.O.J.C., MG 28, I 98, vol. 9, A.P.C. (E. Tissot), Rapport annuel de la CX, Ottawa, le 11 novembre 1944, fonds C.O.J.C., MG 28, I 98, vol. 9, A.P.C. (E. Tissot), Rapport annuel à la CX, Ottawa, les 3 et 4 novembre 1945, fonds C.O.J.C., MG 28, I 98, vol. 9, A.P.C. Jean-Jacques Tremblay, Rapport du directeur de l'orientation à la CX, Ottawa, novembre 1944, fonds C.O.J.C., MG 28, I 98, vol. 9, A.P.C.

efforts conjoints de la CX, du Conseil de la Vie française en Amérique et de certains dirigeants de l'A.J.C. auxquels l'épiscopat donne son aval[46]. En Ontario, la société correspondante est l'Association de la jeunesse franco-ontarienne (A.J.F.O.) fondée en 1949. Tant l'A.J.C. que l'A.J.F.O. sont moribondes pendant la décennie des années cinquante, la première ne comptant que quelques centaines de membres au Québec, la deuxième ne comprenant que six cercles actifs en 1956.

Une des bêtes noires de l'Ordre depuis ses origines, mais surtout après 1948, est la société des Chevaliers de Colomb. La CX, incitée à ce faire par Pierre Vigeant, cherche par tous les moyens à détacher la chevalerie du Québec du siège social des *Knights of Columbus* à New Haven. Les *Knights* sont perçus comme une cinquième colonne irlandaise qui tient les Canadiens français en tutelle. Dans le but de briser cette emprise étrangère, la CX songe d'abord à faire revivre les Chevaliers de Carillon, société fondée en 1930 mais disparue par la suite[47]. Devant l'échec de cette résurrection, il est décidé dès 1954 de créer une toute nouvelle société d'extériorisation catholique et française pour damer le pion aux *Knights*[48]. Les Chevaliers de Champlain ont obtenu leurs lettres patentes du gouvernement du Québec en 1956[49]. Créature de l'Ordre, la société vivotera pendant quelques années avant de s'éteindre pendant les années soixante. Avant de disparaître, les Chevaliers de Champlain réussissent à se doter d'une société sœur féminine, les Dames Hélène-de-Champlain, sans parler de sections juvéniles appelées Jeune-Champlain[50]. Bien qu'éphémères, ces sociétés concurrentes aux *Knights* constituaient la réalisation d'un rêve caressé depuis longtemps par la CX, qui avait même donné son accord à la fondation de la Défenderie Madeleine de Verchères (D.M.V.) en

---

46. Pierre Vigeant, Rapport du directeur de l'orientation à la CX n° 183, Ottawa, les 27 et 28 septembre 1952, fonds C.O.J.C., MG 28, I 98, vol. 11, A.P.C.
47. Rapport de la commission des *Knights* à la CX, Ottawa, le 26 novembre 1948, fonds C.O.J.C., MG 28, I 98, vol. 10, A.P.C.
48. Pierre Vigeant et Roger Séguin, Rapport n° 185 de la CX, Ottawa, les 2 et 3 octobre 1954, fonds C.O.J.C., MG 28, I 98, vol. 12, A.P.C.
49. Pierre Vigeant, Annexe 1 du Rapport n° 188, de la CX, Ottawa, les 27 et 28 octobre 1956, fonds C.O.J.C., MG 28, I 98, vol. 12, A.P.C.
50. Gaétan Legault, Rapport du directeur de l'orientation à la CX n° 195, Ottawa, les 20 et 21 octobre 1962, fonds C.O.J.C., MG 28, I 98, vol. 14, A.P.C.

1948 [51]. Cette dernière ne verra pourtant jamais le jour, le dossier étant déposé aux archives dès 1951 [52].

C'est avec plus de succès que la CX s'intéresse aux caisses populaires de l'Ontario. Dès 1945, des membres de l'Ordre ont obtenu l'incorporation de la Fédération des caisses populaires d'Ottawa et district Limitée. On projette la fondation d'autres fédérations régionales qui pourront s'affilier à celle d'Ottawa [53]. Treize années plus tard, la grande majorité des caisses populaires canadiennes-françaises de l'Ontario sont regroupées en trois organismes distincts, soit la Fédération des caisses populaires de l'Ontario Limitée (auparavant la fédération d'Ottawa), la Caisse régionale Nipissing-Sudbury Limitée et la Caisse régionale Cochrane-Témiskaming Limitée. La première groupe 35 caisses, la deuxième 20 caisses et la troisième, 17. La CX cherche à obtenir le regroupement dans un seul organisme [54] et se dit encouragée en 1959, quand la Fédération d'Ottawa s'agrège un certain nombre de caisses du Nord et du Sud-Ouest. Il s'agit d'unifier les forces de l'Ontario français.

L'organisme principal qui veille aux intérêts de la collectivité franco-ontarienne est l'Association canadienne-française d'éducation de l'Ontario (A.C.F.E.O.). Fondée en 1910, l'A.C.F.E.O. a fait ses armes dans la longue bataille scolaire et ecclésiastique entourant le règlement 17. Tout au long de l'existence de l'Ordre, les deux sociétés collaboreront de façon étroite. Nous savons que le premier secrétariat permanent de l'Ordre est tenu sous l'égide de l'A.C.F.E.O. Aussi, bon nombre des présidents et dirigeants de l'A.C.F.E.O., tels Adélard Chartrand, Esdras Terrien, Ernest Desormeaux, Gaston Vincent et Roger Charbonneau sont-ils membres de l'Ordre. Les deux sociétés échangent renseignements et procès-verbaux, pendant que les comités de l'Ordre œuvrent à renforcer l'A.C.F.E.O. À l'instar de l'Ordre qui se voit comme la société mère de toutes les sociétés canadiennes-françaises, l'A.C.F.E.O. se perçoit comme le porte-parole attitré des Franco-Ontariens, l'organisme parapluie qui recouvre toutes leurs

---

51. (E. Tissot), Rapport n° 178 de la CX, Ottawa, les 26 et 28 novembre 1948, fonds C.O.J.C., MG 28, I 98, vol. 10, A.P.C.
52. Pierre Vigeant, Rapport à la CX n° 182, Ottawa, les 8 et 9 septembre 1951, fonds C.O.J.C., MG 28, I 98, vol. 11, A.P.C.
53. (E. Tissot), Rapport à la CX, Ottawa, les 3 et 4 novembre 1945, fonds C.O.J.C., MG 28, I 98, vol. 9, A.P.C.
54. Léopold Allard, Rapport sur les caisses, Ottawa, le 21 mai 1958, fonds C.O.J.C., MG 28, I 98, vol. 3, A.P.C.

sociétés. Quand ce rôle de l'A.C.F.E.O. sera contesté en 1956 par la Fédération des sociétés Saint-Jean-Baptiste de l'Ontario, l'Ordre se portera à la défense de l'A.C.F.E.O.[55]

Bref, même s'il lui arrive d'échouer dans certains de ses projets d'envergure[56], règle générale l'Ordre de Jacques Cartier rayonne par sa présence dans toute une série de sociétés canadiennes-françaises. La CX veut que les Canadiens français se concertent pour stimuler le patriotisme, tenir les anglicisateurs en échec et promouvoir les intérêts de la langue et de la culture canadiennes-françaises.

Les politiques de l'Ordre

Implanté dans tous les coins du Canada français, l'Ordre de Jacques Cartier recrute continuellement, prêche la primauté du service à l'Ordre et souligne la grande importance du noyautage des sociétés « extérieures ». Cependant, l'Ordre ne limite pas ses efforts au noyautage des autres sociétés ; il mène ses propres campagnes pour promouvoir les intérêts du Canada français. De plus, il travaille en étroite collaboration avec le clergé catholique.

Entre 1926 et 1965, l'Ordre mène des dizaines de campagnes des plus diversifiées[57]. Plusieurs de celles-ci sont éphémères et aléatoires, tandis que d'autres ont une importance certaine, l'impact de l'Ordre dépendant de son habileté et de son dynamisme, facteurs qui sont loin d'être uniformes au fil des ans. Ainsi, en 1938, Joachim Sauvé constate que l'enthousiasme baisse et que l'Ordre recule, tandis que l'aumônier général juge « qu'il y a trop de grands enfants dans l'O., (...) qu'on se bat autour de bagatelles[58] ». Périodiquement, des dirigeants portent des jugements sévères sur diverses XC, surtout celles des centres isolés de l'Ontario et celles de la région de Montréal où on prend ses distances de la CX pendant toute la décennie des années cinquante et celle des années soixante. La vie de bon nombre de XC est continuellement à recréer et, s'il manque des chefs dynamiques, tout s'effondre.

---

55. Rapport n° 858 du Conseil de la CX, Ottawa, le 18 juillet 1956, fonds C.O.J.C., MG 28, I 98, vol. 3, A.P.C.
56. Il en sera ainsi de la Société nationale de gestion fondée en 1958, qui s'effondre pendant les années 1960.
57. Un inventaire de ces campagnes est présenté par G.-Raymond LALIBERTÉ, *L'Ordre de Jacques Cartier...*, *op. cit.*, p. 265–267.
58. (J.-U. Bray), Procès-verbal de la CX n° 159, Ottawa, le 30 octobre 1938, fonds C.O.J.C., MG 28, I 98, vol. 8, A.P.C.

La CX veillera pourtant au grain, surtout par l'entremise des Edgar Tissot et des Léopold Allard qui circulent partout au pays, chargés d'éteindre certains feux et d'en allumer d'autres. Les effectifs croissants de l'Ordre sont la preuve qu'ils ont réussi.

À compter de 1948, l'Ordre mène une campagne retentissante contre les Chevaliers de Colomb. C'est le journaliste du *Devoir*, Pierre Vigeant, qui fait des *Knights* son cheval de bataille préféré dès qu'il accède au poste de directeur de l'orientation de la CX en 1948. Devenu grand chancelier de 1954 à 1958, il n'en veut pas démordre. De l'avis de Vigeant, l'Ordre a été fondé principalement pour damer le pion aux *Knights*. Il faut évincer ces derniers du Canada français, afin d'épurer celui-ci de cette influence étrangère et irlandaise [59]. Fort de l'appui du congrès triennal de l'Ordre (1949), à la fin de 1950, Vigeant publie trois articles dans la revue *L'Action Nationale*, pourfendant les *Knights*; les articles sont reproduits sous forme de brochure dont l'Ordre écoule 25 000 exemplaires en deux mois [60]. Auparavant, Vigeant avait publié des bulletins K, lesquels s'en prennent, il va sans dire, aux *Knights* [61].

C'est à la même époque qu'un membre de l'Ordre, qui est aussi un *Knight*, amorce une campagne de séparation des *Knights* du Québec de ceux de New Haven, dans le but de former une société indépendante au Québec. Appuyé par la CX, les *Knights* dissidents sont appuyés par leur congrès annuel en 1951 [62], mais voilà que le congrès suivant, en 1952, rabroue les dissidents et opte plutôt pour des mécanismes internes à la Chevalerie qui assureraient l'autonomie des Québécois. Vigeant en est profondément déçu [63]. Continuant sa campagne contre les *Knights*, au lendemain de son élection au poste de grand chancelier, Vigeant obtient de la CX l'organisation d'une toute nouvelle société

---

59. Pierre Vigeant, Rapport du directeur de l'orientation à la CX, Ottawa, le 29 octobre 1949, fonds C.O.J.C., MG 28, I 98, vol. 11, A.P.C. Réunion des visiteurs régionaux, Ottawa, les 28 et 29 janvier 1950, MG 28, I 98, A.P.C.
60. (Pierre Vigeant), Rapport à la CX n° 182, Ottawa, les 8 et 9 septembre 1951, fonds C.O.J.C., MG 28, I 98, vol. 11, A.P.C.
61. (Pierre Vigeant), Rapport du directeur de l'orientation, Ottawa, le 8 février 1950, MG 28, I 98, A.P.C.
62. (Pierre Vigeant), Rapport à la CX n° 182, *op. cit.* (E. Tissot), Rapport n° 182, de la CX, Ottawa, les 8 et 9 septembre 1951, fonds C.O.J.C., MG 28, I 98, vol. 11, A.P.C.
63. Pierre Vigeant, Rapport du directeur de l'orientation à la CX n° 183, Ottawa, les 27 et 28 septembre 1952, fonds C.O.J.C., MG 28, I 98, vol. 1, A.P.C.

canadienne-française pour concurrencer les *Knights*. Il s'agit des Chevaliers de Champlain [64], qui enfanteront les mort-nés que constituent les Dames Hélène-de-Champlain et les Jeunes-Champlain, lesquelles sociétés doivent rivaliser avec les *Daughters of Isabella* et les *Columbia Squires*, la progéniture des *Knights* [65]. En somme, toute la campagne contre la Chevalerie échouera.

Pendant que cette campagne bat son plein, une série d'autres sujets retiennent l'attention de l'Ordre. À compter de 1950, les frères de Montréal s'impliquent dans la campagne de moralité publique dans cette ville, ce qui amène la formation d'un comité, une enquête et l'élection éventuelle du Parti civique au Conseil municipal. Le Parti est dirigé par le maire Jean Drapeau, un ancien membre de l'Ordre [66]. En ces années 1950, le vent favorise la rectitude morale, à tel point qu'un aumônier de l'Ordre, le Père Louis Lachance, o.p., juge bon d'avertir la CX qu'il ne faudrait pas aller trop loin dans sa campagne de moralité, car « nous sommes portés au jansénisme [67] ».

Pendant que la CX s'intéresse au troisième Congrès de la langue française, tenu en 1952, et aux efforts de Mgr F.-A. Savard pour créer un Office de la linguistique pour le Québec [68], des frères veulent que le gouvernement du Québec rende obligatoire l'enseignement du français dans les écoles anglaises du Québec [69] et d'autres s'inquiètent du sort réservé aux Canadiens français dans la région québécoise du Pontiac [70]. Pierre Vigeant cherche toujours à contrer les manœuvres réelles ou

---

64. Rapports n°s 825, 826 et 840 du Conseil de la CX, Ottawa, les 14 octobre et 5 novembre 1954, et le 17 juin 1955, fonds C.O.J.C., MG 28, I 98, vol. 2, A.P.C.
65. Léopold Allard, Rapport au Conseil de la CX, Ottawa, le 16 juin 1955, fonds C.O.J.C., MG 28, I 98, A.P.C.
66. Mémoire..., Ottawa, le 15 mai 1951, fonds C.O.J.C., MG 28, I 98, vol. 1, A.P.C.
67. (E. Tissot), Procès-verbal de la CX n° 171, Ottawa, les 11 et 12 novembre 1944, fonds C.O.J.C., MG 28, I 98, vol. 9, A.P.C.
68. Rapport du comité de l'orientation, Ottawa, le 4 novembre 1953, fonds C.O.J.C., MG 28, I 98, A.P.C.
69. Rapport du comité de l'orientation, Ottawa, le 8 février 1950, MG 28, I 98, A.P.C.
70. Camille Hudon, Rapport du directeur de l'orientation à la CX n° 185, Ottawa, les 2 et 3 octobre 1954, fonds C.O.J.C., MG 28, I 98, vol. 12, A.P.C.

imaginaires des « Irlandais » en fondant diverses associations canadiennes-françaises et catholiques [71]. Entre 1949 et 1951, il cherche à appuyer la Société canadienne d'établissement rural qui projette d'établir des familles canadiennes-françaises à la Rivière-à-la-Paix et dans le nord de l'Ontario [72]. Ces projets de colonisation échouent devant l'indifférence du public [73].

Tout ce qui est susceptible de favoriser le fait français au Canada intéresse l'Ordre. On favorise ainsi un programme « d'achat chez nous [74] », et on se réjouit du fait que, à compter de juin 1951, les corps policiers de la ville de Québec et de la Province sont commandés en français [75] ; on dénonce

> cette grotesque institution des boîtes à musique disséminées dans tous les petits restaurants et qui répandent à cœur de jour des refrains vulgaires et bêtes pour la plupart américains, donnant ainsi un visage étranger à la campagne québécoise et abrutissant le peuple qui fréquente ces endroits [76].

On exerce des pressions auprès de diverses compagnies pour obtenir l'étiquetage bilingue des paquets de cigarettes et de tablettes de chocolat [77], tout en suggérant aux gouvernements fédéral et québécois le nom « Cartier-Macdonald » pour le nouveau pont enjambant la rivière des Outaouais à Ottawa [78]. Pendant plus d'un an, l'Ordre fait des pieds et des mains pour obtenir le changement d'une question projetée dans le questionnaire du recensement fédéral de 1961. En

---

71. Pierre Vigeant, Rapport n° 190 de la CX, Ottawa, les 18 et 19 octobre 1958, fonds C.O.J.C., MG 28, I 98, vol. 13, A.P.C.
72. Rapport d'une rencontre avec La société canadienne d'établissement rural, Ottawa, le 2 mars 1950, fonds C.O.J.C., MG 28, I 98, A.P.C.
73. (Pierre Vigeant), Rapport à la CX n° 182, Ottawa, les 8 et 9 septembre 1951, fonds C.O.J.C., MG 28, I 98, vol. 11, A.P.C.
74. J.-U. Bray, Procès-verbal du Conseil de la CX, Ottawa, le 19 novembre 1936, fonds C.O.J.C., MG 28, I 98, vol. 1, A.P.C.
75. (Pierre Vigeant), Rapport à la CX n° 182, Ottawa, les 8 et 9 septembre 1951, fonds C.O.J.C., MG 28, I 98, vol. 11, A.P.C.
76. (Pierre Vigeant), Rapport au Conseil de la CX n° 798, Ottawa, le 21 mai 1953, fonds C.O.J.C., MG 28, I 98, A.P.C.
77. Rapport de comité de l'orientation au Conseil de la CX, Ottawa, le 19 novembre 1954, fonds C.O.J.C., MG 28, I 98, vol. 2, A.P.C. J.-J. Tremblay, Rapport du directeur de l'orientation à la CX n° 187, Ottawa, les 15 et 16 octobre 1955, fonds C.O.J.C., MG 28, I 98, vol. 12, A.P.C.
78. Rapport du comité de refrancisation, Ottawa, le 29 avril 1960, MG 28, I 98, vol. 4, A.P.C.

effet, le gouvernement du Canada se propose d'inscrire l'origine
« canadienne » des répondants, faisant disparaître par le fait même, de
l'avis de l'Ordre, un grand nombre de Canadiens français. En février
1961, après l'intervention opportune de la législature du Québec,
l'Ordre crie victoire[79]. C'est dans le même sens qu'une décennie plus
tôt, l'Ordre œuvrait pour l'obtention d'un collège militaire français au
Québec et pouvait se vanter d'avoir réussi dès juin 1952, lors de
l'annonce de l'établissement du Collège militaire de Saint-Jean[80].
Entre-temps, on a réussi, en 1949, à faire contremander l'émission de
timbres-postes « neutres » ; on s'en tient à l'émission de timbres-postes
« bilingues », conformément à la tradition établie depuis 1927[81]. Au
lendemain de cette victoire, l'Ordre entreprend d'obtenir des chèques
« bilingues » partout au Canada. Démarches, délégations et pétitions
finiront par lui donner gain de cause.

L'Ordre reconnaît la grande importance des médias d'information
dans la promotion du Canada français. Il appuie les campagnes de
souscription en faveur de la presse acadienne et du journal *Le Devoir*,
tout en menant en 1952 une campagne d'abonnements, très bien
réussie, en faveur de la revue *L'Action Nationale*. En effet, les Gérard
Filion et les André Laurendeau sont des frères dans l'Ordre. On
s'intéresse de près à la fondation et au bien-être de postes de radio dans
le Nord de l'Ontario, dans l'Ouest canadien et dans le Sud de l'Ontario.
Dès 1955, on fait des pressions auprès de la Société Radio-Canada
pour qu'elle installe une puissante tour de relais au centre de cette
dernière région, pour desservir les francophones du Sud de l'Ontario,
La CX veille à faire préparer des lettres, des pétitions et des délégations
de toutes sortes pour aiguillonner le gouvernement.

Les symboles ont une égale importance. Une fois obtenue l'adoption
du drapeau fleurdelisé par le Québec (1948), la CX concentre son tir
sur la scène fédérale. Depuis 1946, elle cherche à obtenir un drapeau
canadien « à feuille d'érable ». Quand la question prend de l'importance

---

79. Rapport du comité d'orientation à la CX, Ottawa, le 14 février 1961, MG 28, I 98, vol. 5, A.P.C. Rapport n° 937 du Conseil de la CX, Ottawa, le 16 février 1961, MG 28, I 98, vol. 5, A P.C.
80. (E. Tissot), Procès-verbal de la CX n° 182, Ottawa, les 8 et 9 septembre 1951, fonds C.O.J.C., MG 28, I 98, vol. 11, A.P.C. Pierre Vigeant, Rapport du comité de l'orientation à la CX n° 183, Ottawa, les 27 et 28 septembre 1952, fonds C.O.J.C., MG 28, I 98, vol. 11, A.P.C.
81. Pierre Vigeant, Rapport du comité de l'orientation, Ottawa, le 29 octobre 1949, fonds C.O.J.C., MG 28, I 98, vol. 11, A.P.C.

en 1961, il est résolu qu'un drapeau canadien distinctif s'impose, n'arborant aucun signe de l'ancien statut colonial, donc ni fleur de lys, ni Union Jack. La CX cherche également à faire adopter comme hymne national du Canada l'« Ô Canada » de Calixa Lavallée et ce, dès 1950. Entre-temps, le Conseil provincial de l'Ontario voudrait (1957) que le 1er juillet devienne la fête du Canada. Nous savons que tous ces vœux seront réalisés pendant la décennie 1960.

L'Ordre et les Franco-Ontariens

Fondé et dirigé à partir d'Ottawa, l'Ordre porte une attention particulière aux intérêts des Franco-Ontariens. La tâche n'est pas facile, car l'Ordre a de la difficulté à se maintenir dans les milieux ontariens qui comptent une mince proportion de francophones. Des efforts soutenus par la CX, tout au long de la vie de l'Ordre, résulteront le plus souvent en l'effondrement répété des XC dans des centres tels que Brockville, Kingston, Toronto, St. Catharines, Welland, Port Colborne, etc. La région de la Baie Georgienne, avec ses petites villes de Midland et Penetanguishene et ses villages de Lafontaine et Perkinsfield, permet d'espérer davantage en raison de la forte proportion d'habitants d'origine française. C'est tout de même le plus souvent peine perdue. Il en est de même à Windsor, Cornwall et Alexandria, où l'on maintient de peine et de misère l'intérêt et l'engagement des francophones.

À compter de 1955, l'Ordre met à nouveau sur pied un Conseil provincial de l'Ontario chargé d'étudier divers sujets, dont la fondation d'un journal français en Ontario, l'établissement de postes de radio français, la nomination d'un troisième sénateur franco-ontarien et la répartition des impôts scolaires. Travaillant en étroite collaboration avec l'A.C.F.E.O., le Conseil se penche surtout sur le dossier scolaire. On œuvre à l'organisation des Associations de parents et instituteurs qui comptent bientôt plus de 40 000 membres. La CX y va de suggestions visant à promouvoir l'étude de l'histoire du Canada et l'enseignement de l'histoire des luttes scolaires en Ontario. À cette fin, on propose des conférences à l'occasion des réunions pédagogiques des enseignants, des concours d'histoire pour les élèves et le recrutement intensifié du jeune clergé dans les rangs de l'Ordre. On veut publier une brochure sur les luttes scolaires ontariennes et mettre sur pied un service de conférenciers préparés, compétents pour traiter du même sujet. De plus, on doit s'assurer que les écoles des Franco-Ontariens se regroupent dans le réseau d'écoles séparées et non dans le réseau public. Inquiets de la minorisation des francophones à l'intérieur de certains Conseils scolaires séparés (*e.g.*, à Ottawa), la CX s'interroge sur l'opportunité d'enseigner le français aux anglophones. Le Plan Charlebois est mis sur pied pour repêcher les élèves francophones inscrits aux écoles anglaises de la province.

Chaque litige scolaire ontarien intéresse la CX au plus haut point. En 1959, un Comité de l'éducation est mis sur pied ; il veillera au grain dans divers dossiers scolaires brûlants à Niagara Falls, Welland et Elliott Lake. Il s'agit toujours d'obtenir des classes ou des écoles françaises là où le Conseil scolaire local est revêche. À compter de 1955, la CX, toujours de concert avec l'A.C.F.E.O., œuvre à l'obtention d'un collège français ou bilingue à Windsor. Les autorités ecclésiastiques de cette région sont les évêques J.C. Cody et G.E. Carter ; ils se montrent favorables au projet. Il en sera de même après 1960, dans le dossier d'une École Normale à Sudbury.

Enfin, c'est à compter de février 1964 que la CX épaule l'A.C.F.E.O. dans ses efforts pour obtenir des octrois provinciaux en faveur des écoles secondaires françaises de l'Ontario. Ce dossier ne débloquera pas avant l'éclatement de l'Ordre, en février 1965.

L'Ordre et l'Église

TABLEAU 15

Les dirigeants ecclésiastiques de l'Ordre*.

Grands aumôniers (chapelains) d'honneur		
J.-G.-L. FORBES	archevêque d'Ottawa	1928–1940
A. VACHON	archevêque d'Ottawa	1940–1953
M.-J. LEMIEUX, o.p.	archevêque d'Ottawa	1953–1966
Aumôniers (chapelains) généraux		
F.-X. BARRETTE	curé	1926–1953
R. LIMOGES	curé	1953ss
Aumôniers (chapelains) généraux adjoints		
Rodrigue GLAUDE	curé	1926–1951
Louis LACHANCE, o.p.	théologien	1939–1964
Raymond LIMOGES	curé et chanoine	1951–1953
Richard MIGNAULT, o.p.	professeur	1964-1965

* Tableau compilé à partir de sources diverses dans le fonds C.O.J.C., MG 28, I98, APC.

Il convient qu'un mouvement fondé principalement par un prêtre, l'abbé F.-X. Barrette, maintienne toujours des rapports étroits et chaleureux avec le clergé canadien-français. Il en est ainsi pour l'Ordre qui compte plusieurs de ses meilleurs amis et disciples dans les rangs de la hiérarchie et du clergé catholiques. La bonne trentaine d'hommes d'Église nommés dans le tableau 16 ont tous été associés, de près ou de loin, à l'Ordre de Jacques Cartier. Certains de ces archevêques et évêques, les Lemieux et les Léger par exemple, jouissent d'une haute cote de crédibilité auprès de la CX ; cette dernière sollicite leur avis sur divers dossiers délicats.

TABLEAU 16

Les évêques et l'Ordre *

NOM	POSTE	LIEN AVEC L'ORDRE
ANTONIUTTI, I.	délégué apostolique (1938–1953)	sympathisant
BAUDOUX, M.	archevêque de Saint-Boniface (1955–1974)	aumônier
BLAIS, Léo	évêque de Prince-Albert (1952–1959)	sympathisant
CASSULO, A.	délégué apostolique (1927–1936)	sympathisant
CHARBONNEAU, J.	archevêque de Montréal (1940–1950)	collaborateur
CHARBONNEAU, P.-É.	évêque de Hull (1963–1973)	aumônier
CHARLEBOIS, O.	vicaire apostolique de Keewatin (1910–1933)	aumônier d'honneur
COURCHESNE, G.	évêque de Rimouski (1928–1950)	aumônier d'honneur
COUTURIER, F.	évêque d'Alexandria (1921–1941)	aumônier d'honneur
FORBES, J.-G.	archevêque d'Ottawa (1928–1940)	grand aumônier général d'honneur
GAGNON, J.-R.	archevêque d'Edmundston (1949–1970)	sympathisant
GARANT, C.-O.	auxiliaire de Québec (1948–1962)	aumônier
GRÉGOIRE, P.	archevêque de Montréal (1968–)	aumônier
GUY, J.-W.	évêque de Gravelbourg (1937–1942)	aumônier d'honneur
HALLÉ, J.-J.-B.	évêque de Hearst (1920–1939)	aumônier d'honneur
JETTÉ, É.	auxiliaire de Joliette (1948–1968)	aumônier

LANDRIAULT, J.	évêque de Timmins (1971-)	aumônier
LANGLOIS, J.-A.	évêque de Valleyfield (1926–1966)	aumônier d'honneur
LEBLANC, C.-A.	évêque de Bathurst (1942–1969)	sympathisant
LEBLANC, A.	évêque de Gaspé (1945–1957)	sympathisant
LÉGER, P.-É.	archevêque de Montréal (1950–1968)	collaborateur
LEMÉNAGER, A.	évêque de Yarmouth (1953–1967)	aumônier
LEMIEUX, M.-J.	archevêque d'Ottawa (1953–1966)	grand aumônier général d'honneur
LÉVESQUE, L.	évêque de Hearst (1952–1964)	sympathisant
LUSSIER, P.	évêque de Saint-Paul (1952–1968)	sympathisant
MORIN, L.	évêque de Prince-Albert (1959-)	sympathisant
PANICO, G.	délégué apostolique (1954–1959)	sympathisant
PRUD'HOMME, H.	évêque de Prince-Albert (1921–1937)	aumônier d'honneur
ROUTHIER, H.	archevêque de Grouard (1953–1972)	sympathisant
TESSIER, M.	évêque de Timmins (1955–1971)	sympathisant
VACHON, A.	archevêque d'Ottawa (1940–1953)	grand aumônier général d'honneur
VILLENEUVE, J.-M.-R.	archevêque de Québec (1931–1947)	sympathisant

* Ce tableau est compilé à partir de diverses sources dans le fonds C.O.J.C., MG 28, 98, APC.

En effet, l'Ordre a eu l'impact que nous connaissons, en bonne partie grâce à l'appui du clergé catholique. L'Ordre se voudra toujours catholique romain car, comme le dira le Père Louis Lachance, o.p.,

> Nous, Canadiens français, sommes des spiritualistes par héritage et si nous voulons vivre avec surabondance, ne perdons jamais de vue le but de notre existence sur la terre qui est un but éminemment spirituel [82].

---

82. Jean-Jacques Tremblay et Roger Séguin, Rapport n° 184 de la CX, Ottawa, les 26 et 27 septembre 1953, fonds C.O.J.C., MG 28, I 98, vol. 12, A.P.C.

La CX œuvre continuellement à cultiver les bonnes relations avec l'épiscopat catholique du Canada entier. Elle délègue au moins un représentant à chaque sacre d'évêque, en plus de faire un don en argent, habituellement 100 $, à l'évêque élu. Même les délégués apostoliques font l'objet de la sollicitude de la CX. Ainsi, dès janvier 1928, c'est toute la chancellerie qui se rend à la résidence du Délégué Cassulo pour présenter ses hommages ; ce dernier les accueille avec bienveillance et les encourage dans leur œuvre. L'Ordre expédie des messages au Saint Siège à l'occasion du décès de divers papes et de l'élection de leurs successeurs ; il reçoit les bénédictions pontificales en retour. Le Délégué Antoniutti est bien vu des chanceliers. En 1948, il prononce des paroles qui resteront célèbres dans l'Ordre : « Vous avez une double mission : conserver intact votre héritage religieux et national ; j'ajoute que c'est non seulement votre droit de le conserver mais aussi votre devoir de le répandre [83]. » Antoniutti reprend les mêmes propos cinq années plus tard et il assure l'Ordre de ses sentiments les meilleurs. Pendant les quinze années de l'administration Antoniutti, huit des dix nouveaux diocèses érigés au Canada sont de langue française et la CX s'en réjouit. Son successeur, à compter de mars 1954, est Giovanni Panico, qui à son tour assure la CX de ses meilleures dispositions et endosse son œuvre de promotion de la langue et de la culture françaises. À la veille de son départ du Canada en 1959, Panico déclare aux délégués de la CX :

> En effet, j'ai prêché le principe du bilinguisme dans ce pays qui est bilingue et biculturel : je l'ai fait avec plaisir, en conformité des instructions reçues du Pape et j'ai d'ailleurs fait mes recommandations par écrit à mon successeur de suivre la même ligne de conduite, s'il ne veut pas se brûler les doigts [84].

Bien épaulé par les délégués apostoliques, l'Ordre jouit également de l'appui de la grande majorité des prélats canadiens. Le vicaire capitulaire de l'archidiocèse d'Ottawa qui donne son aval à la constitution de l'Ordre en 1927 est Joseph Charbonneau, futur évêque de Hearst (1939-1940) et archevêque de Montréal (1940-1950). Quand Guillaume Forbes accède au siège d'Ottawa en 1928, il rencontre la CX et lui souhaite tout le succès possible. Les archevêques Vachon et surtout Lemieux feront de même, ce dernier qualifiant l'œuvre de

---

83. (Léopold Allard), Compte-rendu, Ottawa, le 19 novembre 1953, fonds C.O.J.C., MG 28, I 98, vol. 2, A.P.C.
84. Léopold Allard, Compte-rendu, Ottawa, le 16 février 1959, MG 28, I 98, vol. 4, A.P.C.

l'Ordre d'« admirable et nécessaire [85] ». Ajoutons que nombre de clercs et de religieux font partie de l'Ordre, 450 des 8 750 membres, ou 5%, en 1945 par exemple, une proportion qui s'est toujours maintenue. Parmi ces clercs et religieux, signalons l'adhésion des dominicains Georges-Henri Lévesque, Louis Lachance, Richard Mignault et Robert Bonnier, les trois derniers ayant joué un rôle clef dans l'Ordre à titre d'aumôniers, de conseillers ou d'organisateurs.

Un des projets les plus chers de la CX est celui de la représentation permanente de l'Ordre à Rome, projet connu avant 1954 du libellé de « relations diplomatiques ». C'est dès les premières années de son existence que l'Ordre se dote d'un représentant attitré à Rome, un certain Père Leduc, o.p., s'étant chargé de la besogne avant que le supérieur du collège canadien à Rome, Paul-Émile Léger, ne prenne la relève en 1947. La nomination de Léger comme archevêque de Montréal en 1950 laisse le poste romain vacant jusqu'à la nomination, en 1951, du Père Fortin de la Compagnie des pères du Saint-Sacrement. Ce dernier remet sa démission deux années plus tard ; il ne sera pas remplacé comme délégué permanent.

L'Ordre défrayait à son représentant à Rome les coûts de la mission. De là, le nom du fonds des « relations diplomatiques » institué en janvier 1950. Chaque membre de l'Ordre paye dorénavant la somme d'un dollar par année, à cette fin.

Cette « ambassade » auprès du Saint Siège avait été instituée pour contrer les pressions anglicisatrices exercées à Rome par l'épiscopat « irlandais ». En 1954, les fonds accumulés sont de 25 000 $. Il est alors décidé, suite à une consultation des chanceliers en décembre 1954, d'ajouter un deuxième objectif à ce fonds, soit celui de l'aide aux minorités françaises du Canada. Le fonds des « relations diplomatiques » prend alors le nom de V.A.D.M.A. pour : « Vous Avez une Double Mission (...) Antoniutti ». En 1961, le fonds aura donné plus de 98 000 $ dont 24 000 $ ont servi aux « relations diplomatiques » et 24 000 $ à l'aide aux minorités françaises, surtout celle de l'Ontario. En 1960 et 1961, on recueille près de 20 000 $ par année pour le fonds.

Les autres projets ecclésiastiques de l'Ordre portent surtout sur l'Ontario. Des démarches à Ottawa en 1954 donnent naissance à une nouvelle paroisse de langue française, la paroisse Saint-Pie-X. De concert avec l'A.C.F.E.O., l'Ordre se charge de ces dossiers de

---

85. Roger Séguin, Rapport à la CX n° 187, Ottawa, les 15 et 16 octobre 1955, fonds C.O.J.C., MG 28, I 98, vol. 12, A.P.C.

paroisses françaises un peu partout en Ontario, soit à Windsor, Oshawa, Toronto, Kingston, etc. À compter de 1955, le Père Richard Mignault, o.p., est chargé par le Conseil de la CX de mener des enquêtes sur la situation des Canadiens français dans les diocèses ontariens dont le titulaire est de langue anglaise, c'est-à-dire ceux de Pembroke, Peterborough, Kingston, London, St. Catharines, Hamilton, Thunder Bay et Toronto. Le diocèse de Sault Ste. Marie, dirigé par Mgr Alexander Carter, ne fait pas partie du dossier, car la CX tient ce dernier en très haute estime en raison de sa protection et promotion du fait français dans son diocèse. Pendant les quatre années suivantes, Mignault produit des rapports détaillés contenant une vaste gamme de renseignements sur la dispora franco-ontarienne de l'époque.

C'est à la même époque (1956ss) que la CX cherche à obtenir la subdivision du diocèse de London et l'érection d'un nouveau diocèse à Windsor avec titulaire francophone. Une étude démographique commanditée à Jacques Henripin étoffe les premières démarches auprès du délégué apostolique. On embrigade même l'Honorable Paul Martin, qui est chargé d'approcher Mgr Panico à l'automne de 1956, pendant que le Cardinal Léger est avisé des démarches ; Panico se rend à Windsor pour examiner la situation de près. Rien n'en résulte, cependant, avant que le délégué n'avise l'A.C.F.E.O. en 1961 que la cause est perdue. On s'est peut-être rendu compte que la vie française était moribonde dans la péninsule du Sud-Ouest. En effet, dans un rapport confidentiel de 1957, le Secrétaire général Léopold Allard fait remarquer qu'à Windsor « tout se fait en anglais (...) et qu'un voyageur étranger peut passer trois jours à Windsor sans avoir l'impression qu'il y a là un seul Canadien français [86] ». On œuvre simultanément pour la création d'un collège français à Windsor et ce, sans plus de résultats.

Entre les 25e (1930) et 50e (1955) anniversaires d'ordination sacerdotale de François-Xavier Barrette, l'Ordre qu'il enfanta a atteint sa plus large expansion. Se sentant investi d'une mission providentielle, il se chargeait des dossiers patriotiques aussi bien qu'ecclésiastiques. Ce curé patriote pourra mourir en 1962 sans devoir être témoin de la déconfiture de son Ordre, écartelé entre deux visions irréconciliables du Canada.

---

86. Léopold Allard, Rapport à la CX, Ottawa, le 5 décembre 1957, fonds C.O.J.C., MG 28, I 98, vol. 3, A.P.C.

La fin d'un consensus

L'éclatement de l'Ordre en février 1965 allait être causé par l'ampleur du sentiment indépendantiste québécois et le refus des chanceliers « canadiens » de donner dans le même sens.

Le sentiment autonomiste québécois prenait de l'importance dans les rangs des Jacques Cartier depuis les années 1940. À l'automne de 1942, la CX décide d'inviter le théologien dominicain Louis Lachance, aumônier de l'Ordre, à prendre la parole devant le congrès réduit (il n'inclut que les chanceliers) d'octobre 1942. Lachance doit traiter la question de « l'État français au Canada [87] ».

> Demain (...) évoluerons-nous vers l'indépendance absolue ou préférerons-nous attacher notre sort à celui du Canada tout entier? Pendant les deux ou trois années qui ont précédé la guerre (...) ce fut un immense glissement vers la centralisation. Unification de la commission des ports, confiscation de l'impôt sur le revenu et de celui sur les corporations, lois de l'assurance-chômage, tentative d'adoption du rapport Rowell-Sirois, et le reste. Tous nos droits allaient passer ne fût-ce l'irréductibilité des premiers ministres de l'Ontario et de l'Alberta (...)
>
> Or il est à prévoir qu'après la guerre, la crise va recommencer comme de plus belle (...) L'élément français (...) n'a pas renoncé à son rêve d'émancipation (...) L'idée d'une vie catholique et française, affranchie de toute entrave, a de plus en plus morsure sur son âme.
>
> L'impulsion générale de l'après-guerre sera vers la socialisation et la centralisation systématiques. Et si nous ne nous préparons pas à la paralyser, à la contrebalancer par une tension à rebours, nous courrons le risque de l'absorption (...)
>
> Il faut reconnaître que les Canadiens français forment, sur cette terre d'Amérique, une famille ethnique et spirituelle distincte, originale (...) Cette famille (...) est (...) un sujet réel du droit (...) Elle jouit (...) de la capacité juridique.
>
> C'est-à-dire qu'elle peut réclamer le respect de ses prérogatives et le libre exercice de ses droits comme personne distincte, comme tout particulier (...) Les nationalités ont le droit d'exiger un aménagement politique propre à promouvoir leurs biens culturels (...)
>
> La législature du Québec (...), jouit, en plus de ses attributs propres d'une signification à portée canadienne: Elle est le symbole de la volonté de survivance de l'élément français (...) Si nous savons demeurer dans la Confédération, non pas comme simples citoyens en possession de droits

---

87. (E. Tissot) à Louis Lachance, Ottawa, le 21 septembre 1942, fonds C.O.J.C., MG 28, I 98, vol. 9, A.P.C.

> communs, mais comme groupe ayant sa personnalité propre, sa culture propre, ses moyens propres de participer au patrimoine de la civilisation, ayant par conséquent ses droits propres, ses droits comme groupe ethnique distinct des autres groupes, non seulement nous aurons trouvé le secret de fournir un apport excellent au progrès et à la grandeur de notre pays mais nous aurons réussi à matérialiser avec splendeur le rêve de survivance et de liberté française qui exerce sa forte et suave pression sur les ressorts de notre âme et aspire à se réincarner [88].

C'est là le projet de société qui sera cher au cœur de plusieurs indépendantistes québécois des décennies suivantes. Lachance rêve d'autonomie québécoise dans une association avec le reste du Canada.

Son discours est accueilli de façon si chaleureuse et enthousiaste que la CX l'invite à nouveau à adresser la parole aux chanceliers réunis pendant deux autres années. En 1943, il traite de l'autonomie provinciale :

> L'autonomie provinciale est (...) une pièce indispensable (...) La suppression de l'autonomie provinciale ferait disparaître les avantages qui ont motivé par le passé notre consentement à la collaboration et amènerait, à brève échéance la rupture de l'unité politique de notre pays.
>
> Pourtant cette autonomie (...) est à l'heure actuelle gravement menacée. Au cours des dernières années, ce fut le minage systématique de la compétence des législatures provinciales. Empiètement sur le terrain social par la loi des assurances-chômage, empiètements dans le domaine politique par l'extorsion du Québec de son droit de représentation proportionnelle, empiètements dans la sphère de l'éducation de toutes sortes (...) Le mythe de l'unitarisme totalitaire n'a pas fait que « toucher » nos hommes publics, il les a imbus et les hante jusqu'à l'obsession [89].

Le dimanche 12 novembre 1944, les chanceliers rassemblés ont droit à une présentation sur « notre avenir constitutionnel ». Le Père Lachance y réitère l'opportunité et le bien-fondé d'une campagne d'autonomie pour le Québec [90].

---

88. Joachim Beaupré (nom de plume du P. Louis Lachance, o.p.), « L'État français », in *L'Émerillon*, vol. 14, n° 4, Ottawa, avril-mai 1943, fonds C.O.J.C., MG 28, I 98, vol. 9, A.P.C. C'est ici le texte du discours du 11 octobre 1942.

89. Joachim Beaupré (Père Louis Lachance, o.p.), « L'autonomie provinciale », placards vraisemblablement publiés dans *L'Émerillon*, 1943, fonds C.O.J.C., MG 28, I 98, vol. 9, A.P.C.

90. (E. Tissot), Procès-verbal de la CX n° 171, Ottawa, les 11 et 12 novembre 1944, fonds C.O.J.C., MG 28, I 98, vol. 9, A.P.C.

Bref, avant même la fin de la guerre, l'Ordre a trouvé son maître à penser dans le dossier constitutionnel. Une pensée de plus en plus autonomiste deviendra l'apanage d'un nombre croissant de Québécois. En effet, dès 1948, Pierre Vigeant prophétise qu'en moins d'une génération les Canadiens français, entendez du Québec, devront choisir entre l'indépendance et l'annexion aux États-Unis [91].

La marmite constitutionnelle continue à bouillir en 1953, quand l'historien Michel Brunet prend la parole au congrès de l'A.J.C. à Montréal. Les 300 délégués ont droit à une dénonciation de l'école anglo-saxonne qui est en voie d'ériger au Canada une nation bi-ethnique et bi-culturelle. Avec cette chimère politique,

> l'échéance est inévitable, nous nous acheminons vers un suicide national (...) Les Anglo-Canadiens (...) considèrent le gouvernement d'Ottawa comme *leur* gouvernement (...) Il ne saurait donc en même temps être le nôtre. Le groupe français contrôle encore le gouvernement de la province de Québec. C'est notre planche de salut [92].

Ce n'est cependant qu'à compter de 1959 que la question constitutionnelle s'établit à demeure dans les rangs de l'Ordre. La demande du frère Marcel Chaput de Hull, ajoutée à celles de plusieurs autres, mène à la formation d'un comité de l'Ordre chargé d'étudier la question de l'indépendance du Québec [93]. Le comité spécial est composé de Gaétan Legault (président), Louis Lachance, Roland Piquette, François-Albert Angers et Marcel Chaput. Le Conseil de la CX adopte son rapport qui conclut que l'État français souverain d'Amérique est légitime, souhaitable et viable ; il n'est pas, cependant, nécessairement opportun de rechercher la souveraineté totale dans l'immédiat. Le comité recommande que rien ne soit changé dans la construction et les règles de l'Ordre, mais que toute liberté d'opinion et d'action soit reconnue aux frères sur le sujet de l'État français souverain d'Amérique [94]. Cette

---

91. (Pierre Vigeant), Rapport du comité de l'orientation à la CX, Ottawa, le 26 novembre 1948, fonds C.O.J.C., MG 28, I 98, vol. 10, A.P.C.
92. Rapport d'une délégation au congrès de l'A.J.C., Ottawa, le 3 novembre 1953, fonds C.O.J.C., MG 28, I 98, vol. 2, A.P.C.
93. Rapport 916 du Conseil de la CX, Ottawa, le 9 novembre 1959, fonds C.O.J.C., MG 28, I 98, vol. 4, A.P.C. Rapport du comité de l'organisation, Ottawa, le 26 novembre 1959, fonds C.O.J.C., MG 28, I 98, vol. 4, A.P.C.
94. Charles Letellier de Saint-Just, Rapport du directeur de l'orientation à la CX, n° 192, Ottawa, les 1 et 2 octobre 1960, fonds C.O.J.C., MG 28, I 98, vol. 13, A.P.C. Gaétan Legault, Rapport à la CX n° 195, Ottawa, les 10-12 octobre 1962, fonds C.O.J.C., MG 28, I 98, vol. 14, A.P.C. Gaétan Legault *et al.*, Rapport spécial, (Ottawa), le 18 mars 1960, fonds C.O.J.C., MG 28, I 98, A.P.C.

politique ne crève cependant pas l'abcès qui s'envenime. Ainsi, dès 1961, Marcel Chaput est radié des rangs de l'Ordre, en raison de son prosélytisme dans l'Ordre en faveur de l'indépendance du Québec ; la CX maintient sa politique devant une contestation accrue en 1962 et 1963. Le débat est alimenté par des sujets tels que le projet de rapatriement de la Constitution de l'Honorable E. Davie Fulton et celui de la Commission royale d'enquête sur le bilinguisme et le biculturalisme. De plus en plus, les frères du Québec font de l'autonomie du Québec la condition *sine qua non* de tout accord politique. Les frères, surtout de l'extérieur du Québec, ne peuvent les suivre sur ce sentier indépendantiste. Les éléments d'une crise sont là.

C'est lors de la réunion annuelle de la chancellerie, les 27 et 28 février 1965, que les deux options s'affrontent. La direction régionale montréalaise de l'Ordre demandait, depuis plusieurs années déjà, plus d'autonomie. Confrontée à ce mouvement autonomiste, la direction «canadienne» de l'Ordre fait adopter une résolution souhaitant

> la dissolution immédiate des cadres et structures actuelles des C.O.J.C. (...) et la réorganisation immédiate en quatre grands conseils parallèles et autonomes correspondant aux quatre régions du Canada français (Acadie, Québec, Ontario, Ouest)[95].

C'est la fin de l'Ordre, qui ne réussira qu'à vivoter dans certaines régions pendant quelque temps, sans jamais retrouver sa cohésion et son ampleur d'antan.

L'existence «discrète» de l'Ordre de Jacques Cartier représente le transfert de l'action collective franco-ontarienne de la place publique aux coulisses du pouvoir. À la fin de la décennie 1920, les progrès dans le dossier scolaire, accompagnés du début de la grande crise économique de la décennie 1930, font que la contestation ouverte n'est plus de mise. Il faut lutter pour la promotion du français dans la discrétion sans toujours montrer son jeu. Après 15 années de contestation ouverte (1912-1927), les «nationalistes» canadiens-français se concertent dans le maquis de l'Ordre de Jacques Cartier. Ils seront dirigés par une poignée de Franco-Ontariens d'Ottawa.

C'est précisément cette concertation discrète des ressources canadiennes-françaises qui fera la force de l'Ordre. Les dirigeants sont au courant de tous les grands dossiers brûlants au Canada français. La direction franco-ontarienne de l'Ordre veille à ce que la région de

---

95. Cette proposition et ses antécédents immédiats sont reproduits dans G.-Raymond LALIBERTÉ, *Une société secrète...*, *op. cit.*, p. 106-112.

l'Ontario soit privilégiée dans la répartition des ressources de l'Ordre. Le fait d'œuvrer dans l'ombre permet d'éviter plusieurs levées de boucliers de la part des adversaires de « la cause ».

La croyance des dirigeants de l'Ordre en la valeur d'un Canada bilingue où les francophones jouiraient des mêmes droits que les anglophones constituait un pilier fondamental sur lequel reposaient toutes leurs activités. Cette croyance était portée par la foi et l'espérance de ces catholiques convaincus qui ne trouvaient pas dans leur histoire trop de raisons justifiant la confiance dans l'avenir. En effet, il fallait avoir la foi pour militer en faveur du français dans le Canada de l'époque ; le dossier historique portait plutôt vers le désespoir, au chapitre des droits du français.

Soulignons que pendant plus d'un demi-siècle (1910-1965), c'est l'A.C.F.E.O., puis l'O.J.C., qui ont mené la bataille en faveur des droits du français au Canada. Les ressources principales des Canadiens français étaient au Québec, mais l'organisation, la stratégie, les tactiques et la lutte quotidienne étaient celles des Franco-Ontariens surtout, aidés des autres minorités françaises. Admirons le jugement juste et pondéré de ces chefs qui ont compris que l'esprit d'accommodement du tournant du siècle devait céder à la contestation ouverte (1912-1927), en attendant de prendre la maquis (1926-1965).

L'Église n'était jamais loin derrière ces chefs « nationalistes » canadiens-français qui se voulaient tous très catholiques. Cette alliance entre le clergé et le nationalisme canadiens-français explique la force morale et la persévérance de ces militants qui n'auraient cessé de lutter que dans leur tombe. L'appui de l'Église canadienne-française les rassurait quant au bien fondé et à la noblesse de leur cause, ce qui permit de surmonter de dures et fréquentes épreuves et déceptions. « La cause » en valait la peine.

CONCLUSION

Dans les pages précédentes, l'auteur a voulu montrer l'ampleur et la profondeur de la méfiance linguistique et culturelle entre deux groupes ethniques dans l'Église catholique de l'Ontario, les Irlandais et les Canadiens français. Pendant la première moitié du vingtième siècle, ce furent les diocèses, les conseils scolaires et l'Université d'Ottawa qui devinrent l'arène pour les matchs successifs et continuels, mettant aux prises les deux antagonistes.

Ce récit fait ressortir certains traits dominants des Franco-Ontariens. Ce demi-siècle est celui du développement de leur identité collective dans le creuset des conflits scolaires surtout. Cette identité aura donc, comme pierre angulaire, la lutte. Il est ainsi révélateur que le journal *Le Droit*, fondé en 1913, a toujours comme mot d'ordre : « L'avenir est à ceux qui luttent. »

On ne mène pas une lutte sans adversaire. Dans le cas qui nous occupe, c'est l'Irlandais catholique qui joue ce rôle et ce, tout au long de la période étudiée. Cette rivalité entre Irlandais et Canadiens français remonte aux premières années de l'arrivée des immigrants d'Irlande au dix-neuvième siècle. Les deux ethnies se feront concurrence dans l'industrie forestière, tant dans les chantiers que sur les rivières où les draveurs et les *raftsmen* se font souvent la guerre. Ils seront concurrents dans les rangs du clergé, comme en font foi les chapitres ci-dessus. Bref, les Canadiens irlandais et français croiseront le fer dans toutes les sphères d'activités conjointes.

Nous avons montré que chacun des deux partis ne réussit pas toujours à maintenir un front uni. Ainsi, l'épiscopat de l'Ontario catholique de langue anglaise est divisé entre, d'une part, les Fallon, les Scollard et les Macdonell et, d'autre part, les McNeil, les McEvay et les Gauthier. C'est dire que les plus intransigeants des chefs irlandais-catholiques sont ceux qui œuvrent dans un milieu mixte au plan linguistique. Il en est ainsi des diocèses de London, d'Alexandria et de Sault Ste. Marie. Le revers de la médaille est que les évêques de diocèses comme ceux de Toronto, Hamilton ou Kingston, là où les Canadiens français sont clairsemés, peuvent se permettre d'être généreux. En effet, chez eux, les Canadiens français ne menacent aucunement l'hégémonie anglophone. L'exception qui confirme la règle est celle de Mgr Cleary de Kingston, qui ne s'avère pas plus généreux qu'il ne faut à l'égard de ses diocésains francophones, dans les années 1880 et 1890.

Ainsi, bon nombre des évêques de l'Ontario anglais catholique ont su se tirer d'affaires honorablement dans le dossier brûlant des relations entre francophones et anglophones. Soulignons le rôle de premier plan des Neil McNeil et des Charles Hugh Gauthier, qui ont su faire œuvre de conciliateurs dans le plus chaud de la lutte ethno-linguistique.

C'est cependant le parti épiscopal des Michael Fallon, des D.J. Scollard et des H. Dignan qui fera le plus parler de lui et qui fixera dans l'esprit des Franco-Ontariens la réputation d'un épiscopat catholique anglophone hostile au bien-être de ses ouailles francophones. Comme il se doit, le journaliste de l'époque suivait, pas à pas, les démarches de ces brandons de discorde, celles de Fallon surtout. Les évêques plus raisonnables ne réussissent pas à se faire entendre.

Remarquons aussi que les chefs épiscopaux du camp des intransigeants sont d'origine ethnique irlandaise : ce sont NN. SS. Fallon, Scollard et Dignan. Par ailleurs, les chefs épiscopaux du camp des conciliateurs ne le sont pas : ce sont Neil McNeil, d'origine écossaise et Charles Hugh Gauthier, d'origine mixte canadienne-française et écossaise. Cette constatation nous laisse songeur. Elle ouvre la porte à toute une série de considérations qui voudraient expliquer cette antipathie particulière. Nous croyons que la réponse est à chercher du côté de la situation minoritaire tant des Irlandais que des Canadiens français, mais aussi dans le sentiment de peuple opprimé qui est le partage de chacun. Comme l'enfant battu qui, devenu adulte, a tendance à agresser ses propres enfants, un peuple opprimé a peut-être tendance, une fois libéré, à se montrer moins tolérant.

Ce sont surtout l'Église et l'école qui deviennent les sujets et les lieux principaux de conflits, la foi catholique servant de munitions aux partis adverses. Ainsi, pendant que l'Irlandais évoque la catholicité de l'Église pour minimiser l'importance des revendications des Canadiens français, ces derniers, en revanche, invoquent, avec Henri Bourassa, les passages évangéliques qui valorisent la particularité de chacun. Chaque parti est porté par des sentiments religieux et orne sa « cause » de pèlerinages, de bénédictions et d'*ex votos*. Ce conflit ontarien, qui est avant tout linguistique et culturel, est ainsi souvent masqué par un écran de fumée dévote.

L'école est l'arène principale des combats. Rappelons que l'école séparée, instituée pour protéger les droits de la minorité confessionnelle, était devenue, à compter de 1855, une école catholique. Avant 1885, les Franco-Ontariens créaient leurs écoles dans le réseau public ou non-confessionnel, mais par la suite, préféraient les écoles séparées. C'est que ces dernières servaient de refuge linguistique et culturel. Cependant, dans les centres mixtes aux plans linguistique et culturel, des catholiques, tant francophones qu'anglophones, sont inscrits aux mêmes conseils scolaires. Ainsi, les Franco-Ontariens veulent que le C.E.S.O. serve de rempart protégeant la langue française, tandis que les catholiques anglophones du même Conseil sont les premiers à prôner l'anglicisation des écoliers francophones. La confrontation se devait d'être longue et rude.

Divisés par la langue et la culture, les Canadiens irlandais et français sont encadrés par la même Église et, en principe, unis par la même foi. Nous savons que pendant cette première moitié du vingtième siècle, cette foi en prendra pour son rhume. Chacun des deux groupes ethniques est à tel point dominé par ses soucis linguistiques et culturels, qu'il subordonne tout à ces derniers, sa foi religieuse incluse. Tant les Canadiens français que les Canadiens irlandais font de leur foi la gardienne de leur langue car, en définitive, c'est cette dernière qui a le plus d'importance. Comme une personne qui crève de faim, qui doit d'abord veiller à s'approvisionner, le Franco-Ontarien doit d'abord assurer sa survie linguistique et culturelle. Ce n'est que par la suite qu'il pourra laisser promener le regard vers de plus vastes horizons. Le bilinguisme est pour le Franco-Ontarien une condition *sine qua non* de sa survivance. Il s'y accrochera envers et contre tout. Sa foi religieuse devient une arme puissante dans son arsenal.

Nous ne pouvons qu'admirer la persévérance de ces chefs franco-ontariens qui ont tenu le coup, contre vents et marées, pendant plus d'un demi-siècle. Les Genest, les Charlebois, les Belcourt et les Landry n'avaient qu'un seul objectif: celui d'obtenir un statut d'égalité pour les Franco-Ontariens. Ils devaient affronter des adversaires de taille, dont l'idéologie de la suprématie anglo-saxonne, celle de la vocation folklorique du français, enfin l'acharnement des catholiques d'origine irlandaise qui concurrençaient les Canadiens français pour le pouvoir, dans l'Église et dans l'école. Ces chefs franco-ontariens ont tenu le coup en raison de la justice de leur cause, arc-boutée par leur espérance et leur foi chrétiennes.

Il en fut de même des dirigeants de l'Université d'Ottawa, ces oblats, surtout canadiens-français qui, depuis le milieu du dix-neuvième siècle, ont cru au bilinguisme en dépit de circonstances décourageantes. Ce sont ces gens qui ont réussi à mettre en pratique le rêve de bilinguisme prêché par les Wilfrid Laurier et, plus récemment, les Lester Pearson et les Pierre-E. Trudeau. Vivant au jour le jour, au confluent des Canadas français et anglais, ces chefs se rendent compte que le bilinguisme est non seulement souhaitable, mais nécessaire au Canada.

Les leaders dans cette lutte en faveur du bilinguisme à l'église, à l'école et à l'université étaient surtout des clercs, au début du siècle. Les laïques prennent graduellement la relève à compter de 1920, de sorte qu'en 1950, les clercs ne jouent qu'un rôle de suppléance. C'était préparer l'Ontario français du lendemain.

Notons enfin l'enracinement de ces Franco-Ontariens en terre ontarienne. Si la plupart de ces gens sont issus de familles d'origine québécoise, venues en Ontario dans la deuxième moitié du dix-neuvième siècle, aucun ne suggère l'abandon de ce pays de l'Ontario qui s'avère pourtant si hostile. Ils espèrent qu'ils finiront par obtenir justice ; ils sont ici pour rester.

Au terme de cette démarche historique dans l'Ontario français de la première moitié du vingtième siècle, soulignons ce qui est l'évidence même, c'est-à-dire la méfiance sous-jacente à l'animosité entre Canadiens irlandais et français en Ontario. L'auteur a voulu mesurer et sonder cette plaie dans le but de mieux la comprendre. Qui sait, peut-être pourra-t-il contribuer à la guérir.

La révolution sociale et culturelle qui aura lieu au Canada et en Ontario après 1960 transformera le paysage linguistique et culturel de fond en comble. C'est cependant l'acquis de la période précédente, celle que nous avons étudiée ici, qui servira de tremplin aux progrès importants des décennies 1960, 1970 et 1980. Tant l'Ontario que le Québec y connaîtront leurs « révolutions tranquilles », pendant que l'Église vivra son Concile Vatican II.

C'est ainsi que du 20 au 24 mai 1982, aura lieu à Ottawa un Festival chrétien. Il sera simple plutôt qu'enguirlandé, chaleureux plutôt que formel, joyeux plutôt que lugubre et œcuménique plutôt qu'exclusivement catholique. Il va sans dire qu'il était bilingue. Les traits de la nouvelle Église sont là.

En cette fin du vingtième siècle, il serait anachronique pour les catholiques de l'Ontario de reprendre les vieilles querelles qui ont empoisonné la première moitié du siècle. S'ils le reconnaissent, nous aurons connu un progrès certain.

BIBLIOGRAPHIE

I. Fonds d'archives

Le présent livre repose en grande partie sur une recherche dans divers fonds d'archives auparavant inaccessibles aux chercheurs. Il s'agit des fonds des Commandeurs de l'Ordre de Jacques Cartier, de l'Association canadienne-française de l'Ontario, de l'Université Saint-Paul et de divers diocèses catholiques de l'Ontario, celui d'Ottawa notamment. Il convient d'en faire la description sommaire.

Les fonds en question reposent en divers états de conservation et de classement. À une extrémité, signalons les fonds conservés par les oblats de Marie-Immaculée tant à l'Université Saint-Paul qu'aux Archives Deschatelets. Il fait bon y travailler, car le chercheur y jouit non seulement de conditions de travail idéales (*e.g.*, silence, heures régulières, préposés dévoués), mais profite également d'un travail d'archivistes professionnels qui ont classé et inventorié la documentation. À l'autre extrémité, on trouve les archives de certains petits diocèses qui n'ont jamais pu ou voulu s'occuper de leurs papiers. Là, c'est parfois le désordre le plus complet, l'auteur ayant même dépouillé un fonds dont les documents étaient empilés pêle-mêle sur le plancher d'un bureau désaffecté.

La plupart des archives qui ont servi à la rédaction de l'ouvrage ont, cependant, un degré d'organisation qui se situe entre ces deux extrêmes. Ainsi les fonds de l'A.C.F.O. et des C.O.J.C., confiés au C.R.C.C.F. et aux Archives publiques du Canada respectivement, sont sous les mains d'experts. Les fonds de plusieurs diocèses de l'Ontario sont en voie d'être inventoriés et classés ; ici, les progrès sont énormes depuis quinze ans. C'est le cas des Archives des archidiocèses de Toronto et d'Ottawa, où le travail progresse à pas de géants.

Il serait difficile d'exagérer l'importance de ces fonds pour l'histoire des Canadiens français de l'Ontario. La documentation y est volumineuse. Elle révèle au chercheur qui a la patience de la dépouiller une nouvelle dimension de la vie catholique franco-ontarienne où la langue et la foi ne font qu'une. Elle permet de redonner au lecteur la mémoire de ce que fut ce demi-siècle mouvementé en Ontario français.

II. Publications et thèses

BARBER, Marilyn, *The Ontario Bilingual Schools Issue : Sources of Conflict*, art. in *The Canadian Historical Review*, vol. XLVII, n° 3, septembre 1966, p. 227-248.

BARBEZIEUX, Alexis de, *Histoire de la Province Ecclésiastique d'Ottawa*, vol. I, Ottawa, Compagnie d'Imprimerie d'Ottawa, 1897.

BERGER, Carl (éd.), *Imperialism and Nationalism 1884-1914 : A Conflict in Canadian Thought*, Toronto, The Copp Clark Publishing Company, 1969, 119p.

BERGER, Carl, *The Sense of Power. Studies in the Ideas of Canadian Imperialism 1867-1914*, Toronto, University of Toronto Press, 1970, 277p.

BRANDT, Gail C., *J'y suis, j'y reste ; The French Canadians of Sudbury 1883-1913*, thèse inédite de doctorat, York University, 1976.

BRAULT, Lucien, *Histoire des Comtés-Unis de Prescott et de Russell*, L'Orignal, Conseil des Comtés unis, 1965.

CARRIÈRE, Gaston, *Dictionnaire biographique des Oblats de Marie-Immaculée au Canada*, 3 tomes, Ottawa, Éditions de l'Université d'Ottawa, 1976, 1977, 1979, 350, 429 et 485p.

CARRIÈRE, Gaston, *Histoire documentaire de la Congrégation des Missionnaires Oblats de Marie-Immaculée dans l'Est du Canada*, 1re partie... (1841-1861), II, Ottawa, Éditions de l'Université d'Ottawa, 1959.

CARRIÈRE, Gaston, *L'arpenteur du Bon Dieu ; Monseigneur Louis Rhéaume, o.m.i., 1973-1955, évêque de Timmins*, Montréal, Rayonnement, 1960, 220p.

CARRIÈRE, Gaston, *Un grand éducateur. Le R.P. René Lamoureux, o.m.i., (1890-1958)*, Ottawa, Éditions de l'Université d'Ottawa, 1958, 137p.

CARTWRIGHT, D.G., *French-Canadian Colonization in Eastern Ontario to 1910...*, thèse inédite de doctorat (géographie), The University of Western Ontario, 1973.

CHAPLEAU, A., NORMAND, L.-P. et PLANTE, L., *Évêques catholiques du Canada / Canadian R.C. Bishops 1658-1979*, Ottawa, Université Saint-Paul, 1980, 194p.

CHOQUETTE, Robert, *Langue et réligion. Histoire des conflits anglo-français en Ontario*, Ottawa, Éditions de l'Université d'Ottawa, 1977, 268p.

CHOQUETTE, Robert, *L'Église catholique dans l'Ontario français du dix-neuvième siècle*, Ottawa, Éditions de l'Université d'Ottawa, 1984, 365p.

CHOQUETTE, Robert, *L'Ontario français, historique*, Montréal, Études Vivantes, 1980, 272p.

CHOQUETTE, Robert, *Religion et rapports interculturels au Canada*, art. in Association des études canadiennes, *Religion/Culture*, vol. VII, 1985, p. 198-211.

COURTEAU, Guy, s.j., *Le docteur J.-Raoul Hurtubise M.D. — M.P. 40 ans de vie française à Sudbury*, Montréal et Sudbury, Éditions Bellarmin et la Société historique du Nouvel-Ontario, 1971, 135p.

CYR, Roger, *La Patente*, Montréal, Éditions du Jour, 1964, 127p.

D'APOLLONIA, Luigi, s.j., *Cinquante ans à la Délégation apostolique*, Œuvre des tracts, n° 360, Montréal, L'Œuvre des tracts, juin 1949.

DIXON, Robert T., *The Ontario Separate School System and Section 93, of the British North America Act*, Toronto, Ontario Separate School Trustees Association, 1976.

FIRTH, Edith G., (Éd.), *Profiles of a Province*, Toronto, Ontario Historical Society, 1967.

HAMELIN, Jean et GAGNON, Nicole, *Le XX^c siècle*, Tome 1, 1898-1940, Tome 2, De 1940 à nos jours, dans VOISINE, Nive (dir.), *Histoire du catholicisme québécois*, Montréal, Boréal Express, 1984, 504 et 420p.

HUMPHRIES, Charles N., *The Sources of Ontario « Progressive » Conservatism 1900-1914*, art. in *Annual Report of the Canadian Historical Association*, 1967, p. 118-129.

LACASSE, Maurice, *Le lion de la péninsule. Biographie et poèmes du Sénateur Gustave Lacasse*, Hull, Chez l'Auteur, 1979, 178p.

LACROIX, Benoît et SIMARD, Jean, *Religion populaire, religion de clercs?*, Québec, Institut québécois de recherche sur la culture, 1984, 444p.

LALIBERTÉ, G.-Raymond, *Une société secrète: l'Ordre de Jacques Cartier*, Montréal, Éditions Hurtubise HMH, 1983.

LALIBERTÉ, G.-Raymond, *L'Ordre de Jacques Cartier ou l'utopie d'un césarisme laurentien*, thèse de doctorat, Université Laval, 1980, 3 vols.

LALONDE, André, *Le règlement XVII et ses répercussions sur le Nouvel-Ontario*, Sudbury, La société historique du Nouvel-Ontario, 1965, 71p.

LAPALME, Victor, *Les Franco-Ontariens et la politique provinciale*, thèse inédite de maîtrise (sciences politiques), Université d'Ottawa, 1968.

LEVITT, Joseph, *Henri Bourassa and the Golden Calf. The Social Program of the Nationalists of Quebec (1900-1914)*, Ottawa, University of Ottawa Press, 1969, 190p.

MACDOUGALL, H.A., *St. Patrick's College (Ottawa), 1929*–1979, art. in C.C.H.A., *Study Sessions* 1982, vol. 49, p. 53–71.

MARIE de JÉSUS, Révérende Mère, *L'éducation à Sturgeon Falls. École Saint-Joseph*, art. in Société historique du Nouvel-Ontario, *Histoire de Sturgeon Falls*, Sudbury, Société historique du Nouvel-Ontario, 1946, p. 39–42.

MCGOWAN, Mark, *Religious Duties and Patriotic Endeavours: The Catholic Church Extension Society, French Canada and the Prairie West*, art. in the Canadian Catholic Historical Association, *Canadian Catholic Historical Studies 1984*, p. 107–119.

MOIR, John, *A Vision Shared? The Catholic Register and Canadian Identity before World War I*, art. in Association for Canadian Studies, *Religion/Culture*, vol. VII, Ottawa, 1985, p. 356–366.

MORISSEAU, Henri, Mgr... *Guigues*, art. in *Revue de l'Université d'Ottawa*, vol. 17, n° 2, avril–juin 1947, p. 136–180.

NEWTON, Michael, *Lower Town Ottawa, Volume 1, 1826–1894*, Ottawa, National Capital Commission, 1979, 590p.

OLIVER, Peter N., *The Making of a Provincial Premier. Howard Ferguson and Ontario Politics: 1870–1923*, thèse de doctorat, University of Toronto, 1969.

OLIVER, Peter N., *The resolution of the Ontario bilingual schools crisis 1919–1929*, art. in *The Journal of Canadian Studies*, février 1972, p. 22–45.

PAUL-ÉMILE, Sœur, *Les Sœurs Grises de la Croix..., 1876–1967*, Ottawa, Maison-mère, 1967.

PRANG, Margaret, *Clerics, Politicians, and the Bilingual Schools Issue in Ontario, 1910–1917*, art. in *The Canadian Historical Review*, vol. XLI, n° 4, décembre 1960, p. 281–307.

PROULX, Adolphe, *Histoire du diocèse du Sault-Sainte-Marie*, art. in Société canadienne d'histoire de l'Église catholique, *Rapport 1960*, vol. 27, 1960, p. 71–82.

SAUVÉ, R.C., *Economic Growth of Eastern Ontario. Trend and Structural Analysis*, thèse inédite de maîtrise, Université d'Ottawa, 1969.

SIMARD, Georges, *L'Université d'Ottawa*, Québec, Imprimerie de l'Événement, 1915.

SIMON, Victor, *Le Règlement XVII: Sa mise en vigueur à travers l'Ontario 1912–1927*, Sudbury, La société historique du Nouvel-Ontario, Université de Sudbury, 1983, 58p.

STAMP, Robert M., *The Schools of Ontario 1876–1976*, Toronto, University of Toronto Press, 1982.

TREMBLAY, Louis, *L'Académie De-La-Salle d'Ottawa au XXe siècle: problèmes d'accréditation et clientèle scolaire*, thèse inédite de M.A., Université d'Ottawa, 1969, 114p.

TROFIMENKOFF, Susan M., *Action française: French Canadian Nationalism in the Twenties*, Toronto, University of Toronto Press, 1975, 157p.

TROFIMENKOFF, Susan M., *The Dream of Nation: A Social and Intellectual History of Quebec*, Toronto, Macmillan of Canada, 1982, 344p.

SCHULL, Joseph, *Ontario Since 1867*, Toronto, McClelland and Stewart, 1978, 400p.

SYMONS, T.H.B., *Ontario's Quiet Revolution*, art. in BURNS, R.M. (Éd.), *One Country or Two?*, Montreal, 1971, p. 169-204.

VOISINE, Nive et HAMELIN, Jean (dir.), *Les ultramontains canadiens-français*, Montréal, Boréal Express, 1985, 347p.

WALKER, Franklin A., *Catholic Education and Politics in Ontario*, Toronto, Federation of Catholic Education Associations of Ontario, 1964, 514p.

INDEX

– A –

Académie de La Salle, 147, 148, 202
A.C.F.E.O.
  Voir Association canadienne-française de l'Ontario
Alexandria, diocèse de, 7, 25, 46, 78, 81, 82, 86, 87, 90, 97, 99, 100, 101, 116, 266
Alexandria-Cornwall, diocèse de,
  Voir Alexandria, diocèse de
Allard, Léopold, 241, 242, 248, 258
Amos, diocèse de, 79
Angers, François-Albert, 241, 261
Anglin, F.A., 48
Antoniutti, Ildebrando, 34, 69, 228-229, 254, 256, 257
Arvisais, Aimé, 241
Association canadienne-française de l'Ontario, 11, 43, 46, 56, 61, 64, 67, 69, 70, 74, 79, 80, 81, 82, 86, 87, 100, 101, 118, 121, 126, 127, 133, 139, 140, 142, 143, 144, 147, 197, 198, 199, 201, 202, 211, 212, 213, 214, 215, 219, 221, 222, 223, 227, 228, 241, 246, 247, 253, 257, 258, 263
Augier, Célestin, 166

– B –

Baie James, vicariat apostolique de la,
  Voir Moosonee
Ballantine, Murray, 90
Barrette, François-Xavier, 234, 241, 253, 258
Bégin, Louis-Nazaire, 37, 40, 62, 76, 77, 122
Bélanger, Aurélien, 197, 217, 219–222
Belcourt, Napoléon-Antoine, 23, 128, 197, 213–219, 220, 227, 267
Béliveau, Arthur, 73, 102, 122, 126, 127
Belleau, Henri, 54, 55
Benoît XV, Pape, 32, 78, 122, 227
Besserer, Théodore, 162
Bonnier, Robert, 257
Bourassa, Henri, 209, 217, 267

Bourassa, Philémon, 193, 194, 211, 212
Brodeur, Rosario, 101, 230
Bruchési, Paul, 37, 98, 99
Burke, Alfred E., 85, 86
Byrne-Grant, William, 189, 190, 191, 192, 193, 194, 195, 196

– C –

Campeau, L.-N., 42
Carter, Alexander, 55, 70, 258
Casey, D.A., 89, 90
Cassulo, Andrea, 32, 49, 63, 64, 65, 188, 198, 199, 200, 201, 211, 254, 256
Catholic Church Extension Society, 77, 83, 84, 85, 86, 90
Catholic Taxpayers Association, 155
Catholic University Club, 187
Catholic University of Canada, 184
C.E.S.W.
  Voir Conseil des écoles séparées de Windsor
Chaput, Marcel, 261, 262
Charbonneau, Joseph, 45, 46, 48, 54, 55, 80, 254, 256
Charlebois, Charles, 23, 61, 74, 77, 101, 118, 197, 198, 199, 200, 201, 202, 210-213, 217, 219, 221, 227, 228, 267
Charlebois, Guillaume, 176, 177, 179, 180
Charlebois, Ovide, 77, 211, 215, 254
Chevaliers de Colomb, 245, 248-249
Cleary, James Vincent, 83, 88, 89, 103, 152, 266
Cloutier, J.-Edmond, 87, 226, 227
Cody, John Christopher, 103, 253
Collège de Bytown,
  Voir Université d'Ottawa
Collège d'Ottawa
  Voir Université d'Ottawa
Collège du Sacré-Cœur, 59, 185
Collège Régiopolis, 39, 95, 162, 163

Collège Saint-Joseph
  Voir Université d'Ottawa
Collège St. Michael, 52, 65, 83, 102, 162
Collège St. Patrick, 188, 190, 191, 192, 193, 194, 195, 196, 202
Commission Hope, 151
Concile plénier du Canada (1909), 31, 182
Congrès de la langue française (1937), 33
Congrès eucharistique (1938), 34
Congrès marial d'Ottawa, 228-229
Conseil des écoles séparées de Sudbury, 61, 117, 118, 146, 223
Conseil des écoles séparées de Windsor, 66, 140, 141, 156
Conseil des écoles séparées d'Ottawa (C.E.S.O.), 47, 112, 113, 114, 115, 116, 120, 121, 123, 125, 126, 127, 131, 137, 138, 147, 148, 152, 154, 155, 156, 157, 197, 199, 214, 217, 218, 219, 220, 233, 267
Constantineau, Henri-A., 166, 171, 172
Corbett, George, 98, 99
Cornell, Edmund J., 127, 189
Côté, Louis, 33, 128, 221
Couturier, Félix, 41, 46, 100, 101, 102, 254

– D –

Dames de la Congrégation, 138, 147, 185
De Lai, G., 31, 32
Délégation Apostolique,
  Voir aussi, A. Cassulo, I. Antoniutti, D. Falconio, U. Mozzoni, D. Sbarretti, G. Panico, P.F. Stagni, P. Di Maria, 29, 30, 66, 79, 256
Desnoyers, Anthime, 200
Despatie, Roger-Alfred, 55
Dignan, R.H., 7, 55, 61, 65, 66, 67, 68, 70, 79, 103, 266

INDEX 279

Di Maria, Pietro, 32, 40, 127, 181, 188
Dontenwill, Augustin, 177, 180, 188
Dowling, T. J., 83, 86, 121
Dozois, Narcisse-Servule, 197, 198, 199, 200
Drew, George, 150
Duhamel, Joseph-Thomas, 23, 34, 37, 38, 41, 52, 54, 62, 99, 110, 114, 115, 135, 136, 152, 153, 154, 157, 164, 167, 168, 170, 171, 172, 175, 210, 224

– E –

Émard, Joseph-Médard, 39, 41, 42, 43, 44, 45, 46, 48, 73, 75, 78, 186, 187, 188, 214
Émery, J.-Édouard, 166, 172, 173
Equal Rights Association, 21, 108, 150
Ewart, John S., 178

– F –

Fabre, Édouard-Charles, 98, 99
Falconio, Diomède, 30, 31, 37, 93, 95, 153
Fallon, Michael Francis, 38, 40, 59, 62, 65, 66, 74, 84, 85, 86, 99, 101, 102, 103, 121, 125, 140, 170, 172, 173, 174, 175, 179, 182, 183, 198, 266
Ferguson, G. Howard, 119, 128, 131, 133, 199
Filion, Gérard, 241, 251
Filles de la Sagesse, 59 136
Finn, Gilbert, 241
Forbes, J.-L.-Guillaume, 47, 48, 49, 73, 80, 102, 157, 188, 189, 191, 195, 200, 201, 224, 253, 254, 256
Fort William, diocèse de,
    Voir Thunder Bay

– G –

Gallagher, Norman J., 54
Gascon, Adélard, 240-241
Gauthier, Charles, 227, 242
Gauthier, C. H., 39, 40, 41, 48, 49, 57, 58, 76, 78, 84, 86, 87, 88, 95, 98, 99, 102, 103, 122, 123, 125, 127, 153, 158, 178, 182, 184, 211, 266
Gauthier, Robert, 139, 140, 141, 144
Genest, Jean, 214
Genest, Samuel, 23, 127, 131, 148, 197, 214, 217, 218, 219-220, 227, 231, 267
Gervais, Henri, 166, 176, 180, 181
Gervais, Marcel, 55
Groulx, Lionel, 209, 214, 215, 216, 224
Guigues, Joseph-Eugène-Bruno, 161, 162, 163, 178, 179

– H –

Haileybury, diocèse de,
    Voir Timmins
Hallé, Joseph-Jean-Baptiste, 23, 54, 55, 73, 74, 76, 77, 78, 79, 80, 102, 121, 201, 215, 227, 254
Hamilton, diocèse de, 25, 81, 82, 83, 86, 90, 258, 266
Hearst, diocèse de, 7, 25, 46, 51, 54, 75, 76, 77, 79, 80
Hepburn, Mitch, 155
Hughes, James L., 214, 221
Hurtubise, J.-Raoul, 23, 61, 63, 64, 65, 69, 118, 223

– I –

Injonction Mackell, 121, 125, 137

– J –

Jennings, Edward Q., 54
Joyal, Arthur, 79, 134, 202, 211, 213

– K –

Keyserlingk, Robert W., 90
Kidd, John Thomas, 84, 102, 103, 140
King, Mackenzie, 197, 217, 228
Kingston, diocèse et archidiocèse, 7, 11, 25, 38, 39, 52, 62, 70, 81, 82, 83, 88, 89, 90, 95, 100, 102, 103, 258, 266

– L –

Labouré, Théodore, 200
Lacasse, Gustave, 23, 62, 102, 141, 222-223
Lachance, Louis, 249, 253, 255, 257, 259, 260, 261
La Feuille d'Érable, 222
Lajeunesse, J.-A., 177
Lamoureux, René, 199, 201, 230
Landriault, Jacques, 55, 255
Landry, Georges-Léon, 55, 80
Landry, Philippe, 23, 119, 120, 127, 267
Langevin, Adélard, 41, 169, 170
Latulippe, Élie-Anicet, 23, 54, 55, 72, 73, 76, 77, 78, 79, 121, 123, 126, 127, 227, 231
Laurendeau, André, 251
Laurier, Wilfrid, 17, 30, 31, 174, 175, 214, 268
Lavigne, Conrad, 241
Leblanc, Albini, 55, 80, 255
Le Droit, 43, 49, 134, 143, 180, 197, 198, 199, 200, 210, 211, 212, 227, 231, 265
Leduc, Paul, 214
Léger, Paul-Émile, 254-255, 257, 258
Leguerrier, Jules, 54, 55
L'Émerillon, 240, 242, 243
Lemieux, Marie-Joseph, 253, 254-255, 256
Lemieux, Rodolphe, 40, 42, 48, 65, 74
Lévesque, Louis, 55, 255
Limoges, Joseph-Eugène, 73, 75
Limoges, Raymond, 253

London, diocèse de, 7, 25, 46, 62, 81, 82, 83, 84, 86, 90, 101, 102, 103, 116, 121, 258, 266
Lorrain, Narcisse-Zéphirin, 54, 55, 71, 72, 73
Lynch, John, J., 82, 83, 103, 149, 150, 152, 168

– M –

Macdonell, Alexander, 97, 98, 103
Macdonell, William Andrew, 48, 86, 98, 99, 100, 103, 121, 266
Marchand, Gilles, 166, 194, 197, 198, 199, 200, 201, 202
Marcotte, François-Xavier, 166, 187
Martinet, Aimé, 168, 169
Mary Basil, Sœur, 91, 92, 93, 94, 95, 96, 97
Mary Francis Regis, Sœur, 92, 93, 94, 95, 96
Mary Gabriel, Sœur, 93, 94, 96
McCarthy, Dalton, 21, 108, 150
McEvay, Fergus Patrick, 39, 62, 83, 84, 85, 86, 87, 98, 102, 103, 266
McGuckin, James M., 166, 169, 170, 171, 172
McGuigan, James Charles, 86, 103, 228, 229
McNeil, Neil, 84, 85, 86, 87, 99, 101, 103, 122, 123, 124, 126, 182, 266
Mea, Charles Joseph, 93, 94, 95, 96
Ménard, C.-A., 234, 240
Merchant, F. W., 128, 129, 130, 131, 136, 221
Meredith, William, 108, 110, 121, 151
Michaud, Joseph, 52
Mignault, Richard, 229-230, 253, 257, 258
Moffet, Flavien, 112
Moosonee, diocèse de, 25, 51, 54, 75, 79
Mowat, Oliver, 110, 152
Mozzoni, Umberto, 33, 79, 80
Murphy, William, 166, 172, 173, 176, 177

INDEX

– N –

Nelligan, Charles L., 55

– O –

O'Brien, Richard Michael Joseph, 97, 101, 103, 182
O'Connor, Dennis, 83, 84
O'Connor, Richard A., 39, 86, 99
O'Donnell, Thomas, 85
O'Gorman, John J., 137, 176, 187, 196
O'Meara, John, 125, 126, 127
Ontario-Nord, vicariat apostolique de, Voir Hearst
Ordre de Jacques-Cartier, 8, 11, 23, 34, 46, 48, 64, 66, 82, 209, 233–263
O'Sullivan, Joseph A., 88
Ottawa
    diocèse et archidiocèse, 7, 25, 29, 34, 38, 39, 40, 41, 43, 44, 46, 47, 49, 51, 52, 54, 62, 70, 78, 91, 97, 100, 116, 167, 168, 186, 202, 228, 256

– P –

Panico, Giovanni, 255, 256, 258
Pembroke, diocèse de, 25, 46, 51, 54, 70, 71, 73, 87, 90, 91, 186, 258
Peterborough, diocèse de, 25, 39, 51, 52, 70, 81, 82, 83, 86, 90, 258
Petites Sœurs de la Sainte-Famille, 174
Plouffe, Symaune, 67, 69
Pontiac, vicariat apostolique de, Voir Pembroke
Protestant Protective Association, 21
Pyne, R., 145

– Q –

Québec,
    diocèse et archidiocèse de, 36, 37, 76, 167, 168, 224
Quinn, Martin J., 155

– R –

Raymond, Léon-Calixte, 23, 177, 226
Règlement 17, 18, 19, 22, 23, 48, 110, 116, 117, 118, 119, 120, 121, 126, 127, 128, 129, 131, 133, 134, 137, 142, 158, 197, 198, 210, 214, 219, 221, 227, 231, 233, 246
Renseignements confidentiels, 172
Rhéaume, Louis, 54, 55, 74, 75, 76, 79, 166, 177, 180, 181, 182, 201
Ricard, Félix-Antoine, 61, 117, 118, 146
Richelieu, Société, 244
Robert, Ulric, 166
Ross, George W., 110, 149, 150
Rouleau, Raymond-Marie, 102
Roy, Bruno, 166, 176
Ryan, P. T., 55, 73, 183, 186

– S –

Sainte-Anne, paroisse de Sudbury, 7, 59, 60, 61, 62
Sault Ste. Marie, diocèse de, 7, 25, 40, 41, 46, 51, 52, 53, 54, 55, 56, 59, 62, 63, 64, 65, 66, 68, 69, 70, 80, 86, 87, 90, 116, 121, 258, 266
Sauvé, Gustave, 213
Sauvé, Joachim, 240, 241, 244, 247
Sbarretti, Donatus, 31, 115, 174
Scollard, David Joseph, 7, 40, 41, 48, 52, 53, 55, 56, 57, 58, 59, 60, 61, 62, 63, 64, 65, 66, 73, 75, 83, 85, 86, 99, 101, 103, 121, 266
Scott, D'Arcy, 127, 176, 177, 178, 179, 180, 182
Searchlight, 172
Séguin, Roger-N., 240, 241
Séminaire d'Ottawa, 44, 46, 75, 164, 169, 180
Smith, William J., 55
Sœurs de la Congrégation, Voir Dames de la Congrégation
Sœurs de la Providence, 73

Sœurs de la Sainte-Famille (de Sherbrooke), 72
Sœurs de l'Assomption (de Nicolet), 72, 73, 78
Sœurs de l'Immaculée-Conception, 72
Sœurs de Sainte-Croix, 142
Sœurs de Saint-Joseph, 59, 142
Sœurs des Saints Noms de Jésus et de Marie, 140
Sœurs du Sacré-Cœur, 185
Sœurs Grises, 44, 59, 72, 135, 136, 138, 147, 191, 193
Sœurs St. Mary, 138
Somerville, Henry, 90, 91
Spratt, Michael Joseph, 88, 89, 91, 92, 94, 95, 96, 121
Stagni, P.F.S., 31, 32, 76, 84, 94, 96, 98, 180, 182, 183
St. Catharines, diocèse de, 25, 81, 258

– T –

Tabaret, Henri-Joseph, 161, 163, 166
Tanguay, Rosario-Charles, 138, 139
Tatin, C., 171
Témiscamingue, vicariat apostolique, Voir Timmins
Terrien, Esdras, 226, 227, 236, 239, 240, 241, 242, 246
Tessier, Maxime, 55, 76, 255
The Canadian Freeman, Voir The Canadian Register
The Canadian Register, 85, 86, 89, 90, 91, 96
The Catholic Record, 90, 152
The Catholic Register, Voir The Canadian Register
The Catholic Register and Canadian Extension, Voir The Canadian Register
The Ensign, 90, 91
The Ottawa Catholic Times, 195
The Ottawa Citizen, 179

Thunder Bay, diocèse de, 25, 51, 54, 81, 258
Timmins, diocèse de, 7, 25, 51, 54, 70, 72, 73, 74, 75, 76, 79, 87
Tissot, Edgar, 240, 241, 242, 248
Toronto, diocèse et archidiocèse de, 7, 11, 25, 36, 38, 62, 81, 82, 83, 84, 85, 86, 90, 102, 103, 167, 168, 258, 266
Tremblay, Jean-Jacques, 240

– U –

Université d'Ottawa, 8, 30, 58, 74, 75, 99, 116, 136, 137, 139, 143, 147, 148, 159–205, 212, 213, 220, 221, 224, 229, 230, 233, 265, 268
Ursulines, 136

– V –

Vachon, Alexandre, 49, 70, 76, 157, 229, 253, 255, 256
Vigeant, Pierre, 202, 240, 241, 245, 248, 249, 261
Villeneuve, G.-E., 188
Villeneuve, Jean-Marie-Rodrigue, 49, 63, 64, 79, 223–226, 255
Vincent, Gaston, 241, 246

– W –

Wall, Joseph A., 85
Walsh, John, 83, 89
Whelan, M. J., 42, 43, 123, 126, 127, 154
White, J. F., 112, 154
Whitney, James Pliny, 18, 21, 110, 119, 135
Windle, Joseph R., 55

COMPOSÉ AUX ATELIERS
GRAPHITI BARBEAU, TREMBLAY INC.
À SAINT-GEORGES-DE-BEAUCE

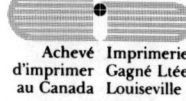

Achevé Imprimerie
d'imprimer Gagné Ltée
au Canada Louiseville